Ch. LESCŒUR

Pourquoi et Comment

On fraude le Fisc

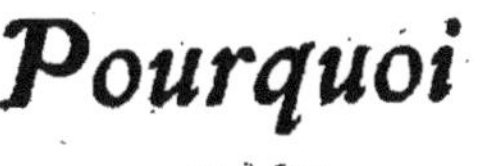
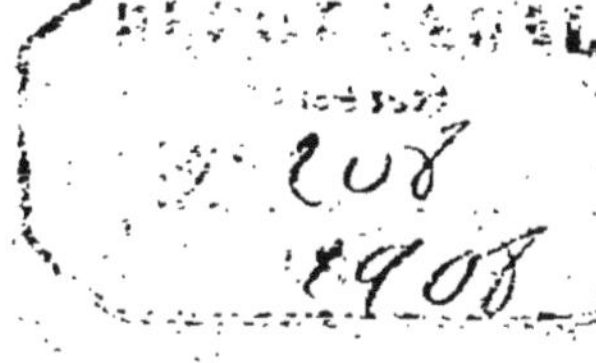

BLOUD & Cie

Pourquoi et comment on fraude le Fisc

DU MÊME AUTEUR

De la Condition de la dot mobilière sous le Régime dotal. Paris, Pourcelle-Florez, 1873.

Essai historique et pratique sur la législation des Sociétés commerciales en France et à l'étranger. Paris, Marescq aîné, 1877 (*épuisé*).

La Condition légale des Étrangers et particulièrement des Allemands en France. *Conférences faites aux cours de vacances de Marbourg-sur-Lahn (Hesse).* Paris, Marchal et Billard, et Marbourg, Elwert, 1898.

La Division et l'Organisation du Territoire français. *Conférences faites à Marbourg (sous presse).* Berlin, Weidmann, 1909.

En collaboration avec M. Delsol :

Explication élémentaire du Code civil (3e édition). Paris, Cotillon, 1878.

CH. LESCŒUR

Professeur à la Faculté libre de droit
de Paris

Pourquoi

et comment on fraude

le Fisc

Les Impôts sur les Successions et sur le Revenu.

PARIS

LIBRAIRIE BLOUD & Cie

7, PLACE SAINT-SULPICE, 7

1909

INTRODUCTION

« Comment puis-je faire pour frustrer mes enfants ? » demande à M. de Bonnefoi le Malade imaginaire. De nos jours, aux gens que l'on a lieu de croire compétents, on pose volontiers la question : « Comment puis-je m'y prendre pour échapper aux 10, 15, 20 $^0/_0$ de droits successoraux que le fisc va me réclamer ? » Et l'on commence aussi à se demander comment on pourra faire pour se soustraire à cet impôt qui va nous prendre 5, 10, 15 $^0/_0$ et plus, de notre revenu (1).

Cette préoccupation est, dans une certaine mesure, récente. Le mot d'évasion fiscale ne date que de quelques années. Sans doute la fraude est ancienne, aussi ancienne que les lois mêmes. Celle

---

(1) « Certaines fortunes paieront demain 25 $^0/_0$, 30 $^0/_0$ de leur revenu. » (Discours de M. Ribot, séance du 14 fév. 1908, *J. Of.*, 15 fév., *Doc. parlem., Ch. des députés*, p. 33¹, col. 3). — Certaines valeurs mobilières paieront 16 $^0/_0$.

qui s'exerce contre les lois fiscales a toujours été particulièrement active et ingénieuse. Le fisc, depuis qu'il existe, est mal vu, odieux, comme on disait autrefois, et il n'a rien fait pour cesser de l'être (1). On s'est, de toute antiquité, efforcé de se soustraire à ses prétentions ; et pour y avoir réussi on n'a jamais été considéré comme un malhonnête homme. Les lois fiscales ne sont pas, suivant l'opinion commune, de celles qui nous obligent en conscience. Mais il semble que cette hostilité et cet esprit de fraude à l'égard du fisc aient subi, depuis quelques années, une sensible recrudescence. Bien des gens honorables, de ceux qui ont l'habitude de payer ponctuellement leurs contributions, sans attendre les papiers multicolores du percepteur, en sont venus à se demander comment ils pourront échapper au fisc, à s'y préparer, à s'y essayer. La preuve en est dans ces incessantes menaces qu'il profère par la bouche du ministre des Finances, dans ces rigueurs inédites qu'il nous fait entrevoir, dans ces

(1) V. dans le Dictionnaire Larousse, au mot *Fisc*, le relevé des abus qui ont valu au fisc cette impopularité traditionnelle. Déjà au iiie siècle Modestin écrivait : *Non puto delinquere eum qui in dubiis quæstionibus contra fiscum responderit* (10 Dig. *De jure fisci*, 49, 14.) — Le mot de *fisc* est même, jusqu'à un certain point, pris en mauvaise part. Officiellement, on aime mieux parler du Trésor public, de la Régie, de l'Enregistrement, de l'Administration. Nous emploierons de préférence le mot de fisc comme plus court.

projets de lois et de traités qu'il dépose ou qu'il annonce. On n'a jamais tant parlé de fraude fiscale que depuis deux ou trois ans. Rien qu'en six mois, le Gouvernement a publié un arrangement franco-anglais en vue d' « empêcher autant que possible la fraude dans les droits de succession », puis un projet de loi tendant à instituer un envoi en possession spécial pour les valeurs mobilières dépendant d'une succession régie par la loi française, qui existeraient à l'étranger, puis un autre projet encore (celui-là n'a que quelques jours de date), pour « impartir à l'Administration, en cas de déclaration de successions, la faculté de déférer le serment décisoire aux déclarants ».

Si l'on cherche la cause de cet état d'esprit du contribuable français, on la trouve dans deux lois nouvelles, l'une déjà votée et que nous subissons dès à présent ; l'autre qui se prépare et qui est, depuis hier, votée en principe. Nous voulons parler de la loi de 1901 qui a transformé l'impôt proportionnel sur les successions en un impôt progressif exorbitant, et de la loi imminente qui frappera le revenu d'un impôt également progressif et non moins exagéré. Ces deux lois qui procèdent de la même idée, et qui se complètent l'une l'autre, irritent les plus modérés de ceux qu'elles atteignent ; elles surexcitent l'esprit de fraude ; elles le font naître là où il n'existait pas. Les répugnances qu'elles soulèvent ne feront que s'accentuer à mesure qu'on les connaîtra mieux et qu'on les verra en application.

Nous nous bornerions volontiers à étudier la première de ces lois. Elle est appliquée depuis plusieurs années ; il est possible de se rendre compte des résultats qu'elle donne, de s'expliquer comment elle a contribué à développer ces dispositions à la fraude qui sont, en quelque sorte, innées chez tout débiteur de l'État, et de passer en revue les moyens divers, les uns licites, les autres interdits, qui ont été employés, ou qui pourront l'être, pour se soustraire à cette loi, comme aussi ceux dont l'Administration dispose, ou qu'elle réclame, pour sauvegarder ses droits.

Quant à l'impôt sur le revenu, on ne sait pas encore au juste ce qu'il sera, en quel état le projet que l'on discute sortira de nos Chambres, à quelle époque il sera sur pied, quels moyens de sanction il comportera, ni, par conséquent, comment on fera pour s'y soustraire. Il y a, en outre, de notables différences théoriques entre les deux impôts que nous rapprochons : l'un grève le capital, l'autre portera sur le revenu ; celui-là est un impôt indirect, celui-ci sera un impôt direct ; le personnel qui les établit et qui les recouvre, les tribunaux qui tranchent les contestations auxquelles ils donnent lieu, la procédure qu'on y suit, ne sont pas les mêmes.

Néanmoins, il y a entre eux une étroite connexité : ils se complètent l'un l'autre. Par l'un, le citoyen verse chaque année, sa vie durant, sur les produits que lui donnent son travail ou ses capitaux, sa contribution aux charges de la société politique dont il fait partie; par l'autre, lors de sa mort, son patrimoine (ce qui lui reste de ses capitaux, avec ce qu'il y a ajouté par les économies faites sur ses revenus) subit un prélèvement, plus ou moins large, mais le plus souvent considérable, au profit de l'Etat. Celui-ci prend alors à son débiteur tout ce qu'il peut lui prendre, sur ce qu'il lui à laissé. Le vivant avait payé au fur et à mesure, d'un bout à l'autre de son existence ; le mort paiera encore, une dernière fois, une fois pour toutes. Après les coupes annuelles, c'est la coupe sombre.

Aussi ces deux impôts marchent-ils de front. Ceux qui ont la charge difficile d'assurer des ressources à l'Etat, les considèrent dans leur ensemble et les règlent dans le même esprit. La progressivité a été introduite dans l'impôt successoral, afin qu'on pût la faire passer dans l'impôt sur le revenu (1). Les fraudes que l'on poursuit à l'occasion de l'im-

---

(1) V. les discours de MM. Prévet, G. Cochery, de Marcère, dans la discussion générale de la loi de 1901.

pôt successoral, seront pratiquées aussi contre l'impôt sur le revenu ; et c'est pourquoi nos hommes d'Etat s'en préoccupent tant à l'heure actuelle. Par l'introduction du serment décisoire dans les déclarations de succession, on voudrait assurer le présent et préparer l'avenir « en fortifiant l'assiette de l'impôt sur le capital qui existe déjà, en garantissant celle de l'impôt sur le revenu qui existera demain (1). »

Une étude de l'impôt sur les successions au point de vue des fraudes fiscales, paraîtrait donc incomplète si nous n'y joignions une étude, au moins sommaire, de l'impôt sur le revenu, faite au même point de vue. Le projet de loi relatif à cet impôt a pris une telle consistance qu'on en aperçoit déjà les inconvénients probables, par conséquent, les raisons que l'on aura, ou, si l'on aime mieux, les prétextes que l'on invoquera pour le frauder. On peut aussi prévoir à peu près comment on s'y prendra, étant donné que les procédés qu'on emploie dès

---

(1) Exposé des motifs du projet de budget pour 1909 (*J. Off.*, *Annexes*, n° 1709, p. 363). — « L'impôt de succession, a dit M. Ribot, n'est qu'un impôt sur le revenu différé. » (*J. Off.*, du 15 fév. 1908, *Déb. parl.*, *Ch. des dép.*, p. 329). — En Angleterre on fait toujours marcher de front ces deux impôts. Ainsi, en 1894, on dégrevait l'*income tax* des propriétaires fonciers, mais on augmentait les droits successoraux. « Le cadeau que nous faisons au propriétaire vivant, c'est son héritier qui nous le remboursera », disait sir W. Harcourt.

aujourd'hui pour se défendre contre les droits de mutation par décès, seront utilisés pour se soustraire aux nouvelles exigences du fisc.

Nous verrons donc, dans nos deux premiers chapitres, pourquoi *et* comment on fraude le fisc en matière d'impôt successoral ; *dans le troisième,* pourquoi et comment on le fraudera en matière d'impôt sur le revenu. *Enfin, dans une dernière partie, et comme* conclusion, *nous essaierons de résoudre certaines difficultés, notamment la question de savoir comment on doit apprécier, au point de vue moral, les pratiques que nous aurons fait connaître.*

Pourquoi et comment on fraude le Fisc

CHAPITRE PREMIER

L'IMPÔT SUR LES SUCCESSIONS. — POURQUOI ON LE FRAUDE

I

1. L'impôt sur les successions a pour lui d'être productif et facile à percevoir.

Il est productif. Il rapportait en France, avant la loi de 1901, environ 200 millions par an. Depuis, il a donné : en 1903 (première année d'application intégrale du régime inauguré par cette loi), 233 millions ; en 1904, 266 millions ; en 1905, 252 millions ; en 1906, 239 millions ; en 1907, 247 millions (1). Les prévisions sont, pour 1908, de 240 millions ; pour 1909, de 261 millions environ (2).

(1) Ces renseignements sont fournis, année par année, par le *Bulletin de statistique et de législation comparée* que publie le Ministère des finances.

(2) Nous obtenons ce chiffre en ajoutant au produit de la

En Angleterre, où le patrimoine national est plus élevé que le nôtre (1), l'impôt successoral établi en 1094 a procuré à l'Etat, en 1903-1904 (2), 329 millions de francs ; en 1904-1905, 308 millions ; en 1905-1906, 304 millions ; en 1906-1907, 360 millions.

2. Cet impôt est facile à percevoir, à un double point de vue : objectivement et subjectivement, au point de vue de la matière imposable, au point de vue du contribuable.

En général, les impôts sur le capital ont grand'peine à fonctionner. « Personne, en effet, n'établit couramment le compte en capital de ses meubles, de son champ, de sa maison, de ses titres et créances. Par exception, quelques-uns s'adonnent à cette statistique ; mais pour la majorité l'occasion de la dresser ne s'offre presque jamais ; ou plutôt, quand elle s'ouvre, ce n'est qu'à l'égard de parties isolées de l'avoir individuel, dans le cas de vente ou d'achat de propriétés, circonstances rares dans la vie, dont le temps efface le souvenir, sans parler des variations considérables qu'apporte le temps aux estimations primitives. De

pénultième année, les 14 millions que M. Caillaux espère obtenir grâce à l'innovation du serment décisoire (p. 3).

(1) Fortune de l'Angleterre : environ 250 milliards, en 1885, pour une population égale à celle de la France, en 1903, 375 milliards, suivant sir R. Giffen. — Fortune de la France : 190 à 200 milliards suivant les uns, 220 à 230 suivant les autres. — V. GIDE, *Econ. polit.*, 5e éd , p. 478. — STOURM, *Systèmes généraux d'impôts*, 2e éd., p. 223, note 1. — NITTI, *Principes de sc. des fin.* (trad.), 1904, p. 122. — LEROY-BEAULIEU, *Econ. fr.*, 24 sep. 1905. — DE FOVILLE, *Econ. fr.*, 10 juin 1899.

(2) L'exercice financier, en Angleterre, se termine au 31 mars.

sorte que la valeur vénale des biens de chaque famille demeure habituellement à peu près inconnue d'une façon précise à ses membres (1). » Et s'il en est ainsi pour le propriétaire, quel doit être l'embarras du taxateur ? « Sauf à l'égard des valeurs cotées à la Bourse, rien ne devient plus malaisé pour le fisc que de déterminer la valeur vénale des objets composant les fortunes particulières : créances individuelles, mobilier, maisons, terres, parts d'intérêts dans les entreprises individuelles ou commerciales, etc. (2). » Au contraire, les biens composant une succession s'offrent pour ainsi dire d'eux-mêmes au fisc. La capitalisation des éléments qui la composent est faite par les nouveaux propriétaires pour leur partage. Et si, par hasard, il n'y a qu'un héritier, il y aura presque toujours des réalisations. Des actes, authentiques, ou du moins enregistrés, étaleront au grand jour toute cette fortune. Et les agents du fisc n'auront aucune peine à y appliquer l'imposition légale.

Joignez à cette observation les circonstances dans lesquelles, assez souvent, est recueillie une succession. C'est un collatéral, c'est un ami qui y est appelé : il ne s'y attendait pas, ou, s'il la prévoyait, il savait aussi qu'il n'y pouvait pas absolument compter, et que la volonté du défunt aurait pu l'en priver. C'est une aubaine. Le moment est favorable pour lui demander d'en céder au fisc une part ; l'instant psychologique est bien choisi. L'héritier n'y regardera pas de très près. Tout compte fait, il réalisera encore un bénéfice important et sera

(1) Stourm, p. 183.
(2) *Id.*, p. 184. — Cf., p. 222 et 223.

sensiblement plus riche qu'il ne l'était quelques jours auparavant (1). L'enfant qui recueille la succession paternelle n'éprouve, certes, ce sentiment qu'à un degré beaucoup plus faible; mais il l'éprouve, lui aussi, dans une certaine mesure, quoi qu'on en ait dit (2), car lui aussi pouvait se voir frustré de ses espérances par des dilapidations, par des placements à fonds perdu, par un testament le réduisant à sa réserve. Gladstone a dit un jour plaisamment, à la Chambre des communes, que le contribuable était toujours très satisfait d'avoir à acquitter la taxe successorale, et que plus il avait à payer, plus il payait volontiers, puisqu'il s'agissait alors pour lui ou d'un gros héritage ou d'un legs inespéré (3).

Pour ces deux raisons, productivité de l'impôt successoral, et facilité de son recouvrement, les économistes s'accordent à considérer les successions comme « une excellente matière imposable (4) ».

3. C'est pour les mêmes raisons, apparemment, que cet impôt est très ancien et presque universel. On a écrit qu'il a existé de tout temps et en tout pays (5). C'est un peu exagéré. Il n'est apparu qu'au temps d'Auguste,

---

(1) V. cette considération développée dans LEROY-BEAULIEU, *Sc. des fin*, 7e éd., I, p. 616. — CAUWÈS, *F con. polit.*, IV, p. 399. — BOUCARD et JÈZE, *Elém. de la sc. fin.*, 2e éd, II, p. 733. — ALLIX, *Traité élém. de la sc. des fin.*, 1907, p. 19.

(2) LEROY-BEAULIEU, *op. cit.*, p. 616.

(3) Cité par M. DE FOVILLE, dans l'*Econ. fr*, du 27 janv. 1906, p. 115.

(4) STOURM, p. 232. — Quelques économistes (Adam Smith, Ricardo, Mac Culloch) ont fait des objections non pas précisément contre le principe de l'impôt successoral, mais plutôt contre ses excès.

(5) LEROY-BEAULIEU, *op. cit.*, p. 614.

sous le nom de *vicesima hereditatum ;* et il avait disparu avant Justinien (1). On le revit au Moyen Age, ressuscité par les seigneurs et par les rois sous des noms divers : c'étaient les droits de *relief* ou de *rachat* perçus par le suzerain à la mort du vassal, le droit de *centième denier*, institué par les édits de décembre 1703, d'octobre 1705 et d'août 1706. Ce droit, dont la dénomination ancienne est encore connue dans nos campagnes, n'a jamais été abandonné depuis par notre législateur fiscal ; les décrets des 5-19 septembre 1790 et du 22 frimaire an VII l'ont emprunté à l'ancien régime. Mais il est encore ignoré chez un certain nombre de nations modernes : par exemple, dans une grande partie des États-Unis (2). En Allemagne, il n'atteint guère que les successions en ligne collatérale (3).

II

4. Tout n'est pas dit lorsque l'on a établi qu'un impôt est productif et commode à percevoir, qu'il est ad-

(1) BOUCHARD, *De l'impôt du vingtième sur les successions...* Paris, 1772. — CAGNAT, *Étude historique sur les impôts indirects chez les Romains,* 1882. — WAHL. *L'impôt de mutation par décès en droit romain* (th. de doctorat), donne la bibliographie — RUDORFF, *Roem. Rechtsg.*, I. § 25.

(2) D'après M. Leroy-Beaulieu, l'impôt sur les successions en ligne directe n'existait (du moins il y a une quinzaine d'années) que dans 4 des États qui forment les États-Unis, sur les successions collatérales, dans 15. Dans 11 de ces 15 États, il était postérieur à 1880 (*op. cit.*, p. 648 et 649).

(3) STOURM, p. 245. — Les droits sur les successions ont été introduits au Japon en 1904.

mis depuis longtemps et presque partout. Il reste encore à le justifier. Si l'on vient m'informer qu'il y a quelque part une forte somme d'argent, qu'il me serait facile de me l'approprier, que bien des gens ont agi ainsi depuis les temps les plus reculés et agissent encore ainsi journellement, cela ne suffira pas pour me convaincre que j'aie le droit de le faire (1). L'impôt successoral est-il légitime ? On va voir qu'ici les auteurs cessent de s'entendre. Et la difficulté de justifier cet impôt d'une façon convaincante n'est peut-être pas pour peu de chose dans ce désir d'y échapper par tous les moyens, dans cette propension à la fraude que nous constaterons chez le contribuable.

Nous n'avons garde d'entrer dans les discussions d'ordre doctrinal auxquelles cette question a donné lieu (2). Nous voulons seulement nous demander quel effet peuvent produire sur l'esprit du contribuable les diverses affirmations que les auteurs ont présentées, et si elles possèdent la vertu persuasive qui l'amènera à s'exécuter sans trop de répugnance.

5. Si vous dites au contribuable que le droit qu'on lui fait payer pour cette mutation par décès, est une prime d'assurance (3), il demandera d'abord quel est

---

(1) M. Berthélemy, *Dr. adm.*, p. 820 et 821, n'invoque pas d'autre justification.

(2) On trouvera dans l'ouvrage magistral de M. Wahl, *Traité de droit fiscal* (1902-1906), I, n⁰ˢ 7 et s., une discussion complète et approfondie.

(3) Leroy-Beaulieu, p. 615. « L'Etat est le garant de l'exécution des volontés du mourant ; c'est lui qui assure la transmission des biens du défunt au survivant. Il n'est que juste de lui payer une sorte de prime d'assurance. » — Cf. Geffken, *Erbrecht und Erbschafsteuer*, 1881.

le risque qu'il court, au moment où il est appelé à une succession, et contre lequel on le garantit. Vous lui répondez qu'il s'agit de l'éventualité d'être troublé dans la jouissance de cet héritage ou empêché de le recueillir : l'Etat s'engage à lui fournir le concours de ses tribunaux et de sa police. Il ne manquera pas de répliquer que pour l'entretien permanent de ces forces sociales il paie des impôts annuels, d'un bout à l'autre de son existence ; et qu'une taxe accidentelle lui semble faire quelque peu double emploi. D'ailleurs, cette police et cette justice, il faudra qu'il les rémunère, s'il est obligé d'y recourir : il y aura des droits de greffe, de timbre, d'enregistrement. Enfin ce que le contribuable ne comprendra pas du tout, c'est pourquoi la prime d'assurance qu'on lui réclame varie suivant les relations qui l'unissaient au défunt : pourquoi 1 $^0/_0$ dans tels cas, 10, 15, 20 $^0/_0$ dans d'autres ? Est-ce que ce risque de trouble ou d'éviction dont on lui parle, est plus grand lorsqu'il est le cousin du défunt, ou un ami gratifié par lui, que lorsqu'il est son fils ou son neveu ? (1)

6. L'idée d'un service que rendrait l'Etat à l'héritier et dont la taxe successorale serait le prix (2), n'est

---

(1) NITTI, p. 515 et 516. — LEROY-BEAULIEU, p. 615. Cet auteur enseigne cependant que l'impôt sur les successions est une prime d'assurance (V. p. 14, note 3).

(2) LEROY-BEAULIEU, p. 607. « Cette redevance est le prix d'un service rendu, d'un service de premier ordre que l'Etat est seul capable de rendre... Les héritiers... lui payent sa garantie et le concours éventuel qu'il leur prêtera si l'on venait à les troubler dans la jouissance de l'héritage ». Cf. p. 618. — Cf. CAUWÈS, *Econ. pol.*, tome IV, 3e éd., p. 400 : « Que l'on dise que l'acqué-reur à titre gratuit profite directement de la garantie sociale, de

guère plus facile à faire accepter. Un service ? quel service ? demandera l'héritier. Est-ce que l'Etat enregistre l'acte en vertu duquel je succède, et, en conservant cet acte, me ménage la preuve de mes droits, leur donne une date certaine, une publicité utile ? Mais souvent il n'y a aucun acte à enregistrer : la transmission de l'un à l'autre se fait de plein droit, de par la loi.

Précisément, dit le fisc : il s'opère une transmission, soit *ab intestat*, soit testamentaire, une mutation de propriété ; et c'est sur cette mutation que je perçois un droit proportionnel. Ici le contribuable soulèvera une objection (nous ne disons pas qu'elle soit fondée). Supposons qu'il soit un descendant du *de cujus* (ce qui a lieu trois fois sur quatre (1). C'est une habitude invétérée chez les peuples de race latine, et même chez les autres, de considérer les descendants comme copropriétaires des biens de leur père, du vivant même de celui-ci. Lorsqu'il meurt, leur droit s'étend à la part qu'il laisse : les héritiers n'acquièrent rien, il y a pour eux *continuatio dominii* (2). Aussi la *vicesima heredita-*

l'action des lois et de la justice, cela est admissible, et c'est ce qui motive l'existence des droits proportionnels en général... » — Championnière et Rigaud, *Traité d'enreg.*, nos 22, 23, etc. « L'acquéreur, pour devenir propriétaire, a besoin de toute la protection de la loi civile. »

(1) Sur 5 milliards et quart de valeurs successorales déclarées en 1904, il y avait plus de 3 milliards et demi pour les successions en ligne directe. Le reste se décomposait ainsi : succ. collatérales, 992 millions ; entre époux, 481 millions ; entre non parents, 206 millions. V. *Bull. de statist. du Min. des finances*, 1905, p. 506.

(2) *Gaii Instit.*, II, 157 : *Vivo quoque parente quodammodo domini existimantur*. Paul, 11 Dig., *De lib. et post.*, xxviii, 2.

tum ne frappait-elle pas les successions recueillies par les enfants ; et l'on expliquait cette exemption par la copropriété familiale (1). De même, dans l'ancienne France, les enfants ne payaient pas le droit de *relief*, parce qu'il y avait, disait-on, plutôt *continuation de seigneurie* qu'acquisition nouvelle ; ni le droit de *centième denier* (2), et les gens de nos campagnes ne l'ont pas encore oublié. C'est seulement la Révolution qui a établi à cet égard une égalité que personne ne réclamait. Encore à l'heure actuelle, chez un bon nombre de peuples étrangers, les enfants jouissent de la même exemption (3). C'est tout simple, se dit-on : il n'y a de droit de mutation parce qu'il n'y a pas de mutation.

Ce raisonnement est certainement erroné, et il ne

Continuationem dominii co rem perducere ut nulla videatur hereditas fuisse, quasi olim hi domini essent qui etiam vivo patre quodammodo domini existimantur...itaque post mortem patris non hereditatem percipere videntur, sed magis liberam bonorum administrationem consequuntur.

(1) Pline le jeune, *Paneg.*, 37 : *His (heredibus domesticis) remissum (tributum), videlicet quod manifestum erat... distringi aliquid et abradi bonis, quæ sanguine, gentilitate, sacrorum denique societate, meruissent, quæque nunquam ut aliena et speranda, sed ut sua semperque possessa ac deinceps proximo cuique transmittenda cepissent.*

(2) Pocquet de Livonnière, *Traité des fiefs*, liv. IV, ch. i, sect 1 : « La succession des enfants est considérée moins comme une acquisition nouvelle que comme une continuation de seigneurie, suivant la disposition du droit qui regardait le père et le fils comme une même personne, et supposait que l'héritage du père passait au fils sans interruption et presque sans mutation. » — Cf. les édits de 1703 et 1706.

(3) Stourm, p. 245. — Cf. *Bolletino di statist. e di legisl. comp.*, du Min. des finances italien (Roma, 1902, année 1901-1902, fasc. IV).

peut satisfaire que ceux dans l'intérêt de qui on l'établit. Il y a mutation de propriété, ici comme dans les autres cas ; et il est logique de soumettre aux droits les successions en ligne directe aussi bien que les autres. Tous les auteurs sont d'accord sur ce point. Ils se demandent seulement si, sans les exempter totalement, on ne doit pas les traiter avec une faveur spéciale ; et c'est l'affirmative qui prévaut sans difficulté (1).

Mais s'il y a mutation dans tous les cas où s'ouvre une succession, on ne voit pas pour cela l'Etat nous rendre un service en cette occasion. On a beau nous l'affirmer, cela ne suffit pas pour nous convaincre. La garantie des lois et de la justice dont on nous parle, nous y avons droit, semble-t-il, sans avoir à payer une taxe spéciale à cet effet. Est-ce que l'Etat interviendrait d'une façon active dans les transmissions par décès ? En des temps très reculés on a vu les aliénations volontaires entre-vifs s'accomplir devant le peuple, ou devant ses représentants, les testaments soumis à ses assemblées, examinés et approuvés par elles ; les adoptions (qui équivalent à des testaments), solliciter son adhésion et son concours (2). On aurait pu comprendre alors que l'Etat se fît payer sa collaboration à l'acte juridique, comme il se fait payer pour les enregistrements, les transcriptions, les inscriptions hypothécaires auxquels il procède, comme il se fait payer pour le port d'une

---

(1) NITTI, p. 521. — LEROY-BEAULIEU, p. 617 et s. — M. WAHL I, n° 25, serait partisan d'une exonération complète.

(2) Nous faisons allusion à la mancipation et à *l'in jure cessio,* au testament *calatis comitiis* des Romains ; aux aliénations *in mallo,* à *l'affatomia* des Germains, etc.

lettre, pour les examens qu'il fait subir, etc. Mais aujourd'hui, et depuis bien longtemps déjà, les mutations de propriété, soit entre vifs, soit par décès, se font sans solennités, en principe, par le seul consentement des particuliers qu'elles intéressent ; le testament lui-même n'exige plus l'intervention de l'Etat. L'Etat comprend si bien qu'il ne nous rend pas de service en cette circonstance, qu'il ne nous réclame pas de droit de mutation sur les transmissions mobilières entre vifs, soit à titre onéreux, soit à titre gratuit : il y a mutation cependant, mais comme ces transmissions s'accomplissent avec la plus grande facilité, de la main à la main, et sans que nous demandions rien à l'Etat, il n'ose rien nous demander (1).

7. Voici maintenant la troisième explication que l'on a proposée. L'Etat ne rend pas un service à l'héritier, dit-on ; il fait autre chose, et bien davantage pour lui : il lui donne l'investiture... C'est ici la justification la plus difficile à faire accepter par ceux auxquels on la propose.

Le droit de l'Etat sur les biens du défunt serait antérieur et supérieur à celui des autres intéressés. « La nature n'a donné à l'homme aucun pouvoir sur ses biens terrestres au delà du terme de sa vie. Le droit d'un mort à disposer de ses biens ne dérive que de la loi, et

____

(1) Les transmissions mobilières donnent lieu seulement à un *droit d'acte*, tandis que les transmissions immobilières donnent lieu à un *droit de mutation*. Pour que le fisc atteigne une transmission mobilière, il faut qu'un acte la constatant et en formant le titre, soit présenté à l'enregistrement, ou qu'il en soit fait usage en justice ou devant un officier public.

l'Etat a la faculté de stipuler les conditions et les réserves sous lesquelles ce droit peut être exercé... L'Etat prend sa part, et ensuite les autres personnes viennent exercer leurs droits respectifs... elles n'ont pas droit à autre chose... Oui, le droit de tester est une création de la loi écrite... » Qui parle ainsi ? est-ce quelque orateur socialiste ? Non ; c'est un ministre anglais, chancelier de l'Echiquier dans le ministère Gladstone, sir William Harcourt, en 1894. Et comme des rires l'interrompent, il déclare que « ceux qui rient n'ont certainement pas lu le plus élémentaire traité d'économie politique ou de science financière ! (1) »

Evidemment sir William Harcourt a lu John Stuart Mill. Mais a-t-il lu d'autres auteurs ? C'est douteux. Stuart Mill a écrit, en effet, que les biens laissés par un défunt, ne pouvant plus lui appartenir, appartiennent à l'Etat ; et que lorsque l'Etat, par une tolérance peut-être coupable, autorise les héritiers à entrer en possession de ces biens, il est fondé à se faire largement payer sa tolérance (2). Courcelle-Seneuil, chez nous, a soutenu la même thèse (3). Et Mirabeau aussi avait proclamé que « la mort, cet abîme ouvert par la nature sous les pas

(1) Séance de la Ch. des communes du 19 avril 1894 (V. *Bull. de statist, du Min. des finances*, avril 1894, p. 470).

(2) *Principes d'écon. pol.*, liv. VI, chap. ii, § 3 (t. I, p. 357).

(3) *La Société moderne*, 3e éd. (1892), t. II, p. 32 : «... En perdant la vie il perd tous ses droits... Les droits du propriétaire étant tous éteints par sa mort, le droit de propriété sur les biens qu'il laisse ne peut être conféré à d'autres personnes que par la loi ou un acte auquel le législateur donne force de loi. C'est la loi qui établit l'ordre des successions ; car le droit de tester est fondé sur une délégation du pouvoir souverain, en dehors de tout droit naturel imaginable. »

de l'homme, engloutit également ses droits avec lui (1). » Mais il faut vraiment avoir bien peu de lecture pour ignorer que la grande majorité des auteurs professent, au contraire, la perpétuité du droit de propriété, la légitimité de l'hérédité testamentaire, conséquence logique du droit de transmission entre vifs, l'impossibilité de distinguer entre les héritiers testamentaires, appelés à la succession par la volonté formelle du défunt, et les héritiers *ab intestat*, qui y sont appelés par sa volonté tacite (2).

Admettons, si l'on veut, que la question puisse être débattue entre les savants. Nous prétendons qu'aux yeux du propriétaire, dont on discute le droit, elle n'est pas douteuse ; que, si on vient lui parler du droit, supérieur au sien, qu'il s'agit de reconnaître à l'Etat, il haussera les épaules, s'il ne s'indigne pas. Nous comprenons les rires qui ont accueilli l'étonnante affirmation de sir William Harcourt devant les Communes. Sans vouloir entrer dans une discussion de doctrine, et pour nous en tenir à notre sujet, nous disons que fonder l'impôt successoral sur la propriété supérieure de l'Etat, c'est le compromettre irrémédiablement aux yeux du

(1) Discours du 2 avril 1791 (lu par Talleyrand). — Cf. SIMÉON, *Discours sur la loi relative aux successions*, 29 germ. an XI : « Aussitôt que nous mourons, tous les liens qui tenaient nos propriétés dans notre dépendance se rompent. La loi seule peut les renouer. Sans elle les biens destitués de leur maître seraient au premier occupant. » — Cf. MONTESQUIEU, *Esprit des lois*, liv. XXXVI, chap. ii.

(2) V. sur cette question très importante tous les ouvrages d'économie politique, notamment CAUWÈS, III, nᵒˢ 993 à 997 ; GIDE (5ᵉ éd), p. 512 et s. ; LEROY-BEAULIEU, *Sc. fin.*, I, p. 614.

contribuable, c'est le lui rendre inacceptable ; que pas un ne le paiera, s'il en est ainsi, à moins d'y être contraint et forcé ; et qu'à tous la fraude paraîtra légitime.

8. Il en est enfin qui disent : l'impôt sur les successions se justifie par sa nécessité. Il faut de l'argent à l'Etat pour remplir ses fonctions ; pour assurer les services d'intérêt général que les citoyens ont le droit d'attendre de l'organisation sociale : sécurité, salubrité, travaux publics, instruction publique, améliorations de tout ordre ; en un mot, « pour l'entretien de la force publique et pour les dépenses d'administration », comme disait la Constitution du 14 septembre 1791, art. 13. Il lui en faut aussi pour assurer le service de sa dette. Telle est la raison d'être des impôts d'une façon générale. Il prend cet argent là où il en trouve, et il en trouve, dans les conditions inespérées que l'on a vues, au moment où une succession s'ouvre. L'impôt sur les successions est un impôt comme un autre, aussi légitime que l'impôt sur la propriété foncière, ou sur les revenus des capitaux mobiliers, ou sur les bénéfices industriels, parce qu'il est aussi nécessaire. Une succession qui s'ouvre est apparue au législateur fiscal comme une matière imposable au même titre qu'un champ, une maison, un billard, une voiture ; il en a profité, et aucun de ceux qui vivent sous la loi de l'Etat ne peut trouver mauvais qu'on impose la succession qu'il recueille, puisqu'on impose la terre dont il vit, le produit de son travail, l'air même qu'il respire. Disons-nous bien surtout qu'il n'y a pas de service particulier rendu par l'Etat en cette occasion ; que l'Etat n'est pour rien dans cette transmission qui s'opère. Mais y a-t-il service rendu par

l'Etat à celui qui achète chez l'épicier un paquet de bougies, un litre d'alcool, ou un kilo de sucre ? Il n'en paie pas moins un impôt à l'Etat à propos de cet acte même, et on ne conteste guère la légitimité de ces perceptions, et l'on ne s'en étonne pas.

Telle nous paraît être, en définitive, la meilleure manière de présenter l'impôt sur les successions (1).

*
* *

9. De ces diverses doctrines quelle est celle du fisc ? De ces justifications de l'impôt successoral, quelle est celle qu'il fait valoir ? A vrai dire il ne s'en préoccupe guère, il se contente de percevoir. Cependant il lui est arrivé quelquefois de chercher des raisons : lorsqu'il s'agissait d'obtenir une augmentation de ses droits. Or, dans ces circonstances, d'une façon plus ou moins formelle, plus ou moins déguisée, c'est toujours l'idée de la propriété de l'Etat, antérieure et supérieure à la propriété individuelle, et dont celle-ci ne serait qu'une émanation, qui a été mise en avant. Il est utile de le prouver, parce qu'on l'a nié.

Le droit de mutation par décès, établi par la loi de l'an VII, n'est que la transformation, sous un nom nouveau, du droit de *centième denier :* c'est incontestable. Ce droit de centième denier n'était lui-même que l'ap-

___

(1) Cf. Nitti, *Principes de Sc. des fin.*, p. 514 et s. Cet auteur déclare *absurdes* les explications rapportées plus haut: V. p. 301, p. 515. — Edg. Allix, *op. cit.*, p. 415.

propriàtion au profit du fisc royal du droit seigneurial de *relief* ou de *rachat*. Or, le droit de relief ou rachat s'explique, on va le voir, par un droit de propriété que retenait le suzerain sur le fief. Le fief n'était primitivement qu'une tenure absolument personnelle, viagère et inaliénable, parce que la concession du fief n'était que l'accessoire du contrat qui liait la personne du vassal à celle du seigneur. Lorsque le fief devint héréditaire, et plus tard aliénable entre vifs, le seigneur perçut très justement une compensation pécuniaire. Le fief était retombé entre ses mains : il le *relevait* et le reconstituait au profit de l'héritier ; le fief avait fait retour au concédant, l'héritier le *rachetait*. Le droit de centième denier procède implicitement d'idées analogues : il n'y a pas à s'arrêter aux formalités qu'on imagina pour le percevoir, ce ne furent que des prétextes.

D'ailleurs, qu'on veuille bien remarquer à quelle époque il apparut. C'était au commencement du xviie siècle, alors qu'était en pleine vigueur la maxime que le Roi est le propriétaire suprême (1). C'était le temps où Louis XIV, au milieu des embarras financiers de la guerre de la Succession d'Espagne, se faisait assurer par les plus habiles docteurs de la Sorbonne que tous les biens de ses sujets étaient à lui en propre, et que, lorsqu'il en prélevait une part, il ne faisait que prendre ce qui lui appartenait (2).

---

(1) Il est curieux de constater qu'en Angleterre cette maxime est toujours en vigueur. « Le Roi est le seul maître et le propriétaire originaire de toutes les terres du royaume, » dit Blackstone. Toute propriété foncière a conservé, historiquement au moins, le caractère d'une tenure.

(2) Lavisse et Rambaud, *H. de France*, VI, p. 152.

Qu'on remarque encore que, comme le droit de relief, le droit de centième denier ne s'appliqua point en matière de meubles, et que les descendants en furent exempts ; que, pour sa quotité aussi, on s'appliqua à ne pas dépasser celle du droit de relief.

Sous la Révolution, l'impôt successoral, aggravé d'ailleurs (puisque les descendants n'en furent plus exempts) changea de nom, mais fut établi sur le même fondement. On continua à considérer que si l'héritier succède au *de cujus*, c'est par le bienfait de l'Etat, qui renonce à invoquer son droit de propriété (comme c'était autrefois par une concession du suzerain que l'héritier du vassal reprenait le fief). « La succession est une institution civile par laquelle la loi transmet à un propriétaire nouveau la chose qui vient de perdre son propriétaire (1). » « C'est la société qui autorise et qui protège les propriétés privées. On ne peut être propriétaire, on ne peut dire *j'ai le droit de transmettre ceci*, qu'à la faveur de ses lois, et cette faveur ne saurait être gratuite dans aucun cas, dès que la société a des dépenses publiques à faire... Vous accorderez une faveur légitime et remarquable à la ligne directe en fixant le droit sur les successions immobilières au quart seulement de ce qui sera exigé pour les autres (2) ». Ainsi s'exprime au Conseil des Cinq-Cents, Duchâtel (de la Gironde), rapporteur de la Commission des finances, sur le projet qui est devenu la loi de l'an VII sur l'enregistrement. Il est bien entendu que c'est par une *faveur de l'Etat* que

---

(1) Siméon, *Discours sur les successions* (v. p. 21, note 1).
(2) V. Dalloz, v° *Enregistrement*, n° 27.

l'héritier recueille la succession du défunt. L'impôt successoral est un *prélèvement* opéré par l'Etat sur les biens qu'il abandonne ; il est à cet égard non pas un simple créancier, mais, suivant l'expression qu'emploie en l'an XII le Grand Juge ministre de la justice, un *portionnaire* (1).

10. Cette thèse fut de nouveau produite au grand jour, vers le milieu du siècle dernier, et même admise par la jurisprudence (2). Il s'agissait pour le fisc d'obtenir un droit de préférence sur les biens héréditaires, pour le payement des droits de mutation, par rapport aux autres créanciers de la succession, chose importante au cas où le défunt était mort peu solvable. Il fit donc plaider « que le droit de mutation est le prélèvement d'une fraction du capital au profit de l'Etat, qui assure à chacun le droit de disposer des biens *dont l'Etat a été le propriétaire primitif,* et de les transmettre dans l'ordre exprès ou présumé de ses affections ». Ce sont les termes mêmes des conclusions de l'avocat général de la Baume devant la Cour de Paris, en 1855 ; et elles furent adoptées par la Cour (3).

---

(1) « Quant au droit de mutation qui se perçoit dans les successions, la nation ne réclame pas comme créancière, mais comme portionnaire d'une partie des biens à déclarer ; c'est un prélèvement que la loi lui accorde en cette circonstance.» Lettre du 23 niv. an XII.

(2) Paris, 13 mars 1855 (D. 55, 2, 299) : «... Soit qu'on s'attache à l'origine du droit de mutation par décès, soit qu'on s'arrête au texte... de la loi du 22 frimaire an VII, il résulte nécessairement que la perception de ce droit s'exerce moins à titre de privilège que de prélèvement sur les biens de la succession... »

(3) V. la note précédente.

Ce fut un beau scandale, à une époque où le Gouvernement venait de « terrasser l'hydre de l'anarchie », de « consolider les bases de la société », qu'avait ébranlées la crise de 1848, de « restaurer les principes sacrés » sur lesquels elle repose. On déclarait officiellement que « la propriété est de droit naturel ; elle est la conquête de la liberté de l'homme s'exerçant sur la matière ; elle est la récompense du travail et le complément de la famille. L'Etat a des devoirs envers elle, il n'a pas de droit sur et contre elle ; il n'a que celui de la police et de la souveraineté politique. » Ainsi s'exprimait Troplong, interprète de la pensée gouvernementale (1). De même, en 1804, Portalis avait proclamé, au nom du pouvoir impérial naissant, que l'Etat, en se procurant par la levée des subsides les moyens de pourvoir aux frais de son gouvernement, n'exerce point un droit de propriété, mais un simple pouvoir d'administration ; que ce n'est pas comme propriétaire supérieur et universel du territoire, mais comme administrateur suprême de l'intérêt public, que le souverain fait des lois civiles pour régler l'usage des propriétés civiles (2).

On s'émut donc fortement en haut lieu de voir le fisc réclamer, au nom de l'Etat, l'impôt successoral à titre de reconnaissance d'un droit primordial qu'il aurait sur la propriété privée. C'était une « insolente hardiesse (3) », une faute insigne. On le lui fit bien voir.

(1) « De l'impôt sur les successions » (*Revue Wolowski*, 1848, II, p. 222).

(2) *Exposé des motifs* du titre II, liv. II, C. civ., dans Fenet, XI, p. 119.

(3) Troplong, *loc. cit.*

La Cour de cassation fut saisie. Sur le rapport de M. le conseiller Laborie, et sur les conclusions de M. l'avocat général de Marnas, elle déclara, dans un arrêt fameux, qu'il est faux de considérer l'impôt de mutation par décès comme « dérivant d'un droit de propriété ou de copropriété de l'Etat », et comme « la condition d'une concession primitive et le prix d'une investiture nécessaire à chaque mutation ; qu'une semblable thèse, empruntée au régime féodal avec une extension qu'elle ne comportait pas, même alors, serait non seulement un démenti à la vérité historique, mais aussi une négation de tous les principes de notre droit public et de notre droit civil, soit sur la nature et les conditions d'existence de l'impôt, soit sur la plénitude et sur l'indépendance du droit de propriété tel qu'il est défini avec une énergique précision par les art. 544 et 545 C. Nap... (1) ». Le fisc perdit son procès. Au lieu du droit de prélèvement sur le capital, il dut se contenter d'une simple créance, qu'il devait arriver plus tard à faire déclarer privilégiée sur les revenus des biens héréditaires (2). Il avait été obligé d'ailleurs, même avant l'arrêt qui rejeta ses prétentions, de les présenter sous une autre forme, tant avaient été énergiques et unanimes les protestations qu'elles avaient soulevées.

11. A l'heure actuelle où les doctrines socialistes sont

(1) Cass., 24 juin 1857 (D. 57, 1, 233) — Le rapport de M. Laborie est reproduit dans les recueils de Dalloz et de Sirey, sous cet arrêt. Les conclusions de M. de Marnas ont été publiées dans la *Gazette des Tribunaux*, du 1er juillet 1857.

(2) Cass., 2 décembre 1862 (D. 62, 1, 513). Ce privilège a été expressément confirmé par la loi du 25 février 1901, art. 19.

au pouvoir, on peut affirmer que les lois qui ont été rendues récemment en matière de successions, et les projets de lois qui sont à l'étude, reposent tous sur cette idée fondamentale que si la propriété individuelle est à la rigueur admissible, le droit d'hérédité ne doit pas exister. Par exemple, dans un projet de 1884, signé de MM. Giard, Henry Maret, etc., et qui proposait de supprimer les successions *ab intestat* du 4ᵉ au 12ᵉ degré, et de frapper les autres successions d'une taxe pouvant s'élever jusqu'à 50 %, on avoue que « cette progression, sagement échelonnée sur une longue série d'années, permettrait d'arriver sans secousse à l'abolition totale, ou presque totale, de l'héritage. »

Dans un autre projet, de 1887, signé de cinquante députés, parmi lesquels M. Clémenceau, nous voyons abolir toutes les successions en ligne collatérale : c'est, bien entendu, l'Etat qui se les attribue. Et comme il faut prévoir la fraude (!) qui consistera, de la part du propriétaire ne laissant point d'héritiers en ligne directe, à tester au profit d'un collatéral ou d'un ami, la validité de ces dispositions testamentaires serait subordonnée à certaines conditions d'occupation personnelle des biens transmis. « Le légataire doit habiter et exploiter lui-même l'immeuble qu'il reçoit, pour être investi par l'Etat du droit de le posséder. L'Etat se considère tellement, dans cette hypothèse, comme le véritable propriétaire des successions, qu'il en détermine les servitudes à son gré. Lui, qui n'oblige même pas ses débitants de tabac à gérer personnellement leurs bureaux, voudrait ici contraindre tout héritier, enfant, vieillard, femme, savant, invalide, à travailler de ses mains, à labourer, à cultiver ses champs avec défense expresse de jamais les affermer ; faute de quoi l'investiture leur sera refusée (1). »

On peut dès à présent prévoir le jour où les parents collatéraux au delà du 4ᶜ degré ne seront plus appelés à l'hérédité *ab intestat*. Cette réforme est dans l'air, et elle se fera. Non seulement les politiciens la réclament ; mais les théoriciens commencent à s'en occuper (2). Et si ces parents ne sont pas exclus de la succession testamentaire, ce qui n'est pas sûr, ils auront du moins à payer les droits de 15 à 20 %, et plus, qui sont aujourd'hui imposés aux héritiers non parents, c'est-à-dire qu'ils devront abandonner à l'Etat à peu près le cinquième de ce que le défunt a voulu leur transmettre (3).

On en est donc venu à se poser cette question : « A qui appartiennent les successions ? (4) » Est-ce au dé-

(1) Stourm, *Syst. génér. d'impôts*, p. 231. — Cf. Leroy-Beaulieu, p. 247.

(2) Gide, *Ec. pol.*, p. 517, note. — Cauwès, nº 1032. — Nitti, p. 516 : « On ne peut méconnaître que les systèmes héréditaires en vigueur ont singulièrement exagéré le principe de la famille, quand ils ont admis que, dans les successions sans testament, les parents héritent jusqu'au 9ᵉ, ou 10ᵉ ou 12ᵉ degré. Qui connaît ses parents au 12ᵉ degré ? Ils se confondent avec le genre humain. Il est absurde d'admettre qu'étant donnée la famille moderne, il y ait des héritiers légitimes en dehors des descendants ou des ascendants, ou au maximum des cousins germains et des neveux, enfants de frères ou de sœurs. » P. 522 : « Il est excessif de considérer autrement que comme des étrangers, dans l'impôt de succession, les parents au delà du 4ᵉ degré. »

(3) Dès à présent les parents au delà du 6ᵉ degré paient autant de droits que les étrangers ; V. *infra*, n. 16 *in fine*.

(4) Stourm, p. 224. — M. Kergall, à la Société d'éc. pol. de Paris (Séance du 5 avril 1898), disait très justement que le prin-

funt, et, par suite, à ceux qu'il a choisis ? N'est-ce pas plutôt à l'Etat ? Et l'impôt qu'il perçoit n'est-il pas une conséquence et une atténuation de son droit, un prélèvement qu'il veut bien n'exercer que dans une certaine mesure, mais qu'il lui serait permis d'augmenter et d'étendre jusqu'à la totalité des biens héréditaires ?

L'enseignement officiel commence à s'orienter en ce sens. M. Pillon, professeur agrégé à Lille, dans le *Livre du Centenaire du Code civil*, indique comme moyen facile de procurer à l'Etat toutes les ressources dont il a besoin, celui qui lui a servi lors de la dissolution des congrégations religieuses (loi du 1ᵉʳ juillet 1901, ch. iii), et qu'il va employer de nouveau à l'égard des fondations : la prise de possession de biens qu'il lui plaît de déclarer vacants et sans maître. M. Ambroise Collin, professeur à la Faculté de Paris, écrit dans le même ouvrage : « Il faut s'attendre à ce que les besoins grandissants de la communauté et le sentiment de jour en jour plus précis des obligations de l'individu à son égard, suggèrent au législateur un remaniement du régime des successions conçu dans un esprit de solidarité sociale (1). »

Tel est l'aspect sous lequel, à l'heure actuelle, se présente au contribuable français l'impôt des successions. C'est, croyons-nous, l'aspect sous lequel cet impôt doit lui paraître le moins acceptable.

cipe antique de l'Etat propriétaire sommeille dans l'impôt successoral. Il considère que cet impôt est sans base rationnelle.

(1) Cité par M. Hubert-Valleroux, « Comment a été fait notre code et dans quel esprit, Des changements qui y sont proposés », dans *Rev. cath. des Institutions et du droit*, 1906, I, p. 206 et 207.

III

12. Nous avons vu l'origine et le fondement du droit de mutation par décès ; nous savons comment il se justifie et comment il a été introduit. Nous nous occuperons maintenant de sa quotité. Ici encore nous allons constater qu'en posant les règles d'application de cet impôt, le législateur fiscal de 1901 s'y est pris de la façon la plus propre à indisposer le contribuable, à exciter son irritation, à faire naître et à développer l'esprit de fraude.

Les économistes et les auteurs qui s'occupent de la science des finances, s'accordent généralement pour reconnaître que *l'impôt successoral doit être modéré.*

Il faut, disent-ils, éviter que l'héritier, pour payer cet impôt, ne soit obligé de le prendre sur le capital de la succession ; il est à désirer qu'il puisse, en économisant pendant quelque temps les revenus nouveaux qui lui adviennent, la conserver intacte. « Si le Trésor, sur une succession de 100.000 francs exige de l'héritier 10.000 à 12.000 francs, celui-ci ne pouvant pas reconstituer en peu de temps la somme que le Trésor lui enlève, se considère comme ayant hérité seulement de 90.000 ou 88.000 francs. Le capital du pays, l'ensemble des moyens de production dans la contrée, se trouve diminué de ces 10.000 ou 12.000 francs. L'Etat absorbe donc alors par l'impôt une partie du capital national, ce qui est toujours mauvais (1). » Les plus avancés posent,

(1) Leroy Beaulieu, p. 618. — Cf. Cauwès, IV, p. 400.

eux aussi, comme règle qu' « il faut frapper le contribuable de telle façon que l'impôt tombe sur le revenu, non sur le capital (1). » C'était un des principes de Sismondi (2) ; il ne paraît pas contestable.

L'inconvénient de l'impôt successoral trop lourd sera d'autant plus sensible que le délai laissé au contribuable pour s'acquitter sera plus court ; il sera atténué si le paiement en est réparti sur un certain nombre d'années.

Il sera considérable lorsque des décès successifs se produiront à bref intervalle dans une même famille. De nouveaux droits, venant frapper la même fortune avant qu'elle n'ait pu être reconstituée par l'épargne, pourront l'épuiser en peu de temps.

A ces arguments économiques on peut ajouter des considérations d'un autre ordre. Pour l'héritier, surtout en ligne directe, l'ouverture d'une succession est souvent un malheur : il n'est pas rare que la mort du chef enlève à la famille la majeure partie de ses moyens d'existence. En outre, et dans tous les cas, il y aura pour la famille des frais de toutes sortes à acquitter : frais de maladie, frais funéraires, voyages, deuil, honoraires des hommes d'affaires, etc. C'est à ce moment que le fisc se

---

(1) NITTI, p. 523. — MM. BOUCARD et JÈZE, *Sc. des fin.*, p. 738, sont un peu moins affirmatifs.

(2) SISMONDI, *Nouveaux principes d'éc. pol.*, t. II, liv. VI, ch. VIII : « Tout impôt doit porter sur le revenu, et non sur le capital. Dans le premier cas, l'État ne dépense que ce que les particuliers peuvent dépenser. Dans le second il détruit ce qui devrait faire vivre et les particuliers et l'État. » — Le marquis de Mirabeau avait écrit, dans sa *Théorie de l'impôt :* « Droits sur les fruits sont impôts ; droits sur le fonds sont pillage. »

présente. Si ses droits sont élevés, c'est presque toujours une gêne momentanée, c'est parfois la détresse, les réalisations à vil prix, les emprunts onéreux, la ruine.

13. L'impôt successoral doit donc être modéré. Quand le sera-t-il ? Quand sera-t-il excessif ? Ici l'accord cesse entre les auteurs. « 1/2 %, 1 %, voilà, dit M. Leroy-Beaulieu, quels paraîtraient les taux raisonnables. » Ailleurs il admet 1 1/2, 2 et même 3 %, mais à la condition qu'on accorde des délais au contribuable, deux ou trois ans par exemple. Ailleurs encore il écrit que les taxes sur les successions ne devraient en aucun cas dépasser une année de revenu, soit 5 % environ. « Avec un maximum de taxe de 5 %, qui serait recouvrable en deux ou trois annuités, on créerait un impôt modéré, juste et une règle fixe qui retiendrait le fisc... (1) » M. Stourm adopte le même maximum : une année de revenu (2), M. Cauwès considère comme exorbitant le taux de 8 et 9 % perçu sur les successions collatérales ; il exprime le vœu que les taux soient abaissés (c'était en 1893). Les relèvements alors projetés, et qui ont été réalisés depuis, même avec aggravation, lui apparaissent comme des mesures spoliatrices, comme une confiscation partielle, comme la négation indirecte du droit de tester (3). M. Nitti ne regarderait pas comme excessive une taxe de 6 % ; mais il voudrait un délai de trois ans, l'exonération complète des petites fortunes, etc. (4).

---

(1) *Sc. fin.*, p. 615, 618, 621.
(2) *Syst. génér.*, p. 246. — *Ec. fr.*, 11 juillet 1903.
(3) *Econ. pol.*, IV, p. 399, 400, 403.
(4) *Principes*, p. 520, 523.

MM. Boucard et Jèze déclarent ne pouvoir « s'associer aux critiques dirigées contre les taxes successorales élevées ; » ils ne semblent pas considérer comme excessives celles qu'a établies le législateur de 1901 ; mais ils voudraient, eux aussi, que le paiement en fût échelonné sur un certain nombre d'années (1).

14. Si nous consultons les précédents, nous verrons que, jusqu'à notre époque, on n'avait guère dépassé la limite d'une année de revenu. Chez les Romains l'impôt était de 5 %, (*vicesima*) ; on essaya de le doubler, mais on revint vite à l'ancien taux. Pour le droit de relief, la Coutume de Paris disait (art. 47) : « Droit de relief est le revenu du fief d'un an. » Le droit de centième denier était, comme son nom l'indique, beaucoup plus modéré. Le décret de 1790 fixa des droits proportionnels qui variaient de 5 sous jusqu'à 4 livres par 100 livres. La loi du 22 frimaire an VII eut un tarif unique de 5 % sur les immeubles et de 1 fr. 25 sur les meubles, mais avec une détaxe pour la ligne directe et pour les conjoints : la ligne directe paya 1 % (le centième denier) ou 0 fr. 25 %, suivant qu'il s'agissait d'immeubles ou de meubles ; les conjoints, 2 fr. 50 ou 0,625 %, suivant la même distinction. « Il nous est démontré, avait dit Duchâtel dans son rapport, que le maximum est atteint à 4 % (2). »

<hr>

(1) *Eléments*, p. 737 et s.
(2) « Nous avons abandonné l'idée... de fixer l'impôt au delà. Un droit pour lequel il faudrait vendre une partie de la propriété, ou sacrifier plus d'une année de revenu, ou emprunter à gros intérêts... ne pourrait qu'être fatal à la prospérité publique elle-même, tout en ruinant le contribuable. » Il proposait aussi d'exonérer les héritiers en ligne directe de tout droit

Cependant en 1816, puis en 1832, on commença à distinguer suivant la qualité des héritiers. Ils furent divisés en six classes d'après les degrés de parenté, et payèrent de 1 à 9 % pour les immeubles et de 0 fr. 25 à 6 % pour les meubles. Ces taux paraissaient très élevés. Troplong écrivait en 1848 : « L'impôt sur les successions n'a-t-il pas atteint son maximum ? Je le pense fermement, et c'est aussi l'opinion des agents fiscaux les plus intelligents. » Et l'on voit toujours reparaître la même considération. « A mesure qu'on avance ce n'est plus le revenu que l'on frappe, c'est le fonds même dont l'État prend une part. Or, un impôt qui entame le fonds est-il dans ses conditions nécessaires de modération et de retenue ? Je soumets la question aux économistes (1). » Les économistes y ont déjà répondu.

Cela n'empêcha pas les tarifs d'augmenter. A partir de 1850, la distinction entre les immeubles et les meubles fut effacée : ceux-ci payèrent autant que ceux-là. Des décimes et demi-décimes de guerre furent ajoutés au principal de l'impôt, de telle sorte que le droit de 1 % s'éleva à 1,25 %.

Finalement, les droits étaient les suivants au commencement de ce siècle :

sur les meubles (V. son rapport dans Dalloz, v° *Enregistrement*, n° 27). La loi fut un peu moins libérale, puisqu'elle porta le maximum à 5 % et n'exonéra pas les héritiers en ligne directe de tout droit sur les meubles.

(1) « De l'impôt sur les successions », *Revue Wolowski*, 1848, II, p. 224. Il ajoute que « jamais le despotisme impérial de Rome et les âpretés fiscales de la féodalité n'avaient osé élever à ce point le fardeau de l'impôt sur les successions ».

En ligne directe . . . . .   1,25 % (décimes compris)
Entre époux. . . . . . .   3,75 —
Entre frères et sœurs, oncles,
    neveux, etc. . . . .   8,125 —
Entre grands oncles, grand'-
    tantes, etc.. . . . . . .   8,75 —
Entre parents du quatrième au
    douzième degré . . . . .   10 » —
Entre non parents. . . . .   11,25 —

Ce tarif était-il modéré ou excessif ? En tant qu'il dépassait la limite de 4 à 5 %, il ne pouvait pas ne pas être critiqué par les théoriciens. Il était d'autant plus critiquable que le taux du revenu des biens en général s'est abaissé à notre époque, et que par conséquent 5 ou 6 % dépassent notablement le revenu d'une année. 8, 10, 11 % absorbent ce revenu totalement pendant plusieurs années, et sont nécessairement pris en grande partie sur le capital. Cependant, comme l'on ménageait les héritiers en ligne directe qui sont les plus intéressants et les plus nombreux, comme on ne surchargeait guère que ceux pour qui la succession est une aubaine, il n'y avait pas trop de récriminations.

15. Notons encore, comme présentant une certaine importance au point de vue de la quotité de l'impôt successoral, les deux règles suivantes, empruntées à l'ancien régime :

1º L'obligation pour les héritiers de faire dans les six mois du décès la déclaration des biens à eux transmis, déclaration qui sert de base à la liquidation des droits, laquelle les rend exigibles. Ce délai de six mois était déjà fixé pour le paiement du droit de relief et du droit de centième denier.

2° La non-déduction des charges. Le droit était calculé et perçu sur l'actif brut. Un immeuble transmis par succession, grevé d'une dette hypothécaire pour les trois quarts de sa valeur, était taxé pour toute cette valeur.

Cette règle se justifiait à l'époque féodale. Le seigneur qui *relevait* le fief au profit de l'héritier du vassal, percevait naturellement son droit sur la valeur du fief qui lui avait fait retour, sans avoir à s'occuper des dettes qu'avait pu contracter le défunt et qui restaient à la charge de l'héritier. « Le seigneur n'a que faire de toutes les dettes du défunt, » disait Bacquet (1). Mais à notre époque, du moment qu'on admet que l'héritier tient ses droits du défunt, et non de l'État, cette explication est en défaut.

On avait produit cet argument de casuiste : c'est le patrimoine entier qui est transmis, actif et passif ; or l'impôt est dû à raison de la mutation de propriété, donc il doit porter sur tout le patrimoine, actif et passif (2). A quoi l'on répondait par cette objection de bon sens qu'un patrimoine ne vaut que ce qui reste après déduction des dettes. C'était la maxime romaine : *Bona non intelliguntur nisi deducto ære alieno*. On l'applique en droit civil, par exemple pour le calcul de la quotité disponible

(1) *Des droits d'enreg.*, art. 14 et 27.
(2) Cf. Cauwès, IV, p. 400, n. 3. — Demante, *Principes d'enreg.*, p. 234. — On aurait pu faire valoir autrefois cette considération que le *passif mobilier suit l'actif mobilier* ; or l'actif mobilier ne payait pas autrefois le centième denier ; donc le passif, qui en est la charge, ne devait pas être déduit de la valeur des immeubles déclarés au fisc.

et de la réserve ; pourquoi le fisc refuserait-il de se la laisser appliquer ?

La seule raison sérieuse en faveur de la règle de la non-distraction des charges était la crainte des fraudes : si les héritiers sont admis à déduire de l'actif les dettes, ils en simuleront qui n'auront jamais existé, ils supprimeront les preuves de l'extinction de dettes qui auront été payées. Mais c'est au fisc à trouver les mesures nécessaires pour sauvegarder ses droits : il est abusif de préjuger partout la fraude et de considérer *a priori* tout passif comme supposé.

Nous allons voir maintenant le système actuellement en vigueur, tel qu'il a été établi par les lois du 25 février 1901 et du 30 mars 1902.

16. Ces lois ont réalisé un certain nombre de réformes. Elles en ont repoussé plusieurs qui paraissaient désirables.

I. Les droits perçus sur les successions sont affranchis de tout décime (art. 2 de la loi de 1901). Comme ils ont été notablement augmentés, l'État n'y perd rien, et nous n'y gagnons pas. Peut-être quelques-uns avaient-ils conservé l'espoir que ces décimes, établis toujours à titre provisoire, disparaîtraient un jour et que l'on reviendrait au *principal* de l'impôt. Ils oubliaient qu'en France, suivant la remarque de Guy Coquille, « l'impôt une fois mis ne se retranche jamais ».

II. Le délai traditionnel de six mois a été maintenu. On a vu cependant que, suivant tous les auteurs, l'augmentation des droits doit nécessairement comporter un échelonnement des paiements (1). La proposition en fut faite dans la discussion ; elle était bien modeste, il ne s'agissait que de porter le délai à un an, et seulement pour les successions frappées de droits supérieurs à 3 %, (2). Elle fut combattue par M. Caillaux, ministre des finances, et rejetée, à raison de la perte annuelle qu'elle aurait fait éprouver au Trésor. Cette perte eût été, a-t-il dit, de 30 à 40 millions. La Chambre s'empressa de rejeter l'amendement. Il semble qu'il y ait eu un malentendu, et que la Chambre ait cru à une perte, répétée chaque année, de cette énorme somme, tandis que le ministre voulait évidemment parler du déficit qu'aurait entraîné, pour la première année seulement, l'innovation proposée ; mais qui eût été réparé ensuite.

III. La déduction des charges est admise. « Les droits... seront liquidés sur la part nette recueillie par chaque ayant-droit (art. 2)... Seront déduites les dettes à la charge du défunt (art. 3). »

Cette réforme, excellente et nécessaire, était réclamée depuis près d'un siècle (3). L'Etat a fini par céder. Mais il a pris des précautions minutieuses pour prévenir les fraudes.

« En bonne logique, la déduction du passif devrait

(1) V. *supra*, n° 13.

(2) Proposition Bouctot (*J. off.* du 17 nov. 1900, *Déb. parlem.*, Ch. des députés, p. 211).

(3) La première proposition en ce sens remonte à 1819. D'autres sont venues après en 1849, 1864, 1871, 1880, etc.

être complète », disait l'Exposé des motifs de 1894. Mais l'on n'a pas cru pouvoir aller jusque-là.

a) Certaines dettes sont suspectes, et la déduction n'en n'est pas admise, en principe. Telles sont les dettes échues depuis plus de trois mois lors de l'ouverture de la succession, les dettes consenties par le défunt au profit de ses héritiers, ou de certaines personnes réputées interposées ; les dettes prescrites ; les dettes garanties par des inscriptions hypothécaires périmées ; les dettes reconnues par testament ; les dettes résultant de titres passés ou de jugements rendus à l'étranger, etc. Pour toutes ces dettes, il y a, aux yeux du fisc, présomption qu'elles n'ont jamais existé ou qu'elles sont éteintes. Cependant, à certaines conditions, les héritiers sont admis à combattre cette présomption, et ces dettes deviendront *déductibles*. Ainsi, par exemple, pour une dette échue depuis trois mois lors du décès, les héritiers peuvent produire une attestation du créancier, certifiant en une forme et suivant des règles déterminées l'existence de la dette à cette époque ; pour une dette prescrite, ils peuvent prouver que la prescription a été interrompue ; pour une dette contractée au profit d'un héritier ou d'une personne réputée interposée, ils pourront produire un acte authentique, ou un acte sous-seing privé ayant acquis date certaine avant le décès, etc. Mais le fisc a, de son côté, le pouvoir de ne pas admettre la déduction demandée, sauf aux héritiers à se pourvoir en restitution des droits perçus en trop, s'il y a lieu, dans les deux ans, devant le juge compétent.

b) Les autres dettes sont déductibles, en principe. Mais il faut les prouver, et tous les moyens de preuve ne sont pas admis. Les moyens de preuve susceptibles de faire preuve en justice contre le défunt (actes authentiques, actes sous seing privé, jugements, livres de commerce, etc.), peuvent être invoqués par l'héritier. Mais le fisc peut, de son côté, exiger l'attestation écrite du prétendu créancier, et, s'il estime qu'il y a simulation, faire juger la question par les tribunaux, dans les cinq ans à partir de la déclaration.

c) Notons encore que l'inexactitude des déclarations ou attestations de dettes peut être prouvée par tous les moyens de preuve qu'admet le droit .commun, excepté le serment (art. 8). C'est-à-dire que l'Administration est autorisée, pour faire apparaître les fraudes commises dans la déduction du passif, à faire procéder à des enquêtes, expertises, interrogatoires sur faits et articles ; elle demandera, par exemple, la comparution en personne des héritiers, elle assignera avec eux les prétendus créanciers, elle tâchera d'établir ainsi la simulation de dette.

Cette extension des droits de l'Administration est à signaler. En général, elle est astreinte à une procédure spéciale, par mémoires, sans l'assistance obligatoire d'un avoué, sans plaidoiries d'avocats, ne comportant pas de débats oraux, ni l'emploi de moyens de preuve qui supposent des débats oraux. C'est ainsi que, quand il s'agit d'omissions ou d'insuffisances dans les déclarations de l'actif héréditaire, il lui est interdit d'en faire la preuve par témoins. Pour ce qui est des simulations de dettes, elle jouit donc de facilités exceptionnelles (1).

---

(1) V. cependant déjà la loi du 23 août 1871, art. 13, pour les dissimulations de prix dans les ventes d'immeubles.

d) Enfin les déclarations ou attestations de dettes mensongères sont punies d'une amende égale au triple du supplément de droit exigible (art. 9). Elle ne peut pas être inférieure à 500 francs. Le prétendu créancier qui s'est rendu complice de cette fraude est solidairement responsable de l'amende ; et il en supporte définitivement le tiers. Une autre sanction très grave avait été proposée : la déclaration de dette corroborée par l'attestation du créancier aurait valu titre pour celui-ci, c'est-à-dire lui aurait permis de réclamer le paiement de la dette qui n'existe pas. Malgré l'insistance du ministre, le Sénat a refusé de laisser passer une disposition qui, pour punir un des complices, attribuait à l'autre un bénéfice évidemment immoral. On voit que lorsqu'il s'agit d'assurer ses intérêts, le fisc n'est pas regardant sur le choix des moyens.

Par ce court exposé, on reconnaîtra que les précautions sont bien prises pour empêcher les fraudes. On peut même trouver qu'on a été trop loin et que, pour sauvegarder les droits du fisc, on a sacrifié les intérêts légitimes des héritiers. Ainsi parmi les dettes considérées comme suspectes, il peut s'en trouver qui sont absolument sincères : par exemple, parmi celles qui ont été contractées par le défunt au profit de ses héritiers (ou des père et mère, enfants, conjoints de ses héritiers). Sans doute, la loi admet ceux-ci à prouver la réalité de la dette, mais c'est à la condition qu'elle ait été constatée par un acte authentique, ou par un acte sous seing privé ayant acquis date certaine avant l'ouverture de la succession. Or, cette condition peut n'être pas remplie (en fait, elle ne le sera pas souvent), et la dette être néanmoins sincère. C'est pourquoi des auteurs trouvent que «'la loi de 1901 a admis d'une façon beaucoup trop restreinte la déduction du passif (1). »

IV. La taxe était *proportionnelle ;* elle est devenue *progressive.* Le taux augmente, pour une même classe de parents, avec l'importance des biens transmis.

Ce taux est applicable, non à la succession prise dans son ensemble, mais à la part recueillie par chaque héritier. Chaque part est subdivisée en fractions ou *tranches,* à chacune desquelles est applicable un taux de plus en plus élevé.

Un exemple fera saisir le mode nouveau d'application du tarif. Supposons une succession d'un million, recueillie par les trois enfants du défunt. Le passif justifié est de 100.000 francs. Les droits seront donc perçus sur 900.000 francs. La part imposable de chacun des enfants (nous les supposons appelés pour des parts égales) est de 300.000 francs. Chacune de ces parts sera fractionnée en tranches qui se superposent : la première, de 1 à 2.000 francs ; la deuxième, de 2.001 à 10.000 francs ; la troisième, de 10.001 à 50.000 francs ; la quatrième, de 50.001 à 100.000 francs ; la cinquième, de 100.001 à 250.000 francs ; la sixième, de 250.001 à 500.000 francs. Les tranches supérieures vont de 500.000 à 1 million, de 1 million à 2 millions, de 2 à 5 ; de 5 à 10 ; de 10 à 50 ; de 50 à l'infini (2). Sur la première tranche, l'hé-

---

(1) Leroy-Beaulieu, *op. cit.,* I, p. 620.

(2) La loi du 25 février 1901 s'arrêtait à la tranche de 1 million et au-dessus ; le taux maximum était, pour cette tranche, de 2 fr. 50 $^0/_0$ en ligne directe. C'est la loi du 30 mars 1902 qui a établi les tranches supérieures et continué la progression.

ritier paiera 1 % de droits ; sur la deuxième, 1,25 ; sur
la troisième, 1,50 ; sur la quatrième, 1,75 ; puis 2 %,
2,50 %. Au-dessus, ce serait 3, 3,50, 4, 4,50, 5 %. Le
calcul se fera ainsi :

```
1 %  sur la 1re tranche . . . . .     2.000 fr.    droit :   20 fr.
1,25   —    2e (de 2.001 à 10.000)  .   8.000       —       100
1,50   —    3e (de 10.001 à 50.000).   40.000       —       600
1,75   —    4e (de 50.001 à 100.000,.  50.000       —       875
2,00   —    5e (de 100.001 à 250.000). 150.000      —     3.000
2,50   —    6e (de 250.001 à 300.000). 50 000       —     1.250
            Total de la part. 300.000 fr. T d. droits 5.845 fr.
```

Pour les trois enfants, le total des droits sera de
17.535 francs.

Avec l'ancien tarif proportionnel, la succession aurait
payé 1,25 % sur le total d'un million, soit 12.500 francs.

Si l'on n'avait pas fractionné la part successorale en
tranches dont chacune paie un droit différent, mais appliqué à la totalité de la part le taux correspondant,
chaque part aurait payé 2,50 % sur 300.000, soit
7.500 francs. Au total, 22.500.

Le tarif aurait été plus lourd encore si le droit avait
été établi sur l'ensemble de la succession, au lieu de
l'être sur chaque part. C'eût été 22.845 francs. C'est ce
que paierait un fils unique. L'impôt est donc quelque
peu atténué en cas de pluralité d'enfants.

V. Conformément aux précédents, le tarif varie suivant qu'il y a, ou non, rapport de parenté entre le défunt et l'héritier, et suivant le degré de parenté.

Nous avons vu la progression appliquée aux successions en ligne directe. Dans tous les autres, la progres-

sion est beaucoup plus forte et le taux beaucoup plus élevé.

Entre époux, on commence à 3,75 $^0/_0$. Les tranches immédiatement supérieures paient 4, 4,50, 5 $^0/_0$... jusqu'à 9 $^0/_0$. Autrefois, le taux était uniformément de 3,75 $^0/_0$. Il est vrai qu'on ne déduisait pas le passif. Sur une succession de 100.000 francs, l'époux survivant paiera désormais 4.695 francs, au lieu de 3.750.

Entre frères et sœurs, on commence à 8,50 $^0/_0$, et l'on monte jusqu'à 14. Le taux ancien était uniformément de 8,125 $^0/_0$.

Entre oncles ou tantes et neveux ou nièces, on commence à 10 $^0/_0$ et l'on va jusqu'à 15,50. Le taux ancien était uniformément de 8,125 $^0/_0$.

Pour les *grands-oncles, grand'tantes, petits-neveux, petites-nièces*, et *entre cousins germains*, la taxe, au lieu de 8,75 $^0/_0$, est échelonnée de 12 à 17,50 $^0/_0$.

Pour les *parents au cinquième et sixième degrés*, au lieu de 10 $^0/_0$, on paiera de 14 à 19,50 $^0/_0$.

Les *parents au delà du sixième degré jusqu'au douzième*, paient autant que les *étrangers*. Le droit fiscal se sépare ici du droit civil et cesse de tenir compte de la parenté. Ils paieront donc, les uns et les autres, de 15 à 20,50 $^0/_0$. Une succession de 100.000 francs, laissée par testament à un ami, supportera 16.190 francs de droits (au lieu de 11.250 francs); de 1 million, 165.440 francs (au lieu de 115.000 francs).

*
* *

17. Que faut-il penser d'un tel tarif? Nous le savons déjà, ayant vu comment on appréciait, presque unanimement, le tarif qu'il remplace. Il comporte un léger dégrèvement pour les petites parts successorales en ligne directe (1 $\%$ au lieu de 1,25 $\%$), et une amélioration sérieuse à raison de la déduction du passif, amélioration dont bénéficieront effectivement ces mêmes petites parts (de 1 à 2.000, et de 2.001 à 10.000), et les plus modestes des successions entre époux, puisque les premières supporteront 1 ou 1,25 $\%$ sur la part nette (au lieu de 1,25 sur la part brute), et les secondes 3,75 $\%$ sur la part nette (au lieu de 3,75 $\%$ sur la part brute). Mais les petites parts (de 1 à 2.000 et de 2.001 à 10.000) ne représentent qu'environ un cinquième du total des valeurs successorales (1). Pour tous les autres cas, c'est-à-dire pour les 4/5 des valeurs successorales, il y a majoration.

Cette majoration est-elle excessive? Nous croyons qu'il faut distinguer. Pour les successions en ligne directe, les droits, « tout en commençant à être lourds à partir de 10.000 francs (2 $\%$), restent cependant contenus dans une limite qui n'est pas encore extravagante (5 $\%$ pour des successions d'ailleurs bien rares). » Pour les successions entre époux, entre collatéraux, entre non-parents, « les droits deviennent bientôt intolérables...

____

(1) V. *Bulletin de statist. du Min. des finances.* Pour 1905, par exemple, les parts de 1 à 2.000 francs, représentaient 6,70 $\%$; celles de 2.001 à 10.000, 12,89 $\%$; ensemble, 19,59 $\%$.

Ce ne sont plus là des impôts, ce sont des confiscations (1). » Combien, en effet, faudra-t-il de temps à l'héritier pour reconstituer les 10, 15, 20 %, du patrimoine qu'on lui enlève? Étant donné le taux actuel des revenus, trois, quatre, cinq ans, et davantage, n'y suffiront pas (2). L'impôt est donc pris largement sur le capital, c'est-à-dire qu'il est tout à fait en dehors des conditions posées par les économistes.

Mais nous ne voulons pas nous placer au point de vue doctrinal. Demandons-nous simplement, pour rester dans notre ordre d'idées, quel est l'effet produit par de pareilles taxes sur l'esprit des contribuables. Nous prétendons qu'il est déplorable ; que les contribuables se sentent spoliés ; que, s'ils ne sont pas prêts à s'insurger, comme l'ont fait récemment les viticulteurs du Midi, ils sont bien décidés à frustrer le fisc autant qu'ils le pourront. La fraude est le résultat naturel et fatal de cet état d'esprit.

*
* *

18. Ce n'est pas seulement le taux exorbitant de l'impôt qui indispose le contribuable, c'est aussi, et surtout, son caractère progressif. Tout a été dit sur la question de savoir si l'impôt doit être proportionnel ou progressif. Nous nous garderons bien d'aborder cette question :

(1) Leroy-Beaulieu, p. 622 et 623.
(2) L'exagération des droits est encore augmentée, en ce qui concerne les immeubles, par le mode de computation de leur valeur. V. ci-après, p. 64.

elle n'est pas de notre sujet (1). Mais ce n'est pas en sortir que de constater qu'à l'heure actuelle, le contribuable français considère l'impôt progressif comme contraire à l'égalité, et qu'il s'en effraie comme d'une menace perpétuelle de spoliation.

L'impôt progressif est d'abord, semble-t-il, contraire à l'égalité. C'est l'idée qui a cours dans les milieux qui paient l'impôt. Est-ce à tort ou à raison ? Nous n'avons pas à le rechercher. On a promis au citoyen français, par la Déclaration des droits de l'homme, que les impôts seraient désormais payés par tous proportionnellement à leurs facultés. Cela voulait dire, assurément, qu'on ne verrait plus de privilégiés en matière d'impôts. Et voici que l'on dégrève toute une catégorie de contribuables pour rejeter le fardeau sur les autres. Ceux-là ne paieront pas ou ne paieront que très peu ; ceux-ci paieront tout ou presque tout. Est-ce équitable ? On aura beau faire et beau dire, on ne persuadera pas à ceux-ci que ce soit l'égalité devant l'impôt. Tous les raisonnements du monde tendant à prouver que, ce qui est juste, c'est « l'égalité des sacrifices », que le pauvre qu'on dégrève d'un côté, paie d'un autre côté plus que le riche que l'on surtaxe, et que l'on doit redemander à celui-ci, sous la forme de l'impôt direct progressif, l'équivalent du sacrifice infligé à l'autre par les impôts indirects ; toutes les démonstrations ne convaincront guère que ceux qui sont convaincus d'avance, c'est-à-

(1) V. sur cette question, principalement Leroy-Beaulieu, I, p. 177-249 ; R. Stourm, p. 247-270 ; Wahl, I, nº 26, dans un sens. — En sens opposé, Nitti, p. 353-379 ; Boucard et Jèze, II, p. 630 et s.

dire ceux qui seront dégrevés. Les autres resteront irréductibles. Et la conséquence, c'est qu'ils feront tout pour se soustraire à un impôt qu'ils jugent inique.

19. Un autre sentiment les y poussera : la crainte de voir accroître encore un impôt déjà si lourd, s'ils le paient facilement. Tant que cet impôt restera productif, on dira qu'il n'est pas excessif, et l'on aura la tentation de lui faire rendre davantage. Le taux de 8, 10, 20 $^0/_0$ paraîtra trop modeste, on ira jusqu'à 30, 40, 50 $^0/_0$, jusqu'à ce que la diminution du rendement démontre qu'on a dépassé la limite.

Cette crainte de voir, comme on l'a dit récemment à propos de l'impôt sur le revenu, *serrer la vis* sous laquelle est pressuré le contribuable, est-elle une crainte puérile ? Qu'on en juge. La loi de 1901 avait arrêté sa progression aux parts successorales d'un million, avec un tarif maximum de 18, 50 $^0/_0$. Dès 1902, la progression a continué son ascension jusqu'à 50 millions, et le tarif a été porté à 20, 50 $^0/_0$.

En 1906, le ministre des Finances a proposé, dans le projet de budget pour 1907, l'augmentation des droits de succession, de façon à trouver les 60.800.000 francs qui lui étaient indispensables. On devait surcharger de 43 $^0/_0$ les droits perçus sur toutes les parts successorales supérieures à 10.000 francs (ce qui aurait élevé à 28,81 $^0/_0$, au dernier échelon, le taux applicable aux parents éloignés et aux étrangers). Ce n'est pas tout : aux tarifs ainsi majorés se serait ajouté un décime, à percevoir « pendant les douze années que devait durer l'amortissement d'un emprunt prévu dans le même budget », c'est-à-dire indéfiniment, suivant toute apparence.

Il est vrai que la Commission de la Chambre repoussa cette proposition, par l'organe de M. Mougeot, son rapporteur : « La Commission écarta tout d'abord, dit-il, *et de façon définitive,* l'augmentation des droits sur les successions... » *Définitive !* Vous avez bien lu. Si sur cette assurance vous vous endormez tranquilles, contribuables, mes frères, quel réveil sera le vôtre ! Lisez seulement la suite : si la Commission écarte la proposition Poincaré, c'est que « ces ressources nouvelles (à provenir de l'augmentation des droits sur les successions) *doivent être réservées pour faire face,* dans une certaine mesure, *aux dépenses qui résulteront du vote de la loi sur les retraites ouvrières* (1). »

Aussi voyons-nous depuis lors, à tout moment, lorsqu'il est question des centaines de millions que réclamera l'application de cette loi, rappeler qu'on doit les trouver dans l'impôt successoral. M. Jaurès le déclarait récemment à la tribune de la Chambre (2). Et le groupe radical socialiste est venu apporter à M. le ministre des Finances, le 19 mars 1908, un ordre du jour voté par lui à l'unanimité, dans lequel il est dit que « si le gouvernement ne croit pas avoir de ressources pour doter la réforme dans les conditions où elle a été promise, il n'a qu'à proposer au Parlement des projets pour se procurer les ressources suffisantes, notamment *par une révision des droits de succession...* (3) ».

(1) *Journal off.*, Chambre, *Doc. parlem.*, 1906, p. 965 et s. ; p. 1022, col. 1.

(2) Séance du 18 fév. 1908 (*J. off.*, du 29 fév., *Déb. parlem.*, Ch. dép., p. 479 et 486).

(3) V. les journaux des 19 et 20 mars.

Peu importe, dira-t-on peut-être, la sommation d'un député ou même d'un groupe. Ce qui importe, c'est la pensée du ministre ; il ne laissera pas tuer la poule aux œufs d'or. Le fait est que M. Caillaux, rappelant le projet de M. Poincaré, a déclaré qu'à son sens son prédécesseur *allait peut-être un peu loin :* « J'aurais quelque difficulté à souscrire à une telle mesure... » Mais, ici encore, il faut lire attentivement : « Il allait peut-être un peu loin *en proposant d'augmenter l'impôt simplement pour certaines catégories de successions...* » Ce qui veut dire, en bon français, que nous ne. tarderons pas à voir le gouvernement proposer une augmentation du tarif applicable *à toutes les parts successorales,* aux parts inférieures à 10.000 francs comme aux autres. S'il n'a pas encore franchement dévoilé ses intentions, c'est que pendant la discussion de cet autre impôt progressif qui portera sur le revenu, il ne faut effrayer personne. Il faut pouvoir dire, comme l'a fait le ministre : « Puisque, depuis six ans, nous avons dans notre législation un impôt à caractère progressif, dont le taux n'a pas changé, ne venez pas nous dire que le système de la progressivité aura pour conséquence nécessaire, dans un délai rapproché, des augmentations de tarif ! (1) » Mais déjà on nous laisse mieux entrevoir la vérité : dans le projet de budget pour 1909, M. Caillaux écrit que « l'on ne peut songer à élever *demain* les tarifs successoraux pour réaliser telle grande réforme démocratique en projet, si l'on n'a pas pris la précaution d'armer à

____

(1) V. les deux passages cités du discours de M. Caillaux dans *J. off*. du 11 fév. 1908, Ch. des députés, *Déb. parlem.*, p. 491, col. 1 et 2.

l'avance les agents du fisc contre les évasions éventuelles (1). »

Ne nous faisons donc pas illusion : les tarifs actuels seront augmentés demain (2). Heureux s'ils n'atteignent pas les 40, 50, 55 $^0/_0$, et au-dessus, que proposait, dès 1891, un projet émané de l'initiative parlementaire, signé de 142 députés, parmi lesquels un au moins de nos hommes d'Etat notoires, M. Maujan. Une phrase étonnante figurait dans l'Exposé des motifs : « Nous avons maintenu dans son intégralité le droit de tester, comme une liberté consécutive de la propriété individuelle, contre lequel certaines théories collectivistes veulent entreprendre, au risque de compromettre le rang de notre patrie, son admirable vitalité, et bientôt son existence même. » Cette phrase a disparu dans l'Exposé des motifs du projet retouché, déposé en 1892. Sans doute, ses auteurs ont renoncé à considérer comme essentiels le droit de tester et la propriété individuelle, à moins qu'ils n'aient renoncé à vouloir conserver à notre patrie son rang, sa vitalité, son existence même.

M. Leroy-Beaulieu qualifie ces hommes d'Etat d'*Olibrius parlementaires*, leur élucubration de *monstruosité*, et s'indigne de leur *cynique ironie* (3). Qu'aurait-il dit du projet de M. Albert Poulain et de quarante et un de ses collègues, qui veulent établir sur les suc-

(1) *Doc. parlem.*, Chambre, 1908 (Ann. n° 1709), p. 363.

(2) Voici précisément que la commission du budget (séance du 7 août 1908) propose, pour combler un déficit de 50 millions, d'élever le tarif, sauf pour les petites successions en ligne directe. Les héritiers à partir du cinquième degré paieraient comme les étrangers.

(3) P. 246, n. 5. — Cf Edg. ALLIX, p. 426 et suiv.

cessions collatérales aux 4ᵉ, 5ᵉ et 6ᵉ degrés, des droits qui seront pour les plus petites parts (de 1 à 2.000 francs), de 50, 60 et 70 $^o/_o$, et qui, pour les parts d'un million et au-dessus, atteindront 65, 75, 85 $^o/_o$ (1) !

20. Sont-ce là les seules menaces suspendues sur nos têtes ? Non : il faut encore nous garder d'un autre côté. Ce n'est pas seulement le fisc de l'Etat qui guette nos dépouilles ; d'autres convoitises sont éveillées. Nous avons vu la ville de Paris, il y a quelques années, émettre la prétention d'établir comme taxe de remplacement des droits d'octroi sur les boissons hygiéniques, trois décimes additionnels aux droits de l'Etat sur les successions ouvertes à Paris (rendement prévu : 18.800,000 francs). Ces trois décimes devaient même s'accroître de deux autres (environ 8 millions), si l'on voulait supprimer les autres droits d'octroi. C'était pour ces successions une surtaxe de 50 $^o/_o$. L'Etat ne pouvait autoriser une pareille surtaxe, c'eût été s'interdire à lui-même de demander à l'impôt successoral de nouvelles ressources. Elle fut donc rejetée (2). Mais pour combien de temps ? Le jour où les grandes villes auront toutes des municipalités socialistes, un gouvernement et des Chambres socialistes ne pourront guère résister à des prétentions de ce genre. Les citadins feront bien de le prévoir.

Telles sont les craintes fondées, et non point chimériques, qui hantent le contribuable. Elles expliquent dans

---

(1) Dans le canton d'Uri une succession de 200.000 francs recueillie *ab intestat* par un parent éloigné, abandonne au fisc 150.000 francs : 75 $^o/_o$! (*Econ. fr.*, du 27 janvier 1906).

(2) P. Leroy-Beaulieu, *Econ. fr.*, 15 janv. 1898.

une certaine mesure son état d'esprit. S'il paie bénévolement, il sera augmenté. Moins l'impôt rendra, plus il y aura de chances pour qu'on ne l'élève pas davantage. Frauder le fisc, c'est une manière de protester, et la plus efficace.

*
* *

21. Un tarif exorbitant, comme celui que nous venons de critiquer, est appliqué en Angleterre depuis 1894. Il y est même, au premier abord, plus lourd qu'en France. En ligne directe l'*Estate duty* s'élève de 1 % (sur l'actif net des successions de 2.500 à 12.500 francs) jusqu'à 8 % pour les plus fortes.

On voit l'argument que le fisc ne manquera pas de tirer de l'exemple de l'Angleterre, le jour prochain où il réclamera une augmentation des tarifs. Il y a bien des choses à y répondre.

D'abord, en Angleterre, les petites successions, jusqu'à 2.500 francs sont complètement exemptes. Chez nous elles paient 1 et 1,25 %.

En Angleterre les successions collatérales sont un peu plus épargnées que chez nous. — Les Anglais ont pu se soumettre sans trop de répugnance à des tarifs élevés, parce que, chez eux, une aggravation éventuelle est moins à craindre qu'en France : leur gouvernement est plus stable que le nôtre, moins soumis aux influences socialistes, plus réfractaire aux innovations hasardeuses. — Il y a encore une différence notable au point de vue de l'assiette de l'impôt : en France, les petites et moyennes successions sont beaucoup plus nombreuses et forment un total beaucoup plus considérable que les grosses ; celles-ci sont très importantes en Angleterre, et c'est à elles surtout qúe le fisc s'en prend là-bas : or, ce sont les grosses successions qui se défendent le mieux (1).

Enfin, et surtout, qu'on veuille bien considérer qu'en Angleterre l'impôt foncier est extrêmement modéré ; que les patentes, les portes et fenêtres, la contribution personnelle-mobilière, les taxes assimilées, la taxe sur le revenu des valeurs mobilières y sont inconnues ; que les droits de timbre et d'enregistrement y sont très réduits ; que l'*income-tax*, qui y remplace certains de ces impôts ou se superpose aux autres, ne dépasse guère 4 $^0/_0$, et ne grève que les personnes ayant plus de 160 livres sterling (environ 4.000 francs) de revenu ; il n'y a par conséquent rien d'exorbitant à ce que le législateur établisse une taxe successorale élevée : le contribuable qui la paie, une fois ou deux dans son existence, serait assez mal venu à se plaindre (il se plaint pourtant), surtout s'il est de ceux qu'épargne l'*income-tax*.

Nous ne laisserons pas davantage embarrasser par ce fait, dont notre administration va sûrement tirer un argument triomphant : l'Angleterre a augmenté en 1907

______

(1) En 1903-1904, le nombre des successions anglaises passibles de droits progressifs était de 35.443 contre 399.164 en France. — Les 338 millions fournis par l'*Estate duty* proviennent pour les 2/3 environ (209.350.000) de successions supérieures à 1 million ; pour la moitié environ, de successions supérieures à 2 500.000 fr. — En France, les successions supérieures à 2 millions représentent seulement 13,40 $^0/_0$ du total de la matière imposable. En Angleterre, les successions de 2.500.000 et au-dessus représentent 31 $^0/_0$. V. STOURM, p. 238 et s. — En 1905, les successions françaises de 1 à 50.000 francs représentaient 40 $^0/_0$ du montan total.

sa taxe successorale, et elle lui demande aujourd'hui 1.250.000 livres sterling de plus que par le passé ; elle est donc loin de la considérer comme exorbitante. La réponse est que, d'abord, cette surtaxe porte uniquement sur les successions de 150.000 livres sterling (3·750.000 francs), et au-dessus. En second lieu, cette augmentation de 1.250.000 livres sterling a pour contre-partie une diminution égale de l'*income-tax* : ceux des contribuables qui y sont soumis, peuvent désormais réclamer une détaxe d'un quart (3 deniers par schelling), sur le *revenu gagné* (*earned income*, revenu du travail, et revenu mixte du capital et du travail), lorsqu'ils justifient que leur revenu total ne dépasse pas 2.000 livres sterling (50.000 francs) (1).

Chez nous l'augmentation projetée ne serait compensée par aucune réduction d'impôt, et elle affecterait toutes les successions, sauf les plus petites en ligne directe. (V. n° 19).

22. L'Italie a suivi le mouvement de l'Angleterre et de la France. Le tarif inauguré par elle en 1902 comporte

---

(1) *Bull. de stat. et de législ.*, mars 1908. — Le tarif ancien progressait tant que l'actif ne dépassait pas 1 million de £. Au delà il était uniformément de 8 %. Le tarif nouveau fait continuer la progression pour les successions de 1 à 3 millions· de £. A toutes celles dont l'actif dépasse ce dernier chiffre, le fisc réclame 10 % sur le premier million ; 15 % sur le surplus. Etant donné qu'outre l'*estate duty* les successions sont encore frappées d'autres droits tels que le *legacy duty* ou le *succession duty*, variant de 1 à 10 % suivant le degré de parenté entre le *de cujus* et les héritiers, « on voit que le prélèvement opéré par le trésor britannique sur les grosses fortunes peut atteindre bien près de 25 % ». Cette remarque du rédacteur officiel du *Bulletin* peut nous faire prévoir ce qui nous attend.

un taux maximum de 22 % entre étrangers. Mais, en ligne directe, il ne dépasse pas 3,60 %. Cette modération relative, jointe à la circonstance que la matière imposable en ce pays n'est guère que d'un milliard, fait que l'impôt ne rend pas plus de 35 millions de lires (1).

23. Partout ailleurs les tarifs sont modérés, et les exemptions nombreuses. En Allemagne, par exemple, les descendants et les époux échappent à toute taxe ; les collatéraux éloignés paient au maximum 8 %. Mais peut-être les choses vont-elles changer prochainement : le gouvernement allemand, à l'heure actuelle, songe aux successions pour combler le déficit de son budget.

Dans la plupart des cantons suisses, et en Belgique, l'exemption, totale ou partielle, de la ligne directe et des époux, est compensée par une certaine progressivité (2).

Ces détails sur la législation fiscale de quelques pays voisins du nôtre, permettront de mieux comprendre certains essais d'évasion fiscale et certaines négociations gouvernementales en vue d'une entente internationale dont nous aurons bientôt à nous occuper.

---

(1) En 1873, le produit était de 22 millions de lires. En 1900-1901, il est de 39.727.595 lires ; en 1901-1902, de 36.305.645. Il n'a guère varié depuis dix ans.

(2) STOURM, p. 245 et s. — NITTI, p. 521. — DE FOVILLE, *Les droits de succession en Suisse* (*Econ. fr.* du 27 janv. 1906). — Le *Bulletin de statistique du Ministère des Finances* (italien) pour 1901-1902 (cité page 17) étudie l'impôt successoral dans 63 pays.

IV

24. Nous venons de voir une première raison pour laquelle on fraude le fisc sans scrupule en matière d'impôt successoral : c'est la légitimité plus ou moins douteuse et l'exagération manifeste de ses réclamations. A cette raison, tirée de la créance, s'en joint une autre. tirée du créancier.

Pour avoir le droit de se montrer exigeant et sévère envers les autres, il faut être sans reproche, autant que possible, et agir avec une délicatesse scrupuleuse. Or le fisc, depuis qu'il existe, semble avoir pris à cœur de mettre les torts de son côté, d'accumuler les procédés désobligeants, ou même indélicats, d'exciter contre lui l'irritation et l'animadversion générales. Il n'est *persona grata* ni auprès du public qu'il régente, ni auprès des autorités dont il dépend.

Le public lui reproche de le rançonner sans vergogne. « Le fisc prend tout ce qu'il peut et comme il le peut », a reconnu un jour M. Caillaux (1). Tous les moyens lui sont bons. *Le fisc n'a jamais tort,* disait-on jadis.

Suivant son intérêt, il changera d'opinion, dans une question douteuse, jusqu'à cinq fois en cinq années (2).

Il menace le redevable de poursuites qu'il sait mal

(1) Cité par M. Aynard, *Ch. des députés*, séance du 2 juin 1908 (*J. off., Déb. parl.*, p. 1124).
(2) Dans la question du tarif applicable aux ordonnances : V. Wahl, 1, n° 628, note.

fondées, et qu'il est bien décidé à ne pas exercer, uniquement pour l'intimider, et pour l'amener par la crainte d'un procès, à payer ce qu'il ne doit pas (1).

Il a fait admettre qu'après avoir reconnu qu'un droit n'est pas dû, et même après l'avoir restitué, il peut revenir sur sa décision et réclamer de nouveau ce droit ; qu'il n'est pas lié par les solutions qu'il donne, ni par les transactions qu'il conclut, ni par les désistements qu'il fait de ses actions en justice, aussi longtemps que la prescription n'est pas accomplie (2) ; tandis qu'au contraire il considère les redevables comme liés envers lui par les aveux qu'ils font, par les reconnaissances qu'ils souscrivent.

Le fisc ne restitue pas : une mutation vient-elle à être anéantie rétroactivement, c'est-à-dire dans des conditions telles qu'elle est considérée comme n'ayant jamais eu lieu, le fisc gardera les droits que lui ont payés et l'acquéreur sous condition résolutoire et les sous acquéreurs qui ont traité avec celui-ci, bien qu'il n'y ait cependant aucune mutation qui justifie ces droits. L'art. 60 de la loi de l'an VII l'y autorise, et il en use (3).

(1) WAHL, I, p. 10.

(2) WAHL, II, n° 505 ; et note sous Cass., 13 mars 1895 (S. 95, 1, 465). — « Il est arrivé plus d'une fois à la Régie de consentir à abandonner certains droits sur un acte, à la condition que les parties paieraient d'autres droits sur le même acte, également contestés ; et, une fois ces derniers droits acquittés, de réclamer à nouveau les premiers ». FUZIER-HERMAN, v° *Enregistrement*, n° 3236. — Cf. GARNIER, *Rép*, n° 1312.

(3) WAHL, 1, n°s 36, 195 ; II, n°s 249, 402, 424. — Cf. Edg. ALLIX, *op. cit.*, p. 418 et s. — Un legs est fait sous une condition suspensive, qui ne dépend aucunement de la volonté du disposant

Le fisc dénature les actes juridiques suivant son intérêt. Il qualifie donations à cause de mort et frappe des droits de mutation par décès les donations soumises à la condition du prédécès du donateur ; il assimile à des rétrocessions certaines résolutions, et peut-être toutes les résolutions ; dans les assurances sur la vie, il considère que l'indemnité est toujours acquise au tiers bénéficiaire à titre de mutation par décès, même dans des cas où, au point de vue du droit civil, elle n'est sûrement pas une valeur héréditaire (1).

Le fisc perçoit les droits partout où il peut les percevoir. Il en fait varier la quotité, non suivant la justice, mais suivant la facilité du recouvrement. Il rend l'enregistrement obligatoire quand il possède le moyen d'y contraindre le contribuable, et facultatif dans le cas contraire (2).

Il punit celui qu'il prend en faute, et fait supporter à tous la peine de ceux qu'il laisse échapper (3).

(par exemple, il est subordonné à une autorisation d'accepter). Les héritiers ou légataires universels du disposant, leurs propres successeurs, les successeurs de ceux-ci acquitteront tous un droit de succession sur les valeurs comprises dans le legs particulier ; et, lorsque la condition suspensive se sera réalisée, les droits perçus, dont aucun ne répond à une vraie mutation, ne seront pas restitués. On a vu, dit M. Wahl, dans une espèce soumise aux tribunaux, un legs payer à titre d'impôt le tiers de son montant.

(1) WAHL, I, p. XIX, et n° 392 ; n°s 578 et s. ; n° 374. — Loi du 21 juin 1875, art. 6.

(2) WAHL, I, n° 16.

(3) C'est un principe chez lui, quand il constate qu'un impôt ne rend pas ce qu'on en attendait, d'en réclamer l'augmentation, afin que les insuffisances dues à la fraude soient compensées

Ni l'énormité de certaines charges, ni l'amoindrissement qui en résulte pour la fortune publique et pour la prospérité générale, ni la gêne ou la ruine qu'elles peuvent infliger aux particuliers, ne l'ont jamais ému. Il cumule l'enregistrement et le timbre, ce qui revient à taxer deux fois la même convention (1). Il perçoit âprement des droits qui non seulement dépassent le revenu d'une année, mais même parfois vont jusqu'au sixième et au cinquième de la valeur du capital. Il inflige des amendes invraisemblables. Il frappe l'épargne et la prévoyance, les assurances sur la vie et contre l'incendie, les dépôts faits dans les banques, comme il frappe les actes qui correspondent à un déplacement de richesses. Il fait établir des droits proportionnels sur des actes antérieurement assujettis seulement à des droits fixes ou gradués, comme ne contenant aucun mouvement de valeurs (licitations, soultes de partage) : peu lui importe que ce soit contraire aux principes, il lui suffit que ces actes « se prêtent à l'application mathématique du droit proportionnel » ; il va même jusqu'à qualifier cette réforme de « juste, équitable, démocratique (2) ». Il ne s'inquiète pas de savoir si des valeurs héréditaires, dépendant d'une succession qui s'ouvre en France, ne paient pas d'autre part, en pays étranger où elles sont

par les surtaxes qui frappent les contribuables loyaux. V. en ce sens le projet Poincaré sur le budget de 1907.

(1) WAHL, I, n° 19. — Cet abus n'existe pas dans les législations anglaise, américaine, suisse, allemande, russe, scandinave, mais seulement en France, en Belgique, en Italie, dans les Pays-Bas, et dans une partie de la Bavière.

(2) WAHL, I, n° 24 et les références. — Loi du 28 avril 1893, art. 19).

situées, un second droit de mutation (1) ; ni si telle taxe sur les actes de procédure et les jugements n'empêche pas le pauvre de poursuivre le recouvrement de ce qui lui est dû.

Il a, pendant plus d'un siècle, tarifé la nue-propriété d'un immeuble grevé d'usufruit, transmis à titre entre-vifs ou par décès, de la même manière que la pleine propriété. Si l'usufruitier était jeune, si le nu-propriétaire était un parent un peu éloigné ou un étranger, soumis par conséquent à des droits élevés, cet acquéreur se trouvait obligé, pour les payer, de recourir au crédit dans des conditions déplorables. D'un autre côté, lorsque la nue-propriété et l'usufruit étaient transmis distinctement, l'usufruit payait les droits comme s'il valait la moitié de la pleine propriété. « Ce qui fait que la chose, valant en réalité 100.000 francs, rapportera au Trésor comme si elle en valait 150.000. Que dites-vous de l'habileté du fisc à élargir son émolument (2) ? » Il a fallu arriver jusqu'à 1901 pour voir disparaître cet abus (3).

Il a, pendant plus d'un siècle, perçu les droits de mutation sur les valeurs assujetties aux droits de succession ou de donation, sans déduire les dettes. Ce principe exorbitant de la non-déduction du passif était univer-

---

(1) C'est le cas pour les valeurs déposées en Angleterre par des Français. V. n° 61. — Les tarifs appliqués ainsi cumulativement peuvent enlever aux héritiers, dans certains cas, près de 40 °/₀.

(2) TROPLONG, *Revue Wolowski*, 1848, II, p. 226. — WAHL, II, n° 161. — Lois du 22 frimaire an VII, art. 15, n° 8 ; art. 14, n° 11 ; du 21 juin 1875, art 2.

(3) Loi du 25 février 1901, art. 13.

sellement critiqué par les auteurs, abandonné dans tous les pays, que le fisc français le défendait encore. Il a invoqué les subtilités les plus misérables. Il n'a cédé le terrain que contraint et forcé, et encore avec certaines restrictions difficiles à justifier (n° 16), et seulement en partie : le principe de la non-déduction du passif s'applique encore en matière de donation (1).

On réclame en vain du fisc, depuis quelque temps, l'abandon ou la modification de la règle qui consiste à évaluer, dans les mutations par décès, les immeubles urbains ou ruraux en multipliant leur revenu par 20 ou par 25 ; règle qui conduit à des résultats parfois iniques (2). Il serait juste et facile de prendre comme base la valeur vénale. Le fisc n'y a jamais consenti : il y perdrait trop. C'est reconnaître qu'il perçoit trop. Ou plutôt il y a consenti, mais « à la condition d'avoir le droit de choisir entre la valeur vénale et le revenu capitalisé, à son choix, c'est-à-dire suivant son intérêt. » Ce serait ajouter encore à ses avantages. Cette prétention a coupé court à toute discussion.

On lui reproche de n'être pas scrupuleux sur le choix

---

(1) Wahl, I, n° 32, critique vivement cette distinction. — Le principe s'applique aussi en matière de droit d'accroissement, et n'est pas plus justifiable : Wahl, *ibid.*

(2) On a cité des exemples de successions immobilières qui ont eu à payer au fisc des droits dépassant les cinq sixièmes de la valeur réelle, résultant d'adjudications publiques. Il est courant que la valeur fictive, obtenue par le procédé du fisc, atteigne le double de la valeur réelle. V. R. Stourm, « La propriété bâtie et les droits sur les successions » (*Econ. fr.* du 2 mars 1907). — Cf. *Econ. fr.* du 19 janv. 1907 : observations de l'union syndicale de la propriété bâtie. — Cf. *Econ. fr.* du 24 déc. 1904 : lettre de M. Hubert-Valleroux.

des moyens. Il produit ses renseignements sans avoir à
s'expliquer sur la façon dont il les a eus, quitte à se retirer s'ils ne sont pas déclarés admissibles (1). N'avons-
nous pas été menacés de voir, en matière d'impôt sur
le revenu, l'Administration nous infliger des amendes
lorsqu'elle aurait eu, *par un moyen quelconque*, connaissance d'une contravention (2)? On assure que,
dès à présent, notre correspondance avec les banques
belges, anglaises, suisses est très surveillée ; que des
violations de lettres ont été authentiquement constatées (3). Les racoleurs étrangers en sont venus à nous
informer que leurs enveloppes ne portent pas leurs
noms ; qu'ils les ferment avec des agrafes de sûreté ;
que, pour traiter les affaires importantes, ils envoient
des hommes de confiance, plutôt qu'ils n'écrivent. Ils
garantissent que leurs employés sont très discrets et incapables de se laisser corrompre par notre fisc.

En voilà assez, pensons-nous, pour expliquer l'impopularité de l'enregistrement. Déjà sous l'ancien régime,
la réprobation qui frappait les impôts sur les actes et
mutations était très accentuée ; et la haine qu'on portait
aux agents chargés de les recouvrer était beaucoup plus
forte que celle dont étaient l'objet les collecteurs des
autres impôts (4). Aujourd'hui, le public considère
cette Administration comme la plus tracassière de toutes

(1) Fuzier-Herman, vº *Enregistrement*, nᵒˢ 3313 et s.
(2) Art. 29 du projet. Mais cet article a été modifié.
(3) Leroy-Beaulieu, « L'impôt sur le revenu et les investigations du fisc » (*Econ. fr* , du 23 mars 1907; et *passim*). — *Mé-
morial du Grand Conseil de Genève*, 1902, p. 2443 (*Econ. fr.*,
du 20 janvier 1906).
(4) Wahl, I, p. 6.

et la moins scrupuleuse, comme se rendant journellement coupable d'actes de piraterie (1), « comme une admirable école d'immoralité dirigée par les plus honnêtes gens du monde (2) ».

25. Ce ne sont pas seulement les contribuables, le public, qui considèrent le fisc d'un mauvais œil ; il n'est guère mieux vu des hommes que leur fonction sociale oblige à rester neutres et impartiaux. Que ceux qui subissent la loi fiscale, la supportent avec impatience, et se montrent hostiles à ses agents, c'est tout naturel, et cela ne tire pas à conséquence. Mais que ceux qui la font, ceux qui l'interprètent, ceux qui l'appliquent, ceux qui l'apprécient au point de vue économique, s'accordent avec le public, c'est un fait qui mérite l'attention.

On sait que les jurisconsultes romains décidaient contre le fisc les questions douteuses : *in dubiis contra fiscum* (3). Les magistrats de l'ancien régime n'étaient pas mieux disposés, et la tradition subsiste : l'enregistrement ne gagne que les procès qu'il ne peut pas perdre (4). Montesquieu, Malesherbes, Troplong ont été durs à son égard (5). Les arrêtistes protestent

(1) LEROY-BEAULIEU, *Sc. des fin.*, I, p. 571, 580.

(2) M. AYNARD, Ch. des députés, 2 juin 1908 (*J. off.*, *Déb. parl.*, p. 1124).

(3) MODESTIN, 10 D. *De jure fisci*, XLIX, 14.

(4) Il semble cependant que depuis quelques années l'esprit de fiscalité ait fait de grands progrès dans la Cour de cassation.

(5) MONTESQUIEU, *Esprit des lois,* liv. XIII, ch. IX. — *Pensées et fr. inédits*, II, p. 443 (Bordeaux, 1901). — MALESHERBES, *Remontrances de la Cour des Aides*, 1775 : « Il est nécessaire de venir au secours du peuple, opprimé par *cette monstrueuse*

contre ses tendances (1). Le législateur n'accueille ses prétentions que contraint et forcé : sa première pensée est toujours de les repousser (2). Les publicistes sont unanimes. Les auteurs spéciaux, ceux-là mêmes qui lui appartiennent, ne dissimulent pas ses torts (3).

Tel est le créancier en présence duquel se trouve le contribuable français. Comment s'étonner si celui-ci se laisse facilement aller à user de tous les moyens qu'il peut avoir, licites ou illicites, pour se soustraire aux prétentions d'un pareil créancier ?

régie. » — Troplong, « De l'impôt sur les successions » (*Revue Wolowski*, 1848, II, p. 220).

(1) V. *passim*, dans les recueils de jurisprudence, les notes sous les arrêts rendus en matière d'enregistrement. Nous citerons seulement celle-ci, de M. Binet, prof. à la F. de dr. de Nancy, à propos des investigations du fisc : « Il est à désirer que la Cour de cassation arrête l'administration de l'Enregistrement dans sa marche toujours envahissante et que, tout en lui donnant les pouvoirs nécessaires et légaux pour assurer le recouvrement des impôts, elle protège les secrets des sociétés, comme ceux des particuliers, contre des procédés inquisitoriaux qui répugnent à nos mœurs. » (Dalloz, 1906, 1, 465).

(2) Par exemple, la commission nommée par la Chambre des députés pour examiner le projet de budget pour 1909, juge inacceptables les propositions du gouvernement relatives aux successions. V. *Le Temps*, du 28 mai 1908.

(3) Par exemple, Championnière et Rigaud, I, p. 11, écrivent : « Il serait difficile de signaler une perception illégale pratiquée sous l'ancien régime, qui n'ait été pratiquée, ou au moins tentée, sous l'empire de la loi du 22 frim. an VII... Où peut-elle (la Régie), ailleurs que dans les maximes de la Ferme, avoir puisé ces règles... (etc) ».

CHAPITRE II

I

26. Les exorbitants tarifs successoraux que nous subissons depuis 1901, avec la perspective assurée d'une nouvelle aggravation dans un avenir prochain, causent au pays des dommages de plus d'un genre.

D'abord, « l'épuisement, ou tout au moins l'affaiblissement graduel du capital national par le fait des prélèvements périodiques effectués sur un fonds non susceptible de renouvellement annuel. »

En second lieu, la dissipation au jour le jour, en des dépenses pour la majeure partie improductives, de ressources que l'on devrait laisser s'accumuler. On a signalé avec raison « l'imprudence que commet une nation dont la vie est longue et sujette à beaucoup de vicissitudes, lorsqu'elle ne sait pas se préparer de fortes réserves pour les moments difficiles, en laissant fructifier son trésor de guerre aux mains des contribuables (1). »

(1) STOURM, *op. cit.*, p. 246.

Il y a encore le dommage moral qui résulte de ce que l'on décourage l'esprit d'épargne : on est moins porté à travailler et à s'imposer des économies lorsque l'on sait que pour être transmises à qui l'on voudra elles subiront un fort prélèvement au profit de l'Etat (1).

Enfin (et c'est le seul côté de la question dont nous ayons à nous occuper), on démoralise la masse de la nation en y développant l'esprit de fraude ou d'évasion fiscale. Les théoriciens et les praticiens signalent et déplorent « l'impulsion irrésistible que l'impôt progressif donne à la fraude, ne serait-ce que par le sentiment du droit lésé (2). »

La fraude s'exerçait assurément sur une large échelle depuis l'origine des droits de mutation par décès. C'est un fait bien connu et dont le législateur a toujours tenu compte. Le contribuable a toujours eu de la peine à considérer cette taxe comme justifiée, en tant qu'elle frappe les successions en ligne directe, et aussi les transmissions mobilières (n° 6). Mais ce qui était avant 1901 une tentation, est devenu aujourd'hui une sorte de besoin.

---

(1) « Si l'Etat, dit M. Leroy-Beaulieu, *op. cit.*, p. 650 et 651, prétend accaparer les héritages, il finira par porter un coup sensible à l'esprit d'épargne et au goût de l'accumulation qui seuls peuvent fournir sans cesse les capitaux indéfiniment nécessaires au perfectionnement de la production. Il se fera un changement dans la mentalité des classes moyennes et aisées : l'épargne deviendra moins en honneur ; la prodigalité se répandra davantage. Les placements à fonds perdu, que la baisse du taux de l'intérêt et l'affaiblissement de l'esprit de famille tendent déjà à développer, s'étendront ».

(2) Leroy-Beaulieu, p. 202. — Cf. Wahl, *Enreg.*, I, n° 23.

Nous avons à voir quelles sont ces fraudes. Pour les unes, l'héritier use d'initiative. Les autres sont préparées par le *de cujus* (3).

A. Les fraudes pratiquées par les héritiers.

27. Les fraudes que l'héritier est tenté de commettre, sont les plus connues et les plus faciles à empêcher. Il y a les omissions et les déclarations insuffisantes quant aux biens à déclarer, et les déclarations fausses quant aux dettes à déduire ; autrement dit, les *dissimulations d'actif* et les *simulations de passif.*

a. Les simulations de passif.

28. Les *simulations de passif* sont à peu près impossibles. Nous avons vu avec quels ménagements notre législateur a admis la déduction des dettes : celles dont il tolère la déduction seront presque toujours sincères. Nous avons signalé les précautions qu'il prend et les sanctions qu'il porte pour obvier à ces simulations : ces précautions paraissent bien prises, et les sanctions efficaces (nº 16, III).

En sorte que, si, en 1903, les valeurs successorales ont été ramenées, par la déduction du passif, de 5 milliards 320 millions à 4 milliards 923 millions ;

(1) *Celui dont la succession est en question.* Nous emploierons ce mot juridique qui est commode, à cause de sa brièveté.

En 1904, de 5.244 millions à 5.005 millions ;

En 1905, de 6.136 millions à 5.719 millions ;

En 1906, de 5.645 millions à 5.173 millions ;
la fraude ne doit être pour rien, ou presque rien, dans ces réductions. On remarquera que ces réductions n'ont pas augmenté sensiblement d'année en année. Il est à croire que la fraude ne s'est pas portée de ce côté-là.

Assurément on peut, à la rigueur, concevoir un concert frauduleux entre l'héritier et son auteur en vue de permettre la simulation d'un passif inexistant. L'héritier, ou une personne interposée par lui, sera censé prêter une certaine somme à celui dont la succession lui est promise. On ne manquera pas de faire constater cette opération fictive par un acte authentique ou par un acte sous seing privé dûment enregistré. Au décès cette dette sera déduite, et le fisc sera frustré du montant des droits correspondants. Mais cette fraude sera extrêmement rare. Le *de cujus*, en s'y prêtant, s'expose à de grands inconvénients : si son héritier présomptif, ou la personne interposée, vient à mourir avant lui, on trouvera dans l'actif de cette succession inopinément ouverte une créance contre lui, qu'il aura peut-être de la peine à ne pas payer. Si, conformément à ses prévisions, c'est sa propre succession qui s'ouvre la première, le fisc ne se méfiera-t-il pas de ce prétendu prêt d'argent fait par un fils à son père, par un neveu à son oncle, par un homme qui est peut-être dans une modeste situation de fortune, à celui dont il est appelé à recueillir la succession ? Or, nous savons que le fisc peut refuser de laisser opérer la déduction du passif, et que c'est alors à l'héritier qu'incombe la charge de prouver la sincérité de la dette (n° 16).

Si le défunt est assez soucieux des intérêts de son héritier présomptif pour vouloir l'aider à se soustraire, autant que possible, au paiement des droits de mutation, la dissimulation d'actif lui offre beaucoup moins d'inconvénients, beaucoup plus de sécurité et de facilités que la simulation de passif. C'est ce que l'on verra un peu plus loin.

b. Les dissimulations d'actif.

29. Les *dissimulations d'actif* sont-elles, pour l'héritier, plus aisées que les simulations de dettes ? Ici encore le fisc a multiplié les précautions. Il faut, pour se rendre exactement compte des choses, distinguer parmi les éléments divers qui composent l'actif d'un patrimoine.

***
** **

Les immeubles.

30. Pour ce qui est des *immeubles*, comment l'héritier pourrait-il en omettre la déclaration ? Les maires sont tenus d'adresser aux receveurs de l'enregistrement, tous les trois mois, des *notices de décès*, c'est-à-dire des relevés, certifiés par eux, des actes de décès ; ces relevés indiquent, entre autres choses, les noms des héritiers ou des légataires, et l'importance présumée de la succes-

sion (1). L'attention du fisc est donc éveillée. Si l'héritier ayant laissé inscrire son nom au rôle de la contribution foncière, fait des paiements d'après ce rôle, conclut des baux, des transactions ou d'autres actes qui impliquent la qualité de propriétaire, la mutation immobilière est légalement prouvée, l'omission est constatée, et la sanction est applicable : c'est une amende d'un demi-droit en sus du droit dû pour la mutation (2).

Les insuffisances d'évaluation, punies d'un droit en sus, ne sont guère plus faciles à employer frauduleusement. Pour les immeubles productifs de revenus la valeur en est déterminée par la loi même. On sait que les immeubles ruraux sont censés valoir vingt-cinq fois ce qu'ils rapportent ; les immeubles urbains, vingt fois. Le rapport résulte des baux en cours. On ne déduit pas les charges (impôts, rentes, primes d'assurances). A défaut de bail l'administration peut prouver l'insuffisance de l'évaluation fournie par l'héritier au moyen des divers actes portés à sa connaissance, ou d'une expertise (3). On remarquera que dans beaucoup de cas, à l'heure actuelle, la multiplication du revenu par 20 ou par 25 donne un résultat supérieur à la valeur vénale, et par conséquent avantage le fisc (4).

____

(1) Loi du 22 frim. an VII; art. 55. — Cf. Circul. de la régie, n° 2045.

(2) Loi du 22 frim. an VII, art. 12 et 39. — Cf. WAHL, II, n° 559 et 631. La preuve contraire reste possible.

(3) Loi du 22 frim. an VII, art. 15, n. 7 ; art. 19. — Cf. Loi du 21 juin 1875, art. 2.

(4) On a proposé sans succès, en 1901, d'estimer les immeubles d'après le revenu net, déduction faite des charges et des impôts. Ce serait d'autant plus équitable que, pour les valeurs mobilières,

Il y a des immeubles dont la destination n'est pas de procurer des revenus : terrains à bâtir, propriétés d'agrément, châteaux et parcs, dépendances de chasse et de pêche... Le droit proportionnel est alors calculé sur la valeur vénale. L'insuffisance de l'évaluation fournie par l'héritier pourrait être établie par voie d'expertise. Les frais de cette expertise seraient à la charge de l'héritier, pour peu qu'elle révélât une insuffisance d'évaluation, même très légère (1).

*\
* *

Les meubles.

31. Quant aux *meubles*, il y a des distinctions à faire.

1. Les *meubles meublants*.

32. Les *meubles meublants*, qui aujourd'hui forment un élément important de beaucoup de successions opulentes (collections d'objets d'art, livres, bijoux, etc.), n'avaient pas autant de valeur relative en l'an VII. Les dissimulations qui pouvaient porter sur cette portion de l'actif, semblaient donc négligeables. C'était la part du feu. Rappelons-nous d'ailleurs que, sous l'ancien régime,

---

on prend le cours de la Bourse (n° 38): or le cours de la Bourse, pour fixer le prix d'une valeur mobilière, capitalise le divi dende déduction faite des charges et impôts. — Cf *supra*, p. 64.

(1) Loi du 25 fév. 1901, art 12.

le centième denier ne frappait que les immeubles ; que la loi de 1790 exonérait presque complètement les successions mobilières ; que c'était la compensation, en quelque sorte, de la non déduction des dettes : le passif mobilier suit l'actif mobilier, disait-on autrefois, on ne tenait compte ni de l'un ni de l'autre pour l'évaluation d'une succession.

La loi de l'an VII a changé tout cela. Mais les habitudes n'ont pas changé. On voyait donc des héritiers millionnaires, recueillant des hôtels et des châteaux princiers, déclarer sans vergogne un mobilier de quelques milliers ou même de quelques centaines de francs, et passer délibérément sous silence les objets d'art réputés, la galerie de tableaux maintes fois visitée et décrite, les bijoux fameux dont le défunt avait été notoirement propriétaire. Le fisc n'y pouvait rien : il n'avait pas le droit de pénétrer dans le domicile du défunt et de constater la consistance réelle de cet actif mobilier. En effet, il n'a, en principe, le droit d'employer que les modes de preuve compatibles avec les formes de la procédure écrite (la preuve littérale, l'aveu consigné par écrit, les présomptions). La preuve par témoins lui est fermée ; les formes de l'enquête et de l'interrogatoire sur faits et articles supposent nécessairement un débat oral. Il en est de même de la preuve par serment, qui implique la comparution personnelle de la personne à qui il est déféré : nous reviendrons plus loin sur ces points, n° 93.

Pour que le fisc pût saisir la fraude, il fallait qu'un inventaire contenant des estimations sincères, un partage, une transaction, une vente publique dans les deux années du décès (1), ou quelque autre imprudence des héritiers vînt mettre à la disposition du fisc l'un des moyens légaux auxquels il est réduit. En fait, il était « horriblement fraudé dans le cas d'un héritier unique », (c'est le ministre des finances qui l'affirme (2). Et si les héritiers étaient plusieurs, ils pouvaient se concerter pour dissimuler une partie notable de la succession, par exemple en adoptant pour les meubles de prix des estimations insignifiantes : l'intérêt commun les y poussait.

L'administration avait souvent protesté contre cet abus. Elle était allée jusqu'à réclamer la faculté d'employer, pour découvrir la fraude, tous les moyens de preuve du droit commun, y compris l'interrogatoire sur faits et articles, et le serment. Cette prétention, inconsidérément admise par la Chambre des députés en 1895, fut rejetée par le Sénat (3).

Fallait-il alors imposer un inventaire ? Quelques-uns en avaient parlé. Mais qui ne voit combien cette formalité, rendue obligatoire d'une façon générale, grèverait les petites successions, déjà si chargées ? D'ailleurs on peut dans un inventaire faire figurer des estimations dérisoires ; on peut s'entendre pour n'y pas porter une grande partie du mobilier.

Le fisc avait songé à établir un rapport déterminé

(1) Loi du 21 juin 1875, art. 3.

(2) *J. off.*, du 14 fév. 1908, *Ch. des dép.*, p. 329.

(3) V. *J. off.*, *Doc. parlem.*, *Ch. des dép.*, 1895, p. 902 ; *Sénat*, nov. 1898, p. 527 ; fév. 1901, p. 977. La prétention du fisc ne fut admise par le Sénat qu'en tant qu'il s'agit de prouver une simulation de passif ; et encore le serment est-il exclu (loi de 1901, art. 8).

entre la valeur du mobilier et le montant du loyer ou de la valeur locative. Mais on lui répondit que le rapport entre ces deux facteurs varie, en fait, d'un cas à l'autre.

On se rabattit sur autre chose. On pensa que les polices d'assurances contre l'incendie, si le mobilier héréditaire était assuré, pourraient, à défaut d'inventaires ou d'autres actes, fournir une base sérieuse d'évaluation. La Chambre des députés, puis le Sénat entrèrent dans cette voie, mais n'acceptèrent les évaluations des polices que si elles n'étaient pas antérieures de plus de cinq ans au décès, et jusqu'à concurrence d'un certain *quantum*, qui fut abaissé d'abord à 60 %, puis à 50 %, finalement à 33 %, malgré les instances du ministre des finances. On considéra avec raison que ces évaluations sont souvent exagérées et bien au-dessus de la valeur vénale des meubles assurés, appréciée au moment du décès.

Mais on ne pense pas à tout. Dès 1901 et 1902, l'Administration s'aperçut avec étonnement que la disposition de la loi de 1901 restait lettre morte, et que les héritiers continuaient à déclarer le mobilier pour des sommes quelconques, comme par le passé, sans prendre pour base les polices d'assurances, sans même mentionner l'existence de ces polices. Si l'administration les découvrait (ce qui lui était facile, puisqu'elles sont enregistrées), les héritiers en étaient quittes pour dire qu'ils ne les connaissaient pas, et que d'ailleurs ils n'étaient pas obligés de s'y référer. En effet, on avait oublié la sanction.

La loi de budget du 31 mars 1903 (art. 6) répara cet.

oubli. Désormais, les héritiers sont tenus de faire connaître si les meubles recueillis par eux sont l'objet d'un contrat d'assurance contre l'incendie, la date du contrat, le nom de l'assureur, le montant du risque. La déclaration qui ne contiendrait pas cette mention, serait réputée inexistante quant aux meubles dont il s'agit.

33. La fraude très usuelle que nous venons de signaler, est-elle donc désormais impossible ? Non. D'abord elle continue comme autrefois pour les mobiliers non assurés. En second lieu, s'il existe une assurance, mais que le contrat remonte à cinq ans, ou plus, avant le décès, on ne peut pas en tenir compte. Enfin, lorsqu'il existe une assurance, ayant moins de cinq ans de date, la marge des deux tiers, qui est laissée à l'héritier est ordinairement excessive : la valeur vénale des objets d'art, des tableaux, des bijoux, de l'argenterie laissés par le défunt, est de beaucoup supérieure aux 33 $^0/_0$ de la somme pour laquelle ils sont assurés. Le fisc est donc frustré, si l'héritier ne déclare que les 33 $^0/_0$ de la valeur assurée. Sans doute le fisc a le droit de faire la preuve de l'insuffisance de cette déclaration ; la loi le lui a ménagé (art. 11, 3°). Mais on sait qu'il ne peut guère en user (n° 32).

*
* *

2. *Les meubles incorporels.*

34. Après les meubles meublants, il y a les *meubles incorporels.*

35. *Les fonds de commerce, clientèles, offices minis-*

tériels. — Parmi les meubles de cette espèce que peut comprendre la succession du défunt, il en est dont la valeur est souvent considérable et dont l'évaluation est toujours délicate : ce sont *les fonds de commerce et les clientèles.* En 1871, on a soumis à l'impôt proportionnel les mutations entre-vifs portant sur les choses de ce genre ; mais là l'établissement de la taxe est facile : il y a un prix de cession. En cas de décès les estimations données par les héritiers étaient ordinairement très inférieures à la valeur réelle ; et le fisc était, en principe, obligé de s'en contenter. On a pu affirmer dans la discussion de la loi de 1901, que des héritiers qui recueilleraient dans la succession de leur auteur les magasins du Bon Marché, pourraient les déclarer pour une centaine de francs, sans que le fisc eût rien à dire.

La loi de 1901 (art. 11, *in fine*) a conféré à l'Administration le droit de faire constater par voie d'expertise la valeur réelle de ces biens mobiliers (1). La fraude est ici à peu près paralysée.

Quant aux *offices ministériels,* meubles incorporels du même genre que les précédents, expressément soumis au droit de mutation par décès par la loi du 25 juin 1841, la valeur en est connue assez exactement pour qu'aucune dissimulation ne soit possible.

36. *Les créances ordinaires.* — Les *créances* mobi-

____

(1) Cf. loi du 28 fév. 1872, art. 8, qui avait introduit cette faculté pour le cas de vente d'un fonds de commerce ou d'une clientèle. Si l'insuffisance de l'évaluation constatée par l'expertise excède un huitième de la valeur déclarée, l'héritier doit payer les frais de l'expertise, et un droit en sus sur le montant de l'insuffisance.

lières ordinaires doivent, bien entendu, être déclarées
(loi de l'an VII, art. 14, n. 2). Le droit est alors liquidé
sur le capital exprimé dans l'acte qui constate la créance.
Si une créance est irrécouvrable, les héritiers ont des
moyens pour se faire exonérer des droits en ce qui la
concerne.

Les héritiers pourraient-ils sans risques omettre de
déclarer des créances existantes? Cela paraît difficile,
puisque les créances sont toujours, si elles ont une certaine importance, constatées par des actes dont l'administration pourra faire la preuve. Seules des créances
insignifiantes peuvent être dissimulées. Des cessions,
des novations, des paiements anticipés, et tous actes
qui auraient fait sortir la créance du patrimoine du défunt avant son décès, seraient impossibles à prouver
s'ils étaient invoqués frauduleusement. Des déclarations
insuffisantes ne se concevraient que pour des créances
indéterminées, chose rare.

Pourrait-on faire exonérer comme irrécouvrables des
créances sur des débiteurs solvables? Le fisc y regarde
de très près, il n'admet l'exonération que s'il lui est
justifié d'une complète insolvabilité. Il exige une renon-
ciation expresse des héritiers à ces créances. Encore se
ménage-t-il le droit de recourir contre eux pendant
deux ans, s'il vient à acquérir la preuve que le débiteur
a payé, ou est en état de payer sa dette en tout ou en
partie.

Il n'y a pas à distinguer entre les créances, suivant
que le débiteur est domicilié en France ou à l'étranger :
elles font, les unes comme les autres, partie de la succession ouverte en France. Par conséquent, lorsque des

fonds ont été déposés par le défunt dans une banque étrangère, ils doivent être déclarés (V. n° 60).

37. *Les créances sur des compagnies d'assurances sur la vie.* — Parmi les créances héréditaires il faut faire une place à part à certaines créances qu'on rencontre aujourd'hui de plus en plus fréquemment dans les successions un peu importantes : celles qui résultent d'assurances sur la vie contractées par le défunt. Ces créances sont, sauf quelques cas exceptionnels (1), comprises dans l'actif héréditaire. Peu importe que la compagnie débitrice soit française ou étrangère. Peu importe que le défunt ait contracté au profit de ses ayants droit, en général, et qu'il s'agisse de sommes que les héritiers recueillent réellement dans sa succession, ou bien, au contraire, qu'il ait assuré le paiement d'une somme, sous la condition de son décès, au profit d'un bénéficiaire déterminé, auquel cas on pourrait soutenir, en droit civil, que cette somme n'a jamais compté dans le patrimoine du *de cujus* et n'est pas transmise par lui.

Ces créances étant toujours assez importantes, le fisc ne pouvait pas les laisser échapper. La loi du 25 février 1901 (art. 15, 5°) a interdit aux compagnies d'assurances débitrices de s'acquitter de ce qu'elles doivent, si ce n'est sur la représentation d'un certificat délivré par le receveur de l'enregistrement et constatant que les droits ont été payés. Ou bien elles peuvent s'acquitter en retenant une somme égale au montant de ces droits.

---

(1) Le bénéfice de l'assurance peut, par exemple, avoir été transporté à un tiers avant le décès, conformément à l'art. 1690 C. Civ. ; il peut avoir été attribué en paiement à un créancier du défunt ; etc.

La sanction est une amende de 500 francs au principal (625 francs avec les décimes).

Exception toutefois est faite à cette disposition nouvelle au profit des successibles en ligne directe et du conjoint survivant.

*
* *

38. *Les valeurs mobilières proprement dites.* — En fait de meubles incorporels il reste ce que l'on appelle les *valeurs mobilières ;* rentes sur l'Etat, actions, obligations, etc. On sait le développement énorme qu'a pris à notre époque cette forme de la richesse : 80 milliards sur 200 milliards, telle est la proportion actuelle en France, suivant les économistes (1).

Comment le fisc va-t-il s'y prendre pour empêcher les fraudes que les héritiers peuvent être tentés de commettre à l'occasion de cet élément du patrimoine qu'ils recueillent ?

Pour ce qui est des insuffisances d'évaluation, il n'a rien à craindre. Ces valeurs sont ordinairement cotées en Bourse. On prend le cours moyen au jour du décès. Si elles ne sont pas cotées, on fixe une valeur estimative.

Mais des omissions ne sont-elles pas possibles ? Il faut ici distinguer entre les titres nominatifs et les titres au porteur.

39. *Valeurs nominatives.* — Quant aux *titres nominatifs*, comment pourrait-on avoir l'idée de ne pas les

______

(1) GIDE, *Ec. pol.*, 5ᵉ éd., p. 478. — Cf. BOUCARD et JÈZE, p. 384. — D'après d'autres, la fortune mobilière serait de 100 milliards.

déclarer ? Leur existence est révélée par des livres qui sont à la disposition de l'enregistrement. D'ailleurs, il y avait pour celui-ci un moyen facile d'assurer le paiement des droits de mutation : c'était de faire poser la règle que le transfert de ces titres ne pourrait être effectué que sur la présentation d'un certificat du receveur constatant le paiement des droits. La perspective d'avoir, un jour ou l'autre, à faire effectuer le transfert, par exemple pour réaliser le titre, et la crainte d'avoir à payer le double droit pour non déclaration dans les six mois, amèneront nécessairement l'héritier à s'acquitter sans retard. C'est, en effet, la règle qui a été admise par la loi du 8 juillet 1852 (art. 25) pour les transferts et mutations de rentes sur l'Etat, et étendue par la loi de 1901 (art. 15, 1er al.) aux transferts et conversions des titres nominatifs des sociétés, départements, communes et établissements publics.

Le législateur de 1852 a prévu que les héritiers seraient peut-être tentés d'attendre, pour demander le transfert des rentes sur l'Etat qui leur échoient, la prescription du droit de mutation par décès (5 ou 10 ans suivant les cas) ; et il a déjoué ce calcul en portant à 30 ans le délai de cette prescription. Le législateur de 1901, en décidant que les autres titres nominatifs ne pourraient pas non plus être transférés avant le paiement des droits de mutation, a oublié d'étendre, en ce qui les concerne, à 30 ans le délai de la prescription de ces droits (1). Par suite une fraude apparaît comme

(1) WAHL, « Comparaison des charges fiscales qui pèsent sur les placements »... (*J. de droit intern. privé, Clunet*, 1904, p. 84

possible. Mais il n'est pas probable qu'en pratique elle cause grand dommage au Trésor.

40. Il arrive parfois que des titres nominatifs, inscrits au nom du défunt, appartiennent, en réalité, à des tiers. Par exemple, un ami peut lui avoir remis ces titres pour lui faciliter un dépôt qu'il était obligé d'effectuer, pour lui servir de cautionnement comme membre d'un Conseil d'administration ; ou pour lui conférer une plus grande liberté dans la gestion d'un patrimoine qui ne lui appartient pas. L'enregistrement ne tient aucun compte de ces circonstances, quand même elles seraient attestées par des reconnaissances écrites de la main du défunt, ou par des déclarations émanées des héritiers. Ce sont pour lui des contrelettres qui ne lui sont pas opposables : les titres sont présumés appartenir au défunt, et les droits sont exigibles (1).

41. Les titres nominatifs étrangers peuvent, à la rigueur, être soustraits au fisc français : ses agents n'en auront connaissance qu'accidentellement, si ces titres viennent à être mentionnés dans un inventaire, ou un autre acte, qui viendrait à passer sous leurs yeux.

« Mais on peut affirmer, dit M. Wahl, qu'il n'y a pas là une source sérieuse de pertes pour le Trésor. Les valeurs nominatives étrangères sont fort peu répandues en France. Le capitaliste français, qui ne peut surveiller de près ses valeurs étrangères, tient à leur donner une forme qui en rende l'aliénation facile. Les valeurs nominatives étrangères n'ont pas, d'autre part, comme les

_____

(1) Décision du min. des finances, du 4 nov. 1865. — Cass., 15 janvier 1890. — Trib. de la Seine, 28 juin 1849 ; 30 nov. 1877 ; 29 déc. 1882. — Trib. de Vienne, 15 déc. 1889.

valeurs nominatives françaises, cette supériorité sur les titres au porteur de ne pas payer la taxe annuelle de transmission. Il faut ajouter que les héritiers qui voudront échapper au paiement du droit de mutation par décès sur les valeurs nominatives étrangères, devront prendre mille précautions difficiles et coûteuses, notamment avoir soin de ne pas faire rédiger par un notaire français la procuration ou l'acte de notoriété nécessaire pour obtenir le transfert des titres en leur nom. Ils se heurteront souvent à des difficultés matérielles ou à des frais qui les empêcheront d'échapper ainsi au droit de mutation par décès (1). »

42. *Valeurs au porteur.* — Si le fisc triomphe en matière de titres nominatifs, en revanche, il est battu sur le terrain des *titres au porteur.* Ici la fraude s'exerce en toute liberté, elle règne en maîtresse. Comment pourrait-on empêcher l'héritier, s'il est seul, de prendre possession des titres au porteur qu'il trouve chez le défunt, sans en faire mention dans sa déclaration ? Comment pourrait-on empêcher les héritiers, s'ils sont plusieurs, de se partager entre eux ces titres, comme ils le font en pratique pour l'argent comptant trouvé dans la succession, sans en faire part à l'Administration ?

Sans doute, si celle-ci pouvait faire la preuve que ces titres étaient aux mains du défunt lors de son décès, elle exercerait ses droits. Elle l'a fait parfois contrairement à toute justice. La règle *En fait de meubles possession*

---

(1) Wahl, « Comparaison des charges fiscales qui pèsent sur les placements. » (*J. de dr. intern. privé, Clunet,* 1904, p. 85).

vaut titre, qui est applicable aux titres au porteur comme aux meubles corporels, la dispense de toute autre preuve. Elle a donc fait juger qu'il n'y avait pas à tenir compte des notes laissées par le défunt, des mentions écrites par lui soit sur les titres mêmes, soit sur les enveloppes qui les contiennent, des déclarations expresses contenues dans son testament, desquelles il résulterait que tels titres au porteur sont la propriété d'un tiers (1). On sait si le cas est fréquent. Sans doute la présomption résultant de l'article 2279, C. civ., n'est qu'une présomption *juris tantum*, qui peut être renversée par la preuve contraire, par exemple, par la preuve d'un mandat, d'un dépôt, d'un usufruit, d'un nantissement, en vertu duquel le défunt était en possession de titres qui ne lui appartenaient pas. Mais cette preuve sera souvent difficile à faire, et écartée comme suspecte. Le tribunal de Bruxelles a considéré que la reconnaissance formelle consignée dans le testament du défunt, que tels titres au porteur détenus par lui étaient la propriété d'un tiers, était, en réalité, un legs fait à ce tiers : il pourra reprendre ses titres, mais il devra payer le droit de mutation (2).

Les circonstances viennent parfois en aide au fisc. Par exemple, il trouve la preuve que des titres nominatifs ont été convertis par le défunt, peu de temps avant sa mort, en titres au porteur, et que l'héritier en a ensuite touché les coupons : l'omission de ces titres dans la dé-

---

(1) Trib. d'Autun, 16 juillet 1873.
(2) Trib. de Bruxelles, 20 déc. 1876. — Cf. Trib. de Toul, 12 avril 1879.

claration ne restera pas impunie (1). Le défunt avait donné mandat à un tiers de négocier des titres au porteur, et il est mort avant que le mandataire ait rendu ses comptes, ou si peu de temps après qu'il n'est pas vraisemblable que la somme ait pu sortir de la succession avant le décès : la présomption d'omission de cette valeur sera facilement admise par les tribunaux (2).

43. *Les titres déposés en garde.* — Une hypothèse extrêmement fréquente sera celle où le défunt aura déposé ses titres en garde dans une banque. Ces dépôts sont, aujourd'hui, très usuels. Moyennant un droit de garde extrêmement minime, le déposant s'exonère des chances de perte, de ,vol, d'incendie, de l'encaissement des coupons, de la vérification des tirages de remboursement. Aussi l'importance de ces contrats s'est-elle énormément accrue depuis vingt ans.

La Banque de France accuse les chiffres suivants : en 1880, 1.569 millions, représentés par 2.083.000 titres, avec un encaissement de coupons de 58 millions. En 1885, 3.024 millions. En 1890, 3.866 millions. En 1895, 4.356 millions. En 1900, 5.843 millions. En 1905, 6.224 millions. En 1906, 7.233 millions (11.439.089 titres ; encaissement de coupons, 163 millions) (3).

Les autres banques de dépôt ne publient pas le nombre et la valeur des titres qu'elles reçoivent. Mais l'accroissement des dépôts de fonds, qui n'est, en grande partie, que la résultante des dépôts de titres, fournit un rensei-

(1) Trib. de Rodez, 15 avril 1899.
(2) Trib. de Draguignan, 23 juin 1888. — Cass., 9 avril 1900 (S. 1901, 1, 52).
(3) V. le rapport de M. Mougeot, sur le budget de 1907.

gnement qui confirme le précédent. Les cinq établissements du Crédit foncier, du Crédit lyonnais, du Comptoir d'escompte, de la Société générale et du Crédit industriel, qui avaient reçu, en 1880, 598 millions, ont reçu, en 1906, 1.948 millions.

Lorsque les titres au porteur, appartenant au défunt, ont été déposés par lui dans une banque, rien n'est plus facile que d'assurer le paiement des droits de mutation relatifs à ces titres. Un premier moyen serait de faire défense aux dépositaires de se dessaisir des titres sans une justification du paiement des droits. C'est le moyen que nous avons vu admis pour les sommes dues par les compagnies d'assurances sur la vie, et pour les titres nominatifs. Sur les réclamations des Chambres de commerce, les observations judicieuses de M. Denormandie, et l'opposition de la Commission du Sénat, on se rabattit, en 1901, sur un autre moyen, qui n'a pas l'inconvénient de frapper d'indisponibilité les titres jusqu'au paiement des droits : les dépositaires, détenteurs ou débiteurs de titres dépendant d'une succession qu'ils sauraient ouverte, devront adresser à l'Administration de l'enregistrement une liste de ces titres, soit avant d'en effectuer la remise, soit dans la quinzaine qui suivra, sous peine d'être tenus eux-mêmes des droits et pénalités exigibles vis-à-vis de l'héritier, et passibles, en outre, d'une amende de 500 francs en principal (loi de 1901, art. 15).

Les titres déposés ne sont donc pas indisponibles ; les héritiers peuvent, avant même d'avoir acquitté les droits, se les faire remettre par les dépositaires, à la condition, bien entendu, de justifier du décès de leur auteur et de leur qualité d'héritiers, ou les faire vendre et en toucher le prix. Seulement le fisc sera nécessairement mis au courant de ces actes. Si le délai de six mois est expiré, l'omission de déclaration de ces titres est, dès à présent, constante, et le double droit exigible. Si l'on est encore dans le délai, le fisc attendra, prêt à appliquer la peine de l'omission si elle est commise.

« On a dit que la déclaration exigée des dépositaires ou détenteurs constituait une sorte de délation obligatoire. Le mot n'est-il pas excessif ? La mesure proposée nous a paru acceptable... » Ainsi s'exprime le rapporteur de la Commission du Sénat. Nous le pensons aussi. Cependant, ne serait-il pas souhaitable que l'obligation fût imposée aux dépositaires ou détenteurs des titres de prévenir les héritiers, en même temps qu'ils avisent le fisc ? Nous verrons, en effet, qu'à l'heure actuelle bien des gens s'imaginent qu'ils peuvent, sans enfreindre la loi, s'abstenir de déclarer les titres au porteur qui dépendent d'une succession : les retenues faites sur chaque coupon pendant la vie du propriétaire sont considérées, dans le public, comme la compensation, admise par la loi même, des droits de mutation par décès. Or, la bonne foi n'excuse pas, on le sait, les contraventions fiscales. Il serait donc bon que les héritiers fussent détrompés:

44. On remarquera que la disposition ci-dessus n'atteint que les sociétés et les personnes que leur profession met en rapport avec le public : banquiers, agents de change, escompteurs, changeurs, officiers publics, officiers ministériels, agents d'affaires. Les notaires, greffiers, huissiers, commissaires-priseurs sont donc

compris dans cette énumération ; les coulissiers aussi, à titre d'agents d'affaires ; mais non les simples particuliers qui pourraient être dépositaires ou détenteurs de titres au porteur appartenant au défunt (1).

Toutes les banques de dépôt y sont soumises, aussi bien les banques privées que les établissements de crédit montés par actions ; aussi bien les succursales fonctionnant en France des sociétés étrangères, que les sociétés françaises. Y échappent, au contraire, les banques ayant leur siège à l'étranger. De là, la pratique, très répandue aujourd'hui et dont nous reparlerons (nᵒˢ 60 et s.), de déposer ses titres et ses fonds à la Banque d'Angleterre, ou dans une banque belge, suisse, allemande.

Quant aux succursales ou agences que les sociétés françaises ont établies à Londres, à Bruxelles, à Genève, et ailleurs, « certaines personnes redoutent, dit M. Leroy-Beaulieu, que le Gouvernement français et le fisc français exercent un jour (car ce n'est pas le cas aujourd'hui) une pression sur les institutions de crédit françaises, pour les amener à faire connaître soit les comptes des déposants français dans leurs succursales à l'étranger, soit tout au moins les successions qu'ils y laisseraient à leur décès. Rien de semblable à cette inquisition n'existe aujourd'hui, et il ne semble pas bien aisé de rendre effective et efficace celle qu'on pourrait ultérieurement établir (2). » Ce renseignement est-il

____

(1) Le Sénat a modifié à cet égard le projet du gouvernement, qui imposait l'obligation à tous les dépositaires ou détenteurs quelconques.

(2) *L'art de placer et gérer sa fortune,* p. 308.

bien sûr ? Nous lisons, d'autre part, dans la *Revue économique et financière*, sous la signature de M. Kergall, cette assertion que « les agences de nos sociétés de crédit à l'étranger ne sont pas moins exposées aux investigations fiscales que leurs bureaux situés en France(1) » ; et M. Berteaux, dans son rapport sur l'amendement Clémentel (n° 57), a déclaré que la loi de 1901, comme celle de 1903, était applicable aux succursales des établissements français à l'étranger (2). En effet, nous ne voyons pas comment nos sociétés de crédit pourraient soustraire à l'examen du fisc les documents de leurs succursales centralisés au siège social, leur correspondance avec ces succursales, etc. Et s'il prenait fantaisie à notre enregistrement d'envoyer à Londres, à Bruxelles, à Genève, un de ses fonctionnaires, avec mission de pratiquer des investigations dans les succursales, nous ne voyons pas comment, si les directeurs refusaient de subir cette visite importune (ce qui serait leur droit), la société française, responsable de ses agents, pourrait se soustraire aux amendes portées contre les refus de communication (n° 74).

C'est, évidemment, pour échapper à ces risques, au moins éventuels, que nos grandes institutions de crédit ont fondé à l'étranger des *banques filiales*, auxquelles elles ont fourni en tout ou en partie leur capital d'éta-

(1) N° du 8 déc. 1906, p. 1292.

(2) « L'administration prétend, à notre avis avec juste raison, que les sociétés de crédit sont tenues, pour toutes leurs succursales à l'étranger, des obligations résultant de l'art. 15 de la loi de 1901. Elles le seront de même des obligations résultant de la présente, qui n'est que le complément de la loi de 1901. »

tablissement, leurs administrateurs, et dont les noms rappellent, avec une certaine variante, ceux des sociétés françaises qui les ont créées (par exemple, le *Crédit industriel*, de Paris, a constitué à Bruxelles, la *Société belge de crédit industriel et commercial*). Ces filiales, sociétés véritablement étrangères, et non pas simples succursales ou agences des établissements français, échappent sans conteste aux investigations de notre enregistrement.

Pratiquement, c'est donc à l'étranger, et dans des banques de nationalité étrangère, que nos capitalistes méfiants effectuent leurs dépôts (n°s 60 et s.).

45. Pour assurer l'application, en France, de l'article 15 de la loi de 1901, il faudrait que la délivrance des déclarations imposées à toutes les personnes que vise cet article, pût être contrôlée par l'Administration.

Or, il n'y a réellement que les sociétés anonymes ou en commandite par actions chez lesquelles ce contrôle fonctionne pleinement, comme on le verra quand nous parlerons du *droit de communication* (n° 74). Les agents de l'Administration n'ont pas, actuellement, le droit d'investigation chez les banquiers privés (ceux qui n'ont pas adopté la forme de la société par actions) ; ni chez les agents d'affaires. Chez les notaires ou autres officiers ministériels, le droit de communication porte sur des documents déterminés, et non pas sur les pièces de comptabilité : il est donc inefficace au point de vue spécial qui nous occupe. Chez les agents de change, coulissiers et autres intermédiaires d'opérations de bourse, la communication, d'après la loi du 28 avril 1893 (art. 30), n'a pour objet que le *répertoire* sur lequel ils doivent inscrire chacune de leurs opérations jour par jour, sans blanc ni interligne et par ordre de numéros. Ce n'est que dans le cas où un procès-verbal de contravention aurait été dressé, ou lorsque le répertoire de l'un des assujettis ne mentionnerait pas la contrepartie d'une opération constatée sur le répertoire de l'autre, que l'Administration aurait le droit de se faire représenter les écritures des deux assujettis. Mais dans ce cas même l'examen de ses agents est limité à une période de *deux jours au plus*.

On voit par là qu'il n'est pas impossible que des banquiers privés, des notaires, des agents d'affaires, des agents de change se soustraient à l'obligation que leur impose la loi de 1901, et restituent aux héritiers de leurs clients les valeurs mobilières dont ils se trouvent détenteurs, sans les déclarer au fisc. Nous ne serions pas étonné si, dans la pratique, les choses se passaient ainsi quelquefois. Cependant il paraît certain que la plupart de ces personnes se conforment exactement à la loi. Elles peuvent craindre, en effet, dans le cas où elles l'enfreindraient, des indiscrétions et des maladresses commises par les héritiers, des mentions malencontreuses dans des actes qui seraient passés ultérieurement (par exemple l'indication que telles valeurs énoncées dans un inventaire ou dans une liquidation, étaient déposées chez tel banquier, chez tel agent d'affaires). Elles seraient alors exposées à des poursuites et aux pénalités fixées par la loi (1).

____

(1) V. *Bulletin-commentaire des lois nouvelles*, avril 1903, p. 415.

46. Les succursales établies en France par des sociétés de crédit étrangères ont essayé, il y a quelques années, de soutenir que, pas plus que les banques privées, elles n'étaient assujetties au droit de communication du fisc. Si elles pouvaient se refuser à communiquer leurs écritures, elles pourraient ne pas faire les déclarations de dépôts. Le tribunal de la Seine a admis leur prétention ; mais elle a été rejetée par la Cour de cassation, avec raison (1). L'expédient consistant, au lieu d'un refus formel, à prétendre que les écritures des succursales ont été transmises au siège social, n'a pas réussi davantage. Les tribunaux n'admettent pas les excuses de ce genre : ils y voient un moyen détourné de refuser la communication, et ils les punissent d'amendes (2).

Il est certain, au contraire, que l'enregistrement ne pourrait, sous aucun prétexte, exercer le droit de communication au siège des sociétés étrangères (3). Les dépôts français y sont donc à l'abri de toute indiscrétion (V. ce qui sera dit, plus loin, des traités internationaux (n° 61).

47. Il se peut que certains héritiers soient domiciliés à l'étranger. La loi du 30 décembre 1903, art. 3, a voulu leur appliquer la loi de 1901. Il s'agissait surtout, paraît-il, d'atteindre les parcelles d'héritage pouvant revenir aux 80 000 congréganistes que des lois récentes

---

(1) Cass., 10 fév. 1902. — Cf. WAHL, *Droit fiscal*, II, n° 996 ; et dans *Clunet*, 1904, p. 87.

(2) *Revue gén. de l'Enreg.*, n° 4383.

(3) WAHL, *Dr. fiscal*, n°ˢ 996, 1000 et s. ; et dans *Clunet*, 1891, p. 1085 et s., 1904, p. 86.

ont contraints d'aller chercher à l'étranger des moyens
d'existence. L'obligation est donc imposée à tous agents
de change, banquiers, officiers ministériels, sociétés
d'assurances, etc., de remettre d'office au directeur de
l'enregistrement la liste des sommes dues, à titre de dépôt ou autrement, à ces héritiers ; de ne prêter leur
concours aux transferts qu'au vu d'un certificat constatant le paiement des droits de mutation ; de ne se libérer
des sommes, rentes ou émoluments dus à raison du dé_
cès d'un assuré, quelle que soit la qualité du bénéficiaire,
qu'au vu d'un certificat constatant le paiement des droits
ou leur inexigibilité, etc. (1).

48. On ne confondra pas avec l'hypothèse des *dépôts
en garde*, dont nous venons de nous occuper, celle où
des valeurs, titres au porteur ou autres, appartenant au
défunt, auront été placés par lui dans un coffre-fort, ou
compartiment de coffre-fort, dans un établissement **de**
crédit. Il y a alors louage, et non dépôt ; et la situation
est tout autre. Nous l'examinerons plus loin (n° 67 et s.).

*
* *

49. En définitive, quand on a décomposé l'actif d'une
succession en ses divers éléments, comme nous venons
de le faire, on se rend compte que la fraude consistant,
de la part des héritiers, à dissimuler une partie de cet

______

(1) V. la critique de cette disposition « fort mal rédigée,
comme la plupart des lois fiscales récentes » dans WAHL, « Des
comptes joints (*J. de dr. intern. privé, Clunet*, 1905, p. 5 et s.),
et FLOUR DE SAINT-GENIS (*Clunet*, 1904, p. 319 et 320).

actif, est à peu près impossible en ce qui concerne les immeubles, les meubles meublants assurés (en tant du moins qu'il s'agit des 33 $^0/_0$ de la valeur qui leur a été attribuée), les créances ordinaires, les valeurs nominatives, les fonds et les titres au porteur dont seraient dépositaires ou détenteurs un notaire, un agent de change, un banquier, un établissement de crédit situé en France. Elle reste possible, au contraire : 1° pour les deux tiers de la valeur des meubles meublants assurés, ou même pour la totalité de cette valeur s'il n'y a pas d'assurance, ou si cette assurance est un peu ancienne ; 2° pour les sommes d'argent et les titres au porteur que le défunt avait conservés par devers lui, ou confiés à un ami, ou déposés à l'étranger. Nous verrons qu'il en est de même de ceux qui ont été renfermés dans un coffre-fort pris en location.

Telle est la part à la fraude des héritiers par dissimulation d'actif. Cette part est-elle réductible ? Il ne semble pas.

Peut-être le fisc obtiendra-t-il, un jour ou l'autre, comme il l'a déjà demandé, que les meubles meublants ne puissent pas être déclarés pour moins de 50, 60, 75 $^0/_0$ de leur valeur assurée. Mais qu'est-ce que cela rendra ? Les compagnies d'assurances y perdront beaucoup plus que le fisc n'y gagnera.

Pour le surplus de l'actif mobilier, que pourrait faire le législateur ? Imposer un inventaire ? C'est impossible. Ce serait d'ailleurs une précaution inutile (n° 32).

Nominaliser les titres au porteur ? c'est-à-dire les supprimer ? C'est encore plus impossible. Ce serait, suivant tous les financiers, la ruine de toutes les grandes entreprises. Et comment pourrait-on faire pour les 30 à 40 milliards de titres au porteur étrangers qui circulent en France à l'heure actuelle ? (1) Nous n'ignorons pas que la suppression des titres au porteur est un des moyens préconisés par les socialistes, notamment par Kautsky, pour préparer l'avènement du collectivisme. Nous avons souvenir aussi d'une interpellation de M. Charles Dumont, « sur les mesures que le Gouvernement compte prendre ou demander à la Conférence internationale projetée, pour réprimer les fraudes sur les valeurs mobilières. » Ce député concluait à l'abolition du titre au porteur, en France d'abord, et ensuite dans les autres pays en vertu d'une entente à conclure (2). Mais qui a pris au sérieux cette proposition ? Tout ce que le gouvernement semble disposé à faire dans cette voie, c'est d'exonérer de tout droit à l'avenir la conversion des titres au porteur en titres nominatifs (3). Mais le contribuable voit trop bien qu'il s'agit simplement d'assurer le recouvrement des impôts sur les successions et sur le revenu ; et il ne se laissera pas séduire. Il convertirait plutôt ses titres nominatifs en titres au porteur. Et où en est ce fameux projet de conférence in-

(1) M. Caillaux, dans son discours du 8 février 1907, au Sénat, donne le chiffre de 40 milliards de valeurs étrangères. D'autres financiers croient devoir ramener ce chiffre à 30 ou 33 milliards.

(2) *J. off.*, *Déb. parlem.*, *Ch. des députés, sess. ordin.* 1906 (12 juillet), p. 2293 et s. — V. particulièrement, p. 2295, col. 3.

(3) V. le projet de budget pour 1909 : *Exposé des motifs*, *Doc. parlem.*, 1908, *Ch. des députés*, p. 367. « Le trésor a tout intérêt, dit franchement le ministre, au point de vue de la bonne exécution des lois fiscales, à encourager le développement du titre nominatif, qui se prête peu à la fraude. »

7

ternationale ? Le ministre qui l'a mis en avant, n'aime pas qu'on lui en parle (1).

Accroître les moyens d'investigation du fisc ? Ils sont déjà d'une telle étendue que les peuples voisins, qui ont le respect des droits de l'individu, se refusent à les admettre chez eux (n° 61). Si on veut y ajouter encore, il faudra donc qu'à chaque décès, et dès la première heure, le fisc envoie, auprès du lit du mort, un agent chargé de le représenter, d'assister à l'ouverture du coffre-fort, des tiroirs, du porte-monnaie du défunt, de dépouiller ses papiers, d'examiner sa correspondance ? Cet agent sera bien reçu par les familles !... Tout cela ne soutient pas l'examen.

Augmenter les facilités de preuve dont jouit l'administration ? C'est alors la preuve testimoniale qu'il faut lui accorder, avec toutes les chances d'erreur qu'elle comporte. Pourquoi pas la preuve par la commune renommée ? On sait ce que donne ce procédé, appliqué à l'appréciation de la fortune d'autrui. C'est aussi la preuve par serment. Le fait est que le Ministre des finances, dans le projet de budget pour 1909, vient de réclamer pour le fisc la faculté de déférer le serment décisoire aux déclarants, en matière de droits de succession (2). Mais nous avons montré ailleurs quelle monstruosité juridique il s'agit réellement d'introduire sous le nom usurpé de serment décisoire, à quels abus

(1) *J. off.*, *Débats parlem.*, *Ch. des dép.*, séance du 31 janvier 1908, p. 176.
(2) Projet de loi déposé le 19 mai 1908, *Doc. parlem.*, 1908, *Ann.*, n° 1709, p. 361 et s.

donnerait lieu cette innovation, et quels piteux résultats pécuniaires on en obtiendrait (1).

Une fissure existe donc, par laquelle la fraude s'exerce. Nous disons une fissure : le mot est insuffisant, c'est une large fente, si l'on songe à ce que représentent aujourd'hui les titres au porteur dans un grand nombre de patrimoines ; c'est un trou énorme, c'est une porte ouverte par laquelle la fraude va et vient librement. En effet, les titres au porteur qui circulent dans notre pays sont évalués à 80 ou 90 milliards, soit plus des neuf dixièmes de notre fortune mobilière, près de la moitié de notre patrimoine total. Or, le fisc estime que la moitié de cette valeur imposable lui échappe (V. n° 77).

B. Les procédés d'évasion employés par le de cujus.

50. Nous n'avons envisagé jusqu'à présent que les moyens par lesquels les héritiers peuvent chercher à se soustraire du paiement des droits de mutation. Ces moyens, somme toute, sont assez limités.

D'autres moyens peuvent être employés par le *de cujus* lui-même. Lorsque le tarif était raisonnable, on ne se préoccupait guère d'épargner à ses héritiers une dépense qui n'absorbait pas, en moyenne, les revenus d'une année. Aujourd'hui qu'il s'agit de défendre contre

(1) V. notre article « Le serment fiscal », dans *Le Correspondant*, du 10 juillet 1908. — La commission du budget a refusé de suivre le ministre dans cette voie (Séance du 7 août 1908), et prononcé la « disjonction » des articles du projet relatifs au serment décisoire.

une véritable spoliation un patrimoine que l'on a formé par son travail ou par ses économies, à la sueur de son front ou en s'imposant des privations quotidiennes, de ne pas laisser le fisc s'en approprier une partie qui peut aller jusqu'au cinquième, on est devenu plus prévoyant ; on songe davantage de son vivant aux intérêts de ses héritiers futurs, surtout lorsqu'il s'agit de proches parents. On y songera de plus en plus : nous montrerons pourquoi (n° 85).

Les moyens dont il s'agit ici n'ont en principe rien d'illicite. Sans doute ils ont pour but, dans la pratique, de faciliter l'évasion fiscale ; mais ils n'impliquent pas la fraude par eux-mêmes. Ce n'est que par abus de langage qu'on les qualifie de frauduleux.

La transformation des immeubles en valeurs mobilières.

51. On est libre, par exemple, de dénaturer sa fortune, au moins jusqu'à nouvel ordre. Nous ne pensons pas qu'il faille prévoir des mesures telles qu'on en a vu au Bas Empire, destinées à immobiliser le propriétaire dans sa condition actuelle.

A l'époque où les meubles ne payaient pas le centième denier, plus tard, à l'époque où ils ne payaient que le cinquième ou le quart des droits perçus sur les immeubles (n° 14), rien ne se serait opposé légalement à ce qu'un homme, désireux d'épargner à sa famille une dépense assez considérable, transformât en meubles ses immeubles. Mais on n'y songeait guère. On tenait à conserver ses immeubles ; les meubles étaient chose vile.

Les droits étaient modérés. Pour y échapper il aurait fallu aliéner ces immeubles entre vifs et payer de ce chef au fisc des droits plus élevés. Sans doute c'est l'acheteur qui les débourse ; mais c'est en définitive le vendeur qui les supporté : le prix qu'il reçoit est diminué d'autant.

La même considération empêchera, de nos jours, de songer, dans un but d'évasion fiscale, à la transformation d'un patrimoine immobilier en valeurs mobilières. Le plus souvent, sinon toujours, les droits de mutation à titre onéreux, avec les frais, seraient notablement supérieurs aux droits de mutation par décès. Il faudrait, pour qu'il en fût autrement, se placer dans un des cas, heureusement exceptionnels, où ces derniers dépassent 10 à 12 $^0/_0$.

Quant à se dépouiller de ses immeubles par donation entre vifs, en forme, au profit de ses futurs héritiers, c'est encore une pensée qui ne viendra guère à l'esprit du *de cujus*. Il en serait détourné par cette objection, que les droits sur les donations sont élevés (1), s'il ne l'était pas déjà par cette réflexion qu'il ne faut pas de son vivant se sacrifier à ses héritiers (2).

---

(1) Les droits, depuis la loi du 25 fév. 1901, art. 18, sont, pour les donations entre vifs ordinaires en ligne directe, de 3,50 $^0/_0$; entre époux, 5 $^0/_0$; entre frères et sœurs, 9 $^0/_0$; entre oncles et neveux, 10 $^0/_0$; entre grands oncles et petits neveux, 11 $^0/_0$; entre parents aux 5e et 6e degrés, 12 $^0/_0$; entre parents au delà du 6e degré, et entre non parents, 13,50 $^0/_0$. — Les droits sont un peu moindres pour les donations par contrat de mariage. — Pour les partages d'ascendants, 1,70 $^0/_0$. — Ces droits ne sont pas progressifs, mais proportionnels.

(2) M. LEROY-BEAULIEU (*op. cit.*, p. 651, note) démontre que dans certains cas, des combinaisons de ce genre pourraient être

Tout ce que nous pouvons dire, c'est que, actuellement, aux causes déjà nombreuses qui nous désaffectionnaient de la fortune immobilière (accroissement des impôts, des droits de mutation entre vifs, diminution du revenu, difficultés de réalisation, difficultés d'administration, etc.), est venue se joindre cette considération, que cet élément de notre fortune sera, à notre décès, inévitablement grevé de droits de mutation élevés. Si donc, par un heureux hasard, un propriétaire foncier trouvait à vendre ses immeubles avantageusement, il y serait poussé aujourd'hui, non pas seulement par les avantages immédiats que ne manqueront pas de lui procurer des remplois en valeurs mobilières, mais aussi, dans une certaine mesure, par le désir d'assurer plus complètement la transmission de son avoir à ses héritiers, qu'il pourra garantir contre les lourds prélèvements du fisc.

Nous supposons donc le *de cujus* propriétaire d'une fortune mobilière. Nous nous demandons ce qu'il pourra

adoptées par les intéressés. « Avec des droits très élevés, comme ceux de 22 $^0/_0$ qui existent déjà (en Italie) un homme très riche et d'un certain âge, n'ayant que des héritiers très éloignés, pourrait donner à ceux-ci de son vivant 50 $^0/_0$ de sa fortune, comme don manuel, sur lequel il ne serait payé aucun droit à l'Etat, et placer l'autre moitié à fonds perdu, ce qui lui produirait un revenu peut-être plus élevé que celui que sa fortune lui aurait donné. D'autre part l'héritier ne perdrait rien ; car le maximum de la perte éventuelle qu'il pourrait faire serait de 27,50 $^0/_0$; mais comme il recevrait la moitié de la fortune, par anticipation et sans droits, au lieu de 77 1/2 $^0/_0$, cela ferait plus que compensation. L'Etat serait « le dindon de la farce ». — Mais cette combinaison suppose un patrimoine mobilier. Les immeubles ne peuvent pas faire l'objet d'un don manuel.

faire, dans l'intérêt de ses héritiers, pour diminuer leurs obligations éventuelles envers le fisc.

Les acquisitions d'immeubles à l'étranger.

52. Il peut, s'il a le goût des immeubles, en acheter à l'étranger. On sait que, d'après les règles traditionnelles du droit international privé, les immeubles situés à l'étranger, qui appartiennent à des Français, ne sont pas soumis à la loi française (art. 3, C. civ.). Ils échappent donc à notre loi fiscale (1). Il est vrai qu'ils paieront les droits de mutation par décès établis par celle du pays où ils sont situés. Mais on a vu (n° 23) que, dans beaucoup de pays étrangers, ces droits sont moindres qu'en France, ou même n'existent pas, surtout en ligne directe ou entre époux.

Parmi les nombreux placements immobiliers qui ont été faits en Suisse, depuis un certain nombre d'années, nous pouvons affirmer que beaucoup ont été déterminés, au moins dans une certaine mesure, par le désir d'échapper aux taxes successorales et à l'impôt sur le revenu (2).

Ce moyen présente cependant des inconvénients. L'administration d'immeubles situés à l'étranger est difficile et onéreuse ; et les frais qu'elle impose viennent en déduction des avantages qu'ils procurent. En outre,

____

(1) Cass., 28 juillet 1880 (D. 1881, 1, 266).

(2) *Econ. fr.*, du 2 mars 1907, p. 304 : « Un certain nombre de Français avisés sont depuis quelque temps propriétaires à Genève... dans des conditions parfaitement légales et sûres. » Ils ont aussi acheté beaucoup d'immeubles de rapport et d'agrément dans les cantons catholiques (Fribourg, Valais).

il n'est pas certain que l'exonération fiscale qu'on aura été chercher à l'étranger, y persiste indéfiniment. Nous savons, par exemple, qu'en Allemagne on paraît disposé, à l'heure actuelle, à augmenter considérablement l'impôt sur les successions (n° 23). Enfin ne pourrait-on pas prévoir l'éventualité, non envisagée jusqu'ici, mais non pas invraisemblable, d'une loi que le fisc français ferait voter et qui lui permettrait d'aller rechercher à l'étranger les immeubles appartenant à des Français, pour les soumettre à la taxe successorale dans la mesure pour laquelle ils y échappent actuellement? Ces biens ne peuvent pas être dissimulés, et il sera facile de les atteindre le jour où on le voudra (1).

Les *placements en valeurs mobilières.*

53. « Les placements essentiellement modernes, dit M. Paul Leroy-Beaulieu, sont ceux qui s'effectuent en valeurs mobilières ; » et il énumère sept avantages notables que présentent ces valeurs par rapport aux autres placements : leur division en coupures permettant des placements de toute importance, la modicité des frais d'achat, la facilité de leur réalisation, etc.

Au point de vue auquel nous nous plaçons, un seul de ces avantages est à considérer : « En sixième lieu, le propriétaire peut détenir ces titres chez lui, ayant tout son avoir dans son coffre-fort, à l'abri des regards indis-

(1) La loi belge, si nous sommes bien informé, soumet aux droits successoraux les immeubles appartenant à des Belges, même lorsque ces immeubles sont situés à l'étranger.

crets (1). » Ces regards indiscrets sont apparemment ceux du fisc.

Le père de famille prévoyant que nous supposons, ne fera donc pas de placements immobiliers, soit en France, soit à l'étranger, mais exclusivement des placements mobiliers. Il préférera les titres au porteur aux titres nominatifs : on a vu pourquoi (n° 42). A la rigueur, des valeurs étrangères nominatives pourraient lui convenir ; nous avons vu cependant qu'elles présentent certains inconvénients (n° 41).

En fait de titres au porteur, aura-t-il des raisons pour rechercher des valeurs étrangères plutôt que des valeurs françaises ? Il ne semble pas. « Quant aux titres au porteur, dit M. Wahl, qu'ils soient français ou étrangers, les agents de l'enregistrement sont vis-à-vis d'eux dans la même impuissance. S'ils ne parviennent pas à démontrer que ces titres existent, ils ne peuvent pas réclamer le droit de mutation par décès... (2). »

Ces valeurs mobilières au porteur, françaises ou étrangères, pourront être acquises soit en France, soit à

(1) *L'art de placer et gérer sa fortune*, p. 55 et 57. — On consultera utilement cet ouvrage pour voir dans quels cas et à quels points de vue sont recommandables, encore à l'heure actuelle, les placements en terres, en maisons, en terrains, quels inconvénients présentent les valeurs mobilières, etc. Nous ne nous plaçons qu'au point de vue purement fiscal ; mais il y a bien d'autres côtés à envisager.

(2) Wahl, « Comparaison des charges fiscales... » dans *Clunet*, 1904, p. 86. — Nous ne nous plaçons ici qu'au point de vue du droit de mutation par décès. Nous verrons plus loin (n° 108) qu'au point de vue de l'impôt sur le revenu, les titres au porteur étrangers seront préférables aux titres au porteur français.

l'étranger. Les intermédiaires que l'on emploie à cet effet ne sont pas, encore à l'heure actuelle, assujettis au droit de communication de l'enregistrement, du moins en règle générale (n° 45).

Notons que, depuis 1901, si les titres achetés en France n'ont pas encore été livrés lors du décès de l'acheteur, l'intermédiaire, quel qu'il soit, doit aviser le fisc de la remise qu'il en ferait aux héritiers de l'acheteur (n° 43). Si les titres ont été livrés à l'acheteur, le fisc n'aura presque jamais le moyen d'établir que le défunt laisse à son décès tels et tels titres au porteur : en supposant que le fisc arrivât à avoir connaissance de ces acquisitions, qu'est-ce qui prouve que le défunt n'avait pas disposé de ces valeurs avant son décès (1) ?

54. Ayant pris livraison de ses titres, le père de famille les déposera-t-il en garde dans une banque? Nous savons que le dépositaire devrait, comme l'intermédiaire avant la livraison, informer le fisc des remises qu'il ferait aux héritiers du déposant, et même qu'il pourrait le renseigner par avance, dès qu'il a connaissance du décès.

Pour échapper à cet inconvénient du dépôt ordinaire on a employé le *dépôt avec procuration* et le *dépôt en compte joint.*

Les dépôts avec procuration.

55. Le déposant constitue comme mandataire un parent, par exemple son héritier présomptif, son conjoint,

(1) V. cependant *supra*, n° 42.

un ami, et l'autorise à retirer à sa place les valeurs et sommes déposées. Le Code prévoit que l'on puisse désigner, pour retirer la chose déposée, un autre que le déposant (art. 1937). Le dépositaire conserve, bien entendu, la procuration et la fiche sur laquelle le mandataire appose sa signature : il se libérera entre les mains de ce mandataire tout aussi valablement que s'il remettait la chose au déposant ou à son héritier. Et s'il fait cette remise à un moment où il ignore encore la mort du déposant, il n'aura à donner aucun avis au fisc.

Contre ce moyen d'évasion fiscale il y a diverses objections. D'abord, le mandat est révoqué de plein droit par la mort du mandant (art. 2003). Donc le mandataire ne peut plus légalement retirer le dépôt après la mort du *de cujus*. S'il le faisait, il y aurait de sa part, sinon un acte délictueux, du moins un acte engageant sa responsabilité civile vis-à-vis du déposant.

Il est vrai que rien n'empêche le mandant de stipuler que sa procuration vaudra même après sa mort. Cette stipulation n'a rien de contraire à l'ordre public. Elle est admise par diverses législations étrangères (1). Notre jurisprudence la déclare valable (2). On va

---

(1) Code civil suisse des obligations, art. 403. — Code civil allemand, art. 672. Cf. Code de commerce all., art. 54, art. 297 ; et C. de Procéd. all., art 82. Le Code civil allemand dispose même que, dans le doute, le mandat ne prend pas fin par la mort du mandant.

(2) Cass., 22 mai 1860 (D. 60, 1, 448) : « S'il est vrai que le mandat prend fin par la mort du mandant, ce principe fléchit devant une volonté contraire exprimée par le mandant ou s'induisant de l'objet du mandat et des circonstances dans lesquelle·

même jusqu'à valider un mandat dont l'exécution ne devrait commencer qu'après la mort du mandant, si telle a été sa volonté formelle (1). Le déposant aurait ainsi, dans notre hypothèse, un moyen ingénieux de rester, sa vie durant, maître absolu de son dépôt, sans courir le risque d'une ingérence intempestive de son mandataire.

A supposer que le déposant ait eu le soin de stipuler que sa mort ne révoquerait pas sa procuration, on se trouve alors en présence d'une difficulté : « Après la mort du déposant, la chose ne peut plus être restituée qu'à son héritier (art. 1939). » On a craint que le dépôt ne servît à réaliser, par l'intermédiaire d'une personne de confiance, des libéralités prohibées par la loi. Etant donné ce motif, la clause contraire serait, semble-t-il, illicite ; et c'est ce que les tribunaux ont plusieurs fois décidé (2). Cependant l'opinion contraire est soutenue : elle s'appuie sur les précédents, et sur la validité du mandat *post mortem mandantis*. La restitution devrait être faite, après la mort du déposant, à son mandataire et non à son héritier, nonobstant l'art. 1939, si le déposant en a exprimé la volonté formelle (3).

Admettons les solutions les plus défavorables : la nullité du mandat *post mortem mandantis*, l'impossi-

il a été donné... » — Cf. GUILLOUARD, *Mandat*, n° 232. — LAURENT, XXVIII, n° 88.

(1) GUILLOUARD, *loc. cit.* — *Contra*, LAURENT, *loc. cit.*

(2) Cass., 10 fév. 1879 (D. 79. 1, 298). — Cf. AUBRY et RAU, IV, § 416, note 13.

(3) 26 pr. Dig., *Depositi*, XVI, 3. — Arrêts du Parlement de Paris dans N. DENISART, v° *Don. entre vifs*, § 12, n. 11. — BAUDRY-LACANTINERIE et WAHL, *Dépôt*, n° 1143.

bilité de se soustraire à l'art. 1939. Il n'en est pas moins vrai que, pour que le dépositaire soit fondé à refuser la restitution au mandataire du déposant après la mort de celui-ci, il faut qu'il soit informé de cette mort. Or, en fait, le mandataire ne perdra pas un instant et se présentera tout de suite après la mort du mandant, à un moment où cet événement ne sera pas encore parvenu à la connaissance du dépositaire. Par conséquent, celui-ci restituera, et il n'aura aucun avis à donner au fisc, puisqu'il n'a pas connaissance de l'ouverture de la succession. « La loi peut se trouver, de cette manière, entièrement tournée (1). »

Soit : l'art. 15 de la loi de 1901 sera éludé. Mais n'oublions pas que les agents de l'enregistrement ont un droit d'investigation dans les établissements financiers (n° 74), grâce auquel ils pourront acquérir la preuve qu'à telle date tel retrait de fonds ou de titres a été effectué par telle personne : le reçu signé d'elle passera sous leurs yeux. Si à cette époque le déposant était mort, et si le dépôt dont il s'agit n'a pas été déclaré depuis dans les délais par les héritiers, la fraude se trouvera découverte.

Cependant, ce droit d'investigation n'existe actuellement qu'à l'égard des sociétés de crédit par actions : les banquiers privés, les notaires, les agents d'affaires n'y sont pas encore soumis (v. *supra*, n° 45). La fraude que nous signalons reste donc possible. On peut même concevoir qu'elle soit suggérée par le dépositaire lui-même. Nous avons lu quelque part l'anecdote d'un ban-

(1) WAHL, dans *Clunet*, 1905, p. 13.

quier qui, ayant été prévenu du décès d'un de ses clients par une lettre du mandataire que celui-ci avait constitué pour retirer éventuellement son dépôt, fit reporter à ce mandataire sa lettre par un employé qui lui tint à peu près ce langage : « Voici votre lettre : *nous ne l'avons pas reçue*. Hâtez-vous de retirer le dépôt avant que la mort de notre client nous soit notifiée... »

On ne peut guère compter sur de pareilles complaisances, qui exposeraient le dépositaire, si elles venaient à être découvertes, aux sanctions de l'art. 15. C'est pourquoi, dans la pratique, le rôle du mandataire consistera, le plus souvent, à aller effectuer le retrait à la place du déposant, lorsque celui-ci se verra dans l'impossibilité de le faire, par exemple la veille de sa mort. Mais ces retraits *in extremis* ne désarmeront pas toujours le fisc (n° 42).

Somme toute, le dépôt avec procuration peut rendre des services, et des auteurs le recommandent de préférence au dépôt avec compte joint (1).

Les dépôts en comptes joints.

56. De bonne heure le dépôt avec compte joint parut plus avantageux que le dépôt ordinaire accompagné de procuration, à ceux qui cherchèrent, après la loi de 1901, un moyen d'évasion. Ils l'empruntèrent aux Anglais, qui l'avaient imaginé dès 1894 pour se soustraire aux tarifs exorbitants inaugurés chez eux à cette

(1) WAHL, p. 14 : « C'est à ce dernier système (le dépôt avec procuration) que les contribuables ont intérêt à recourir... »

époque. Ici, comme ailleurs, « le besoin a créé l'organe ».

Le père de famille effectue son dépôt *conjointement et solidairement* avec telle personne de son choix. Il est stipulé « que chacun des déposants aura le droit, sur sa seule signature, de faire fonctionner le compte qui va s'ouvrir, notamment par emploi de fonds en achats de titres, par vente des valeurs entrées au compte, par retrait de tout ou partie des dépôts, espèces ou titres ; que les paiements et règlements faits par le dépositaire sur la signature de l'un des créanciers solidaires, seront libératoires vis-à-vis de tous, comme aussi vis-à-vis des héritiers de celui qui viendrait à décéder. » Nous citons une des formules usuelles, en la simplifiant.

Ce genre de dépôt est qualifié de dépôt avec *compte joint, compte conjoint, compte indivis, compte collectif avec solidarité*. Il offre un exemple de cette solidarité active ou entre créanciers, que les théoriciens étudiaient sous les art. 1197 et suiv. C. civ., mais en déclarant qu'elle était *sans application aucune en matière civile* et dans laquelle ils voyaient *une institution morte* (1).

Grâce à cette stipulation, lorsque le père de famille mourra, celui de ses parents ou amis (en fait le plus souvent son conjoint) qu'il a fait intervenir comme co-déposant, effectuera le retrait sans difficulté. On ne voit pas quelle fin de non recevoir le dépositaire pourrait

____

(1) PLANIOL, *Droit civil*, II, n° 725. — Cf. DEMOLOMBE, *Contrats*, III, n° 125. — BAUDRY-LACANTINERIE et BARDE, *Oblig.*, n° 1129, font l'observation (que les faits ont justifiée) que « la solidarité active est peut-être destinée à recevoir certaines applications », étant donné le sens dans lequel s'opère l'évolution sociale.

avoir à lui opposer, quand même la mort du *de cujus* serait connue de lui.

Le codéposant est-il un tiers désigné par le déposant pour recevoir la restitution et à qui elle devrait être refusée, à la mort de celui-ci, aux termes de l'art. 1939 ? Nullement. Il n'est point un tiers, il est le déposant en personne.

Le codéposant est-il un mandataire du véritable intéressé, un mandataire dont les pouvoirs prendraient fin par la mort de celui-ci ? Avant le Code civil, nous aurions répondu négativement sans hésiter : le créancier solidaire, vis-à-vis du débiteur, n'était en aucune mesure le mandataire des autres, il était créancier pour le tout comme s'il était seul. Depuis le Code, il faut reconnaître que l'idée d'un mandat réciproque entre les créanciers solidaires ne peut plus être écartée. « Chacun des créanciers solidaires, soit dans ses rapports avec les autres, soit même dans ses rapports avec le débiteur, n'est plus maître de sa créance que pour sa part ; c'est donc seulement dans cette mesure qu'il peut en disposer. S'il a le droit de poursuivre le paiement de l'excédent et de prendre les mesures nécessaires pour assurer ce paiement, c'est parce que ses cocréanciers lui ont donné pouvoir à cet effet... Pour ce qui excède sa part, un créancier solidaire ne peut recevoir le paiement que parce qu'il représente ses cocréanciers (1). » Il ne

(1) B.-LACANTINERIE et BARDE, *Oblig.*, n° 1132. — PLANIOL, II, n°s 729, 730. — DEMOLOMBE, *Contrats*, II, n°s 144 et s. « Chacun d'eux n'est considéré comme créancier que pour sa part, et il est, pour les parts de ses créanciers, considéré seulement comme un mandataire, à l'effet d'en opérer le recouvrement et de conserver leurs droits... »

pourrait pas faire au débiteur une remise ni lui déférer le serment pour cet excédent, parce qu'il n'a pas mandat des autres à cet effet (art. 1198 ; 1365).

Mais si le créancier solidaire est un mandataire des autres en ce qui concerne leur part, c'est un mandataire dont le pouvoir ne prend certainement pas fin par leur mort, pas plus que par la sienne. « Il s'agit ici, d'un mandat irrévocable qui n'est pas éteint par la mort (1). » La notion de solidarité implique cette conséquence. Le débiteur ne pourrait pas plus, après la mort d'un des cocréanciers solidaires, refuser le paiement au survivant, que le créancier qui a traité avec plusieurs débiteurs solidaires, ne pourrait, après la mort de l'un d'eux, se voir refuser par l'autre un paiement intégral (2).

Ainsi le codéposant effectuera le retrait du dépôt,

---

(1) DEMOLOMBE, *op. cit.*, n° 154 ; cf. n° 125. — Nous regrettons de n'être pas d'accord ici avec M. Kergall, qui, dans d'intéressants articles de sa Revue, signale « la fragilité du compte joint ». (*Revue écon. et fin.*, 8 et 22 déc. 1906 ; 5 et 12 janvier 1907). Il ne veut y voir qu'un mandat déguisé en solidarité, une combinaison nécessairement illégale et frauduleuse, par laquelle on ne pourrait pas se soustraire à la caducité en cas de décès du mandant. — Sur la légalité certaine du dépôt avec compte joint, v. WAHL, *loc. cit.* ; Fr. HUBERT, *Ann. de dr. comm.*, 1903, p. 111 et s. — Il ne suffit pas qu'un acte juridique puisse faciliter certaines fraudes pour que cet acte devienne illégal : v. par ex. le don manuel.

(2) Dans la pratique, afin qu'aucun doute ne soit possible, les formules des banques précisent : « Le dit mandat continuera après le décès de l'un ou de l'autre des déposants. — La Banque conservera d'une façon irrévocable le droit de se libérer vis-à-vis de l'un ou de l'autre des déposants par la seule signature de l'un d'eux, et ceci même en cas de décès ou d'incapacité de l'un des titulaires. »

même après la mort du déposant, sans qu'aucune difficulté puisse lui être légalement opposée. Et comme le dépositaire n'a pas nécessairement connaissance, à ce moment, du fait que les valeurs par lui remises dépendent d'une succession ouverte, l'art. 15 de la loi de 1901 est inapplicable.

57. Le fisc ne fut pas longtemps à s'apercevoir de cette pratique préjudiciable à ses intérêts. Constituait-elle une fraude proprement dite ? Les spécialistes soutiennent que non : « C'est une manière d'opérer qui, pour préjudiciable qu'elle ait été envers le Trésor, ne constitue pas cependant une fraude véritable, les contribuables ayant toujours le droit d'employer les conventions autorisées par la loi pour échapper à l'impôt (1). » D'ailleurs, s'il y avait eu fraude à ses droits, le fisc n'aurait pas manqué de poursuivre ; la preuve qu'il était en présence d'une pratique rigoureusement légale, c'est qu'il demanda que la loi fût modifiée.

Une disposition nouvelle fut en effet insérée dans la loi de finances de 1903, sur la proposition de M. Clémentel, qui dut à cette initiative la notoriété dont il a joui et sans doute aussi le portefeuille qu'il obtint peu après.

Désormais, dans les trois mois de l'ouverture d'un compte indivis ou collectif avec solidarité, le dépositaire doit faire connaître, à l'administration de l'enregistrement, sous peine d'une amende de 500 à 5 000 francs,

(1) *Bulletin-Commentaire des lois nouvelles*, août 1903. — Cf. *Clunet*, 1904, p. 323.

l'existence de ce compte, avec les noms, prénoms, et domiciles de chacun des déposants. Les receveurs des cantons où sont domiciliés ces déposants, sont informés par leur direction et font une inscription sur un registre spécial. Si l'un de ces déposants vient à mourir, le receveur de son canton, tenu au courant par les *notices de décès* que lui adressent périodiquement les officiers de l'état civil (n° 30), signale à son directeur le décès de ce titulaire d'un compte joint. L'enregistrement le notifie au dépositaire. Celui-ci, dans la quinzaine de cette notification, doit adresser au directeur de l'enregistrement de sa résidence la liste des titres, sommes ou valeurs existant, au jour du décès, au crédit des cotitulaires du compte (loi du 31 mars 1903, art. 7, et *Instruction* du 25 avril 1903.)

On voit par quels moyens assez compliqués, l'Administration est arrivée, ou croit être arrivée, à assurer l'application de l'art. 15 de la loi de 1901 aux dépôts en comptes joints, comme aux dépôts ordinaires.

58. Beaucoup d'erreurs ont été commises au sujet des comptes joints. On a dit, par exemple, dans la discussion de l'amendement Clémentel, et l'on a répété depuis, qu'on ne pouvait pas donner légalement un mandat non révocable en cas de décès du mandant, et que le compte joint n'était pas autre chose. Nous avons montré le contraire, et nous ne craignons sur ce point aucune contradiction, de la part de quiconque sait le droit.

On a dit à la tribune de la Chambre, et, ce qui est plus grave, on a écrit dans un livre de droit, que le procédé du compte joint était aujourd'hui « interdit par la loi française (loi du 31 mars 1903) » (1). On a même insinué qu'il pouvait bien constituer un délit, et que le banquier qui s'y prêtait s'exposait à être poursuivi pour complicité (n° 64). Or le compte joint est si peu prohibé que la loi de 1903 en a réglé les effets, comme on va le voir.

On a dit encore que le compte joint en France était désormais inutilisable, qu'il ne pouvait plus être un instrument de fraude à l'égard du fisc; que loin de servir il était plutôt nuisible, etc. (2). Nous allons prouver que le compte joint peut encore, si l'on veut, être employé comme moyen d'évasion.

59. Tout d'abord il faut répéter ici ce que nous avons dit plus haut (n° 45), que, les agents de l'Administration n'ayant pas le droit d'investigation chez les banquiers privés, ni chez les agents d'affaires, ni chez les notaires (du moins en ce qui concerne leur comptabilité), ni chez les agents de change, coulissiers et autres intermédiaires d'opérations de bourse (sauf en certains cas exceptionnels), la prescription nouvelle de la loi et l'organisation imaginée par l'Administration peuvent manquer totalement leur effet, si ces diverses personnes n'y mettent pas de bonne volonté. Il n'y a

---

(1) M. Ch. Dumont, à la Ch. des députés, séance du 12 juillet 1906 (*J. off.*, *Déb. parl.*, p. 2294 : « Par un article exprès d'une des dernières lois des finances, excellemment rédigé par mon ami Clémentel, vous avez interdit le compte joint en France ». — Edg. Allix, *Traité élém. de sc. fin.*, 1907, p. 318, note 1.

(2) Guilmard, « L'évasion fiscale : comptes de dépôts et comptes joints » (dans la *France économique et financière*, de 1907 ; et tirage à part, 1908, p. 81 et 82.

que les grands établissements de crédit, montés par actions, où le contrôle soit assuré (1).

En second lieu rien n'oblige les déposants à indiquer leur véritable domicile, quand ils viennent demander l'ouverture d'un compte joint ; et rien n'oblige
le dépositaire à s'assurer de l'exactitude des indications
fournies par eux à cet égard. Pour que les recherches
du fisc soient rendues impossibles il suffira que les déposants indiquent des domiciles fictifs, en dehors du
canton qu'ils habitent réellement. En effet, les receveurs de ces domiciles recevront bien alors les avis
d'ouverture d'un compte joint au nom de telles et telles
personnes, mais ils ne recevront jamais les avis de décès de ces personnes, puisqu'elles sont domiciliées dans
un autre canton. Quant aux receveurs des domiciles
réels, ils recevront bien les avis de décès, mais ils n'auront jamais été informés de l'ouverture du compte
joint, puisque les avis en auront été envoyés aux receveurs des domiciles fictifs.

De même le fisc sera dépisté si les titulaires du compte
ayant indiqué leurs domiciles réels en ont changé ensuite, ou s'ils sont morts en dehors du canton de leur
domicile (2).

Mais supposons que les choses aillent comme l'Administration l'a prévu. Elle recevra donc du dépositaire la
liste des titres et fonds qui figurent au compte joint au
jour du décès. Percevra-t-elle les droits de mutation par
décès sur la totalité de cet actif ? Non. Ces titres, sommes

(1) *Bulletin-com. des lois nouvelles*, août 1903, p. 415. —
Cf. *Clunet*, 1904, p. 321 etc.
(2) Pour plus de détails, v. WAHL, dans *Clunet*, 1905, p. 11.

ou valeurs, dit l'art. 7, 1er alin., seront considérés, pour la perception des droits, « comme appartenant conjointement aux déposants et dépendant de la succession de chacun d'eux pour une part virile ». Ce texte n'est que l'application très exacte, au point de vue fiscal, des solutions que donnent les civilistes sur les effets de la solidarité active dans les rapports des créanciers entre eux. Il n'innove en rien, quoi qu'on en ait dit (1). Il suit de là que, si le père de famille que nous considérons, meurt le premier, suivant ses prévisions, il aura soustrait aux droits successoraux la moitié des valeurs déposées en compte conjoint, qui, par hypothèse, lui appartiennent en totalité. Il pourrait même y soustraire les deux tiers, les trois quarts de ces valeurs, s'il faisait intervenir avec lui deux ou trois codéposants, au lieu d'un seul.

« Il est vrai que, si l'un des héritiers vient à décéder avant le véritable propriétaire, ses représentants devront l'impôt sur une portion de biens qui ne lui appartient pas. Sa situation sera la même qu'au cas d'immeuble acheté par un père en son nom pour l'usufruit, au nom de ses enfants pour la nue propriété : le décès anticipé de l'un de ceux-ci rend le droit exigible sur sa part dans la nue propriété (2). » Mais si le décès de cet héritier ne survient pas tout à fait à l'improviste, il est facile de clore et de régler le compte de son vivant, et par conséquent d'éviter l'inconvénient signalé.

Il est vrai encore que la loi réserve à l'Administration

<hr>

(1) FLOUR DE SAINT GENIS, dans *Clunet*, 1903, p. 792.
(2) *Bull. comm. des lois nouv.*, cité dans *Clunet*, 1904, p. 324.

le droit de faire la preuve qu'en réalité le dépôt dépend pour le tout de la succession du *de cujus*. Mais il n'arrivera pas souvent qu'elle puisse faire cette preuve : elle ne peut pas, nous l'avons vu, recourir aux enquêtes, aux interrogatoires sur faits et articles, à la délation de serment, mais seulement aux preuves écrites et aux présomptions fondées sur des faits graves, précis et concordants (1). D'ailleurs, à l'inverse, les codéposants survivants seraient admis, d'après le même article de la loi, à faire contre le fisc la preuve que les valeurs déposées n'appartenaient pour aucune part au défunt. Mais ils ne pourraient invoquer alors que des actes authentiques ou des actes sous seing privé ayant acquis date certaine (art. 7, 2ᵉ alin., de la loi de 1901).

Les dépôts à l'étranger.

60. Traqués en France, effrayés plus que de raison, beaucoup de capitalistes ont eu l'idée de transporter leurs fonds et leurs titres à l'étranger. Ce n'est pas qu'ils puissent ainsi échapper légalement à la charge de l'impôt successoral : le dépositaire étranger est un débiteur,

----

(1) Si par exemple un dépôt était fait par un père et son enfant mineur, l'enregistrement obtiendrait facilement gain de cause : il est, en effet, très vraisemblable que les objets déposés en pareil cas, appartiennent exclusivement au père, l'enfant mineur n'ayant pas l'occasion de se constituer un patrimoine. C'est pour la même raison que, d'après la jurisprudence, les apports en mariage d'un enfant mineur sont présumés lui provenir de dons manuels et donnent ouverture au droit de donation. Cf. WAHL, dans *Clunet*, 1905, p. 8.

et nous savons que les créances sur un étranger doivent être déclarées comme les autres (n° 36). Mais il est certain que nos lois de 1901 et de 1903 n'atteindront pas les dépôts effectués de l'autre côté de la frontière, que ceux qui les reçoivent s'abstiendront de les dénoncer à notre fisc, et que les héritiers français seront libres de les omettre dans leur déclaration.

Qu'on joigne à cette perspective la crainte, aujourd'hui très vive et qui ne fait que s'accentuer, de l'impôt progressif sur le revenu, les menaces du collectivisme, l'insécurité politique ; on aura les raisons de cette émigration, qui rappelle jusqu'à un certain point celle que détermina la Révolution. On sait que, dès 1787, d'opulents rentiers, comme M. de Montyon, avaient commencé à expatrier leur fortune (1).

Les banques étrangères ont su habilement mettre à profit l'état d'esprit créé par ces circonstances. Elles ont lancé des prospectus, des circulaires, multiplié les annonces dans les journaux. Elles ont fait valoir, en premier lieu, la certitude d'échapper à l'inquisition de notre fisc, mais bien d'autres avantages encore : la perspective de n'avoir pas à payer de droits au fisc étranger sur les fonds ou titres déposés chez elles (les successions mobilières laissées par des étrangers non domiciliés échappent généralement à ces droits) ; la facilité actuelle des déplacements pour les personnes, des transports pour les titres (des colis postaux finances valeur déclarée, pouvant contenir jusqu'à 300.000 francs

(1) On verra plus loin que le président Grévy avait déposé à la Banque d'Angleterre une somme de 4.300.000 francs.

de titres, ne paient que 1 fr. 50 de port ; l'assurance est ordinairement de 0 fr. 15 pour 1 000 francs) ; le taux élevé qu'elles paient pour les dépôts d'argent (en temps normal, 2 % en Belgique pour les dépôts à vue, au lieu de 1/2 % en France ; en Suisse, 3 et 3 1/2 %) ; la commodité des remises d'espèces, du client au banquier, et réciproquement (versements dans des banques correspondantes, envois de billets de banque, de chèques). Elles offrent, bien entendu, le choix entre le dépôt ordinaire (dossiers simples), ou avec procuration, ou conjoint (dossiers à deux ou plusieurs têtes) (1).

A toutes ces raisons déterminantes sont venus se joindre certains encouragements. D'éminents publicistes ont loué les petits états avisés qui pratiquent une politique fiscale très modérée, tant pour les impôts sur le revenu que pour les droits successoraux, et qui attirent à eux les dépôts étrangers : ces états travaillent, ont-ils dit, « pour l'avenir de la civilisation ». Ils envisageraient avec satisfaction l'établissement d'une « grande banque cosmopolite », qui pourrait être fondée en Suisse, par exemple, pour donner asile aux capitaux menacés un peu partout, et pour refréner les excès de la fiscalité des gouvernements, à l'instar des grandes banques de dépôt de Hambourg, de Venise, d'Amsterdam, **qui** fournissaient au Moyen Age des abris contre l'insécurité du temps (2).

(1) V. dans ꞏles *Ann. de dr. comm.*, 1903, p. 115, l'exposé d'une combinaison comportant un dépôt de titres à l'étranger avec des comptes courants ouverts en France (HUBERT, *Les comptes joints et l'art. 7 de la loi de 1903*).

(2) P. LEROY-BEAULIEU, *Sc. des fin.*, I, p. 651 ; et *Econ. fr.*, du 23 juin 1906.

Ainsi inquiétés d'un côté, sollicités, encouragés, conseillés d'autre part, les capitaux français commencèrent à émigrer. Ce fut un véritable exode. Bruxelles n'est qu'à quatre heures de Paris ; Londres n'est guère plus loin. Pour toute une partie de la France Genève est un autre Bruxelles. Il paraît qu'en 1906, aux approches du 1er mai, les banques de Genève, de Lausanne, de Zurich, de Bâle, étaient encombrées de nos dépôts au point de ne savoir où les mettre. C'est un fait que, depuis quelque temps, la Suisse regorge d'argent disponible, et qu'elle s'en sert pour lancer toutes sortes d'affaires industrielles, surtout en Allemagne, en Autriche, en Italie. L'argent s'emploie là où il se trouve ; les banques étrangères offrent naturellement à leurs déposants les valeurs qu'elles émettent. Les revenus des titres que nous déposons servent à alimenter la concurrence étrangère. Ce ne sont pas seulement les ressources du fisc qui en sont diminuées ; ce sont celles qui devraient aller à notre industrie nationale, c'est son avenir qui est en jeu.

Les pouvoirs publics ne pouvaient pas ne pas s'émouvoir de cet état de choses. Il est fâcheux qu'ils ne semblent avoir eu en vue jusqu'à présent que l'intérêt fiscal. Le projet déposé par M. Caillaux le 12 mars 1908 en est une nouvelle preuve (n° 62). Il y a cependant d'autres intérêts, plus considérables et non moins respectables, engagés dans la question.

61. Le gouvernement a commencé par conclure, ou essayer de conclure avec plusieurs des nations qui nous avoisinent et qui attirent nos capitalistes, des traités qui les obligent à l'assister dans ses recherches fiscales.

Jusqu'à présent un seul de ces traités (ou *arrangements*, pour employer l'expression qu'on a préférée (1) a été signé, avec l'Angleterre, le 15 novembre 1907. Il a pour but, d'après sa rubrique, « d'empêcher autant que possible la fraude dans les cas de droits de succession ». Le gouvernement britannique s'engage à fournir au nôtre, pour toutes personnes décédées dont le domicile est en France, un extrait de l'*affidavit* contenant les nom, prénoms, domicile, date et lieu de naissance du *de cujus*, les *renseignements touchant ses successeurs et la consistance de l'hérédité en valeurs mobilières*. Exception est faite pour le cas où le total de ces valeurs serait inférieur à 100 livres sterling. L'obligation est la même pour le Gouvernement français, en ce qui concerne les successions dont les valeurs mobilières atteignent 2.520 francs. Le premier envoi de pièces concernera le trimestre du 1ᵉʳ janvier au 31 mars 1908 (2).

D'autres arrangements du même genre seraient en préparation, et les négociations seraient même assez avancées, si l'on en croit M. Caillaux. Cependant l'Italie, que la presse avait citée à ce propos, et dont la politique fiscale, semblable à la nôtre, comme on l'a vu (nᵒ 22), provoque les mêmes fraudes, s'est empressée de faire

(1) Ce sont, a-t-on dit, des arrangements entre les administrations fiscales des deux pays; ils n'intéressent pas la souveraineté nationale. Aussi ne sont-ils pas soumis aux Chambres.

(2) *J. off.*, du 14 décembre 1907. — Pour un exposé complet, on consultera un article de M. Jobit, dans *Clunet*, 1908, p. 343 et s. — On a vu (nᵒ 21) qu'en Angleterre les successions au-dessous de 100 £ sont exemptes de tout droit de succession.

démentir officieusement une rumeur qui aurait pu effaroucher nos déposants. Le ministère d'Etat d'Espagne a démenti également, en juin dernier, le bruit d'un arrangement franco-espagnol.

La Belgique est dans une situation particulière. Elle est liée envers nous par un traité déjà ancien, conclu à une époque où les fraudes fiscales sur les valeurs mobilières étaient absolument inconnues, le 12 août 1843 (1).

On se préoccupait alors principalement des successions immobilières. C'est celles-là surtout que ce traité a eues en vue ; on a même prétendu qu'il les visait exclusivement (2). Mais sa portée est plus large. Il établit entre les receveurs de l'enregistrement de France et de Belgique un système d'« échange de tous les documents et renseignements pouvant aider à la perception complète et régulière des droits établis par les lois des deux pays... » ; notamment « les extraits des inventaires faits après décès, lorsque ces actes analyseront des titres de propriétés mobilières ou immobilières... » Il a été précisé que « cette nomenclature des actes et documents sujets à renvoi est complètement énonciative, et non limitative ; le renvoi devra être fait dans tous les cas, prévus ou non prévus, où la communication sera jugée utile (3) ». On voit par là que le gouvernement français peut invoquer ce traité, qui n'a jamais été dénoncé, pour exiger la communication de tous les documents de nature à lui révéler les dépôts de

(1) V. DE CLERCQ, *Recueil...*, V, p. 106.
(2) *Econ. fr.*, du 3 août 1907.
(3) *Instruction de la Régie*, n° 1716, du 26 août 1844.

titres ou de fonds faits en Belgique par des Français.

Aussi, lorsqu'eût été annoncé l'arrangement franco-anglais, lorsqu'eût été exhumé le traité franco-belge, les capitaux français qui s'étaient risqués en Angleterre ou en Belgique, se crurent fourvoyés, et se montrèrent fort désireux d'en sortir.

Ils furent bientôt rassurés du côté de la Belgique. Le gouvernement belge s'empressa de se faire interpeller, à la Chambre des députés, le 26 juillet 1907, et de répondre à l'interpellateur, par la voix du ministre des finances, M. Liebaert : « En Belgique les banquiers, les agents de change, ou autres particuliers, et les établissements financiers qui reçoivent en dépôt ou en compte courant des sommes d'argent, titres ou valeurs de portefeuille, ne sont pas tenus d'en faire la déclaration à l'administration des finances en cas de décès du titulaire du dépôt ou du compte courant, et l'administration ne possède pas le droit d'investigation dans leurs livres, aux fins de recouvrement de l'impôt de succession,... Il en est naturellement de même quand il s'agit d'un étranger et de l'impôt dû dans un autre pays... *Le Gouvernement belge ne saurait donc être engagé, ou s'engager, par une convention avec un autre gouvernement à procurer à celui-ci des renseignements ou des éléments de preuve qu'il n'est pas en situation de se procurer pour lui-même.* » On a parlé à ce propos de l'art. 128 de la Constitution belge, qui « place sous l'égide de nos institutions la personne des étrangers ». Notre fisc peut donc se le tenir pour dit : ni en vertu du traité de 1843, ni à la faveur d'un nouvel arrangement, il n'obtiendra que le Gouvernement belge lui dénonce les déposants français (1).

Si les capitaux qui reposent en Belgique peuvent dormir tranquilles, ceux qui ont passé la Manche, feront bien de retraverser le détroit. Ce n'est pas que leur situation ait été empirée par le **traité** du 15 novembre 1907. Longtemps avant cette date, les renseignements qu'il promet à notre administration étaient à la disposition de celle-ci. Les successions laissées en Angleterre, soit par des Anglais, soit par des étrangers, sont connues de tout le monde. Le premier venu peut aller à Somerset-House (siège de l'administration anglaise de l'enregistrement), et y prendre communication et même copie de tous les testaments, comme des déclarations de succession (*affidavit*). Il y a des années que les journaux anglais publient ces renseignements à la mort des personnages connus. Ils nous ont appris, par exemple, que le président Grévy avait déposé à la Banque d'Angleterre 172.106 livres sterling (4.300.000 francs) ; que la fortune du maréchal de Mac-Mahon en Angleterre était de 70 livres sterling (1.750 francs) ; que l'impératrice Elisabeth d'Autriche avait dans le même établissement, 10 millions de francs ; l'empereur Alexandre III de Russie, 15 millions (2). On nous a

____

(1) V. l'*Econ. fr.*, du 17 août 1907 : « Les capitaux français qui sont en Belgique n'ont rien à craindre des administrations belge et française au point de vue des droits de succession, tant qu'un acte passé entre les héritiers n'a pas été soumis à la formalité de l'enregistrement soit en Belgique, soit en France ». (Communication faite par un employé supérieur de l'Enregistrement français).

(2) On a même l'indiscrétion de nous apprendre, du vivant,

fait connaître également les dispositions testamentaires qu'on jugeait intéressantes : nous savons comment le maréchal Canrobert a réparti les 230.705 francs qu'il laissait en Angleterre ; nous savons à qui ont été légués par le glorieux vaincu de Freschwiller les souvenirs de sa carrière militaire, le képi troué d'une balle, le drapeau de Malakoff, l'épée d'honneur offerte par les Irlandais après la guerre d'Italie (1).

Etait-ce donc la peine de mettre la diplomatie en mouvement et de signer une convention internationale ? Qu'est-ce que cela nous fait que désormais le *Board of Inland-Revenue* communique officiellement à notre ministère des finances des chiffres qu'un garçon de bureau de l'ambassade ou du consulat aurait pu aller chercher tous les mois ? On ne voit pas ce que le traité ajoute aux moyens qu'avait déjà notre fisc d'être exactement renseigné sur la consistance des successions françaises qui s'ouvrent en Angleterre, ou sur ceux qui sont appelés à les recueillir (2).

En faisant savoir bruyamment aux capitalistes français qui pouvaient être tentés de placer leurs fonds en Angleterre ou qui l'avaient déjà fait, qu'elle possédait les moyens d'être renseignés lors de leur décès,

même des intéressés, que la Banque d'Angleterre compte parmi ses clients le roi des Belges, la reine-mère d'Espagne, la reine-mère d'Italie (*Le Temps*, du 16 janvier 1899).

(1) *The statist*, du 30 janvier 1892. — Cf. *Clunet*, 1883, p. 13 ; 1894, p. 1142 ; 1899, p. 214.

(2) Le fisc aura une preuve écrite à produire à l'appui de ses prétentions. Mais on sait que les présomptions suffisent (n° 32); or assurément l'ancien état de choses lui fournissait ces présomptions.

l'administration a-t-elle voulu rendre à ceux qui ignoraient qu'il en était ainsi depuis longtemps, le service de les éclairer ? C'est peu probable. Elle a dû avoir une arrière-pensée, nous le verrons plus loin (n° 124) et poser une pierre d'attente au point de vue du futur impôt sur le revenu (1).

Il est certain d'ailleurs qu'en Angleterre (pas plus qu'en Belgique), les banques ne sont soumises aux investigations du fisc. Mais les banques anglaises ne se dessaisiraient pas en faveur des héritiers de leurs clients sans que notre fisc fût averti. Par conséquent, le capitaliste que nous supposons, soucieux des intérêts de ses héritiers, restera sur le continent (2).

La conclusion de ce développement est que, si des accords internationaux en matière fiscale ne sont pas impossibles, à raison de la contrariété des intérêts, comme on l'avait dit et répété il y a quelques années, ils sont du moins malaisés à conclure et, une fois conclus, difficiles à appliquer : on y trouve des échappatoires. C'est ce qu'on a expérimenté pour le traité franco-belge. Ils agissent surtout, semble-t-il, par l'effet d'intimidation qu'ils produisent. Peut-être ceux qui les concluent ne comptent-ils pas sur autre chose : des capitaux qui au-

____

(1) Leroy-Beaulieu, *Sc. des fin.*, p. 650 ; *Econ. fr.*, du 23 juin 1906. — Guilmard, *L'Evasion fiscale*, p. 13, 91.

(2) On a été généralement surpris de voir l'Angleterre conclure l'arrangement fiscal que nous venons de faire connaître. On comptait au contraire sur elle comme lieu d'asile. Quand on parlait des négociations engagées par les traqueurs de capitaux, on répondait : « Eh bien ! et l'Angleterre, le lieu d'asile traditionnel des proscrits ? » V. Kergall, *Rev. écon. et fin.*, du 17 nov. 1906.

raient franchi la frontière, resteront chez nous, croyant qu'ils pourraient être poursuivis à l'étranger.

62. Si les négociations internationales n'ont pas donné grande satisfaction à notre ministre des finances, sera-t-il plus heureux avec le projet de loi qu'il a déposé le 12 mars 1908, à la Chambre des députés, « tendant à réprimer les fraudes en matière de succession » ?

Dans tous les cas où une succession ouverte en France et régie par la loi française comprendra des valeurs mobilières de quelque nature que ce soit (fonds publics, actions, obligations, parts d'intérêts, créances) déposées ou existant à l'étranger, les héritiers, légataires, etc. (1) ne pourront « justifier de leurs qualités et se faire remettre les dites valeurs par tous tiers détenteurs, dépositaires ou débiteurs, qu'à la condition d'avoir préalablement obtenu un envoi en possession spécial de ces valeurs », par une ordonnance du président du tribunal civil français dans le ressort duquel la succession s'est ouverte.

Le fait de n'avoir pas déclaré dans les délais légaux les valeurs successorales mobilières de toute nature existant à l'étranger, et le fait d'en avoir pris possession sans avoir obtenu cet envoi en possession, seront punis d'une amende égale au quart de la valeur des biens non déclarés.

Les inventaires et actes de notoriété destinés à établir les qualités des ayants droit à une succession, de-

______

(1) On verra, en se reportant au texte, qu'il y a certaines distinctions à faire parmi ces divers appelés. Nous ne pouvons entrer dans les détails. Cf. *Bulletin de statist. et législ.*, mars 1908.

vront faire mention de l'obligation qui incombe à ceux-ci, d'obtenir un envoi en possession spécial. En cas d'omission la sanction est une amende de 100 francs contre l'officier public ou ministériel.

Le but est très apparent. Il a été du reste précisé par l'*Exposé des motifs*. Il s'agit d'empêcher les établissements de crédit étrangers de se dessaisir entre les mains des héritiers sans exiger de ceux-ci une pièce qui les mette dans l'impossibilité de frustrer le fisc de ses droits. Les actes de notoriété et les intitulés d'inventaires dont on se contentait jusqu'ici, ne renseignent pas le fisc sur la consistance ni sur la situation des biens héréditaires. L'envoi en possession spécial y pourvoira. Les mesures paraissent bien prises. On assure qu'elles ont été arrêtées par une commission extraparlementaire de jurisconsultes et de diplomates.

Ces mesures pourront produire le résultat qu'on en attend, dans les pays étrangers qui ont conclu ou qui concluront avec le nôtre les arrangements fiscaux que l'on a vus (n° 61). Pour l'Angleterre la chose est sûre (1). Pour la Belgique nous ne voudrions pas l'affirmer : nous savons avec quelle énergie nos voisins ont repoussé l'idée que la convention de 1843 pourrait leur imposer des mesures inquisitoriales à l'égard des capitaux qui se cachent dans leurs banques. Mais quant aux autres pays, il nous semble assez naïf d'espérer qu'ils entreront dans les vues de notre Administration et faciliteront ses recherches. Ce serait trop contraire à leurs propres intérêts. Comment contraindra-t-on les banques

(1) V. *Clunet*, 1908, p. 310 et 345 (art. de M. Jobit).

suisses, par exemple, à exiger de nos nationaux, pour leur remettre, après la mort de leur client, les valeurs par lui déposées chez elles, autre chose que l'acte de notoriété ou l'intitulé d'inventaire traditionnels ? Et si une banque suisse, désireuse de s'attirer une masse énorme de dépôts, annonce hautement et hardiment qu'elle restituera aux héritiers français leur avoir sans leur demander la justification d'aucun envoi en possession spécial, en exigeant d'eux simplement les pièces qui suffisent en pareil cas d'après la législation fédérale, qui pourra l'en empêcher ? Est-ce que, par hasard, les lois françaises sont applicables à l'étranger ?

« On n'aperçoit pas, dit l'*Exposé des motifs*, comment une société de crédit, un banquier, un débiteur étrangers consentiraient à remettre des titres sans exiger la seule pièce qui puisse valablement justifier des droits et des qualités des parties. Comment un dépositaire se contenterait-il d'un intitulé d'inventaire ou d'un acte de notoriété, alors que des mentions insérées auxdits actes spécifieraient expressément qu'ils ne peuvent valoir en ce qui concerne les titres déposés à l'étranger? A quelles responsabilités ne s'exposerait pas celui qui consentirait à se libérer entre les mains de personnes qui, au regard de la loi de leur pays d'origine, ne possèdent pas qualité pour recevoir et donner décharge?... »

Il y a ici une équivoque, et même, osons-le dire, une erreur de droit. Il est bien certain qu'un tribunal étranger devant lequel peut être portée la question de savoir si un débiteur s'est valablement libéré, doit se demander si le créancier était capable de recevoir, selon sa propre loi, puisque les lois qui régissent la capacité des personnes, les suivent même à l'étranger. Ainsi, si l'un des héritiers était mineur, le débiteur étranger ne devrait certainement pas payer entre ses mains, mais entre les mains de son tuteur, en s'assurant que les conditions et formalités prescrites par notre loi pour la protection des mineurs ont été remplies.

Mais ce n'est pas une question de capacité qui se posera devant les tribunaux étrangers, si le projet que nous examinons est adopté ; c'est une question de forme, de mise à exécution d'un titre. Or, c'est la loi étrangère, la loi du lieu de mise à exécution du titre qui doit être suivie. La preuve que l'envoi en possession n'influera pas sur la capacité des héritiers, c'est que cet envoi, ni rien d'équivalent ne sera exigé d'eux pour obtenir en France la délivrance des valeurs mobilières dépendant de la succession. L'héritier capable en France ne peut pas être incapable à l'étranger. S'il a qualité pour recevoir et donner décharge à un établissement de crédit français, il aura, sans condition particulière, et quand même il n'aura pas obtenu l'envoi en possession spécial, qualité pour recevoir et donner décharge à un dépositaire étranger, quoi qu'en dise M. Caillaux.

Aucun tribunal étranger ne s'en laissera imposer. Tous verront clairement qu'on leur demande d'assurer l'exécution d'une loi française purement fiscale, d'une défense, faite par notre législateur, de mettre à exécution un titre dont la validité n'est pas douteuse, sans une formalité qu'il lui plaît d'introduire dans l'intérêt du Trésor (1).

(1) C'est pour la même raison que, lorsqu'un titre étranger a été perdu, la défense signifiée à l'établissement qui en est dé-

Nous sommes persuadé que les jurisconsultes éminents qui ont élaboré ce projet, ne se sont fait aucune
illusion sur sa valeur juridique. Mais peut-on empêcher
un ministre de proposer une innovation qui procurera
quelques millions au Trésor? Car il n'est pas douteux
que bien des capitalistes se laisseront intimider, s'imaginant que leurs héritiers ne pourraient plus désormais
retirer leurs dépôts à l'étranger sans acquitter les droits
de mutation. Il est encore plus certain que bien des
banques étrangères exigeront la justification qu'on leur
impose : elles ne voudront pas entrer dans l'examen de
la question de droit ; et puis, il y aura des chances pour
que les héritiers se concertent entre eux et laissent chez
elles des capitaux qu'ils ne pourraient retirer qu'à des
conditions onéreuses.

Pour nous le projet en question est du *bluff*, pour
employer un mot de l'argot des Américains qui a maintenant cours en France. Mais le *bluff* réussit souvent.

63. Un troisième moyen employé pour détourner nos
capitalistes des dépôts à l'étranger, a consisté à faire publier, principalement dans la presse financière, d'innombrables articles tendant à les convaincre que ces
dépôts ne présentaient aucune sécurité, qu'ils étaient

biteur, de s'acquitter entre les mains du porteur du titre, après
l'opposition insérée au *Bulletin des oppositions*, n'a aucune valeur au point de vue de l'établissement étranger. — Pourquoi
notre fisc ne prétendrait-il pas imposer aux sociétés étrangères
l'obligation de refuser à des héritiers français le transfert de
titres nominatifs étrangers, aussi longtemps qu'ils ne se seraient
pas mis en règle avec notre fisc, par application de la loi de
1901 ? Cette prétention ne serait pas plus absurde que celle que
nous critiquons.

même extrêmement dangereux. Est-ce notre Administration qui a inspiré ces articles ? On pourrait le croire, étant donné la maxime *Is fecit cui prodest*. Mais nos établissements de crédit y sont peut-être aussi pour quelque chose : il s'agissait pour eux de retenir leur clientèle.

Le public semble avoir compris que cette campagne était intéressée, et ne pas s'être laissé fortement émouvoir. On a d'ailleurs été beaucoup trop loin ; on a voulu trop prouver, et l'on a imprimé des erreurs énormes.

On a, par exemple, qualifié de *vol*, tout simplement, le fait du capitaliste qui expatrie ses capitaux. C'est « *frustrer l'Etat* d'une partie des sommes qu'il affecte à l'entretien de la défense nationale (*sic*). » C'est vouloir « bénéficier de la qualité de citoyen français, sans rien faire pour y avoir droit (1) ». Comme si celui qui expatrie ses capitaux ne payait pas exactement le lendemain les mêmes impôts que la veille, l'impôt foncier, l'impôt personnel et mobilier, et les contributions indirectes, et tout le reste ! Du moment qu'il conserve son domicile en France, sa situation de contribuable ne se trouve en rien modifiée (2).

64. L'un des plus curieux spécimens de ce qui a été produit en ce genre d'élucubrations est un article qui a

(1) Articles de M. Maxime VUILLAUME, dans le *Radical* « Répression d'un vol » ; de M. HARDUIN, dans le *Matin*, en novembre 1906.

(2) Article de M. KERGALL, dans sa *Revue Econ. et fin.*, du 17 nov. 1906, en réponse aux articles cités plus haut. Mais M. Kergall nous semble aller, de son côté, trop loin en sens opposé.

paru dans la *Frankfürter Zeitung*, du 17 décembre 1903. C'était le temps où le Gouvernement se préoccupait fort des comptes joints : il venait de s'apercevoir que l'amendement Clémentel n'était pas applicable à l'étranger, et que l'on commençait à passer la frontière pour se faire ouvrir des comptes joints. La conclusion de l'article nous renseignera suffisamment sur son but : « *Il y a lieu de recommander vivement aux banques étrangères de refuser l'ouverture de comptes joints à des clients domiciliés en France.* » C'est évidemment le moyen le plus sûr d'arrêter l'émigration des capitaux : s'ils sont mal accueillis à l'étranger ou même refusés, ils resteront chez eux.

Avant d'arriver à cette conclusion, le journaliste allemand nous apprend que la loi budgétaire de 1903 (art. 7) « *oblige tous les banquiers établis en France de fournir à l'administration*, avant le 30 juin 1903, *le détail de tous les dépôts faits dans leurs caisses* avec indication des noms, professions, domiciles du ou des déposants. » Telle est l'idée qu'il nous donne de l'amendement Clémentel.

Plus loin il nous assure que *la solidarité active prend fin à la mort du déposant* « La pratique, et en partie, la doctrine française considèrent les relations dérivant de la solidarité active comme ayant leur fondement dans un mandat (V. en ce sens Duranton, *Cours de Code civil*, n° 170, p. 175). Or, l'art. 2053, Cod. civ. (lisez 2003) dispose : « Le mandat finit par la mort... » Par suite *la mort d'un* CORREUS CREDENDI *détruit le droit des autres déposants à la restitution...* » Tels seraient les termes d'une consultation demandée par un établissement de crédit à des jurisconsultes français et allemands (1).

Il ajoute enfin que « sans doute la juridiction des tribunaux français ne s'étend pas au delà du territoire français ; mais que néanmoins des juristes qui connaissent bien la loi et la procédure françaises, recommandent de refuser l'ouverture de comptes joints à des personnes domiciliées en France. *Tout banquier étranger, qui ouvre des comptes joints à des Français, s'expose, en cas de mort du déposant, au danger d'être déclaré, par un tribunal français, coupable de complicité* et d'être condamné au paiement de l'amende. Le danger que l'existence d'un compte joint en cas de mort soit connue du fisc est d'autant plus grand que *tout notaire, avocat (!), agent de change, etc., qui connaît les faits, doit en faire part au fisc, s'il ne veut pas s'exposer lui-même, pour avoir dissimulé des faits connus de lui, à être déclaré complice de la fraude* et condamné à en subir les conséquences. L'exception tirée de l'incompétence des tribunaux français ne pourrait protéger le banquier étranger contre un jugement par défaut : car, quand il s'agit des intérêts de l'Etat, les tribunaux français se déclarent toujours compétents ! Et alors même que le jugement par défaut ne peut être mis à exécution en pays étranger, le procès est déjà par lui-même désagréable. Au reste le fisc français peut saisir les fonds que le banquier étranger conserve chez ses correspondants en France... »

(1) On remarquera le nom de Duranton, mort il y a plus de cinquante ans, seul auteur cité par des jurisconsultes qui se disent au courant de la doctrine française.

Si, après cela, des banquiers allemands ouvrent des comptes joints à des clients français, c'est qu'ils seront doués d'un optimisme imperturbable, ou qu'ils auront grand besoin de leur argent !

Ces âneries (le mot ne paraîtra pas trop fort à quiconque sait le droit (1) ont eu une fortune incroyable. Elles ont été accueillies dans le *Journal de droit international privé* (2), reproduites par la presse financière, citées avec complaisance par tous ceux qui se sont occu-

(1) Nous avons souligné les assertions les plus aventurées. Nous signalons particulièrement celle qui est relative à la possibilité d'une condamnation pour complicité contre les banquiers étrangers dépositaires de nos capitaux. Nous affirmons qu'aucun tribunal français ne prononcerait une condamnation pour complicité en pareil cas. Pour qu'il y ait lieu à appliquer la théorie de la complicité, il faut qu'il y ait eu un *crime* ou *délit* commis (art. 59 et 62 C. pénal) ; or, la fraude pratiquée contre l'enregistrement n'est ni un crime, ni un délit. Les règles de la complicité ne sont applicables que devant les tribunaux répressifs ; or les affaires d'enregistrement sont portées devant les tribunaux civils. Comment encore nos tribunaux pourraient-ils atteindre des faits, même délictueux, commis à l'étranger par des étrangers ?

(2) 1904, p. 314 à 317 : *Des comptes joints ouverts à des clients français par des banques étrangères.* — Il est vrai que le rédacteur ajoute cette note : « notre savant collaborateur M. Albert Wahl, doyen de la faculté de droit de Lille, qui a fait cette traduction, doit publier très prochainement dans le *Journal* une étude sur la même matière. *Il se réserve de redresser quelques erreurs de droit contenues dans l'extrait ci-dessous.* » Mais ceux qui ont reproduit le texte, n'ont pas reproduit la note. Du reste la rectification annoncée n'a paru que longtemps après (« Des comptes joints particulièrement au point de vue fiscal international », WAHL, dans *Clunet*, 1905, p. 5 et s.) ; l'article avait eu le temps de faire beaucoup de chemin. Enfin cette rectification n'a signalé que quelques-unes des erreurs de droit que contenait l'article.

pés des comptes joints à l'étranger (1). Le rapporteur du projet de la loi relative à l'impôt sur le revenu (2), après leur avoir donné place dans son rapport, leur a fait les honneurs de la tribune.

Le résultat a été de jeter le trouble parmi ceux qui pratiquaient les comptes joints à l'étranger, déposants français et dépositaires étrangers. Ce ne sont pas seulement les banquiers allemands qui sont devenus méfiants ; les Belges, les Suisses se sont émus, inquiétés, et, dans la crainte de surprises fâcheuses, se sont ingéniés assez inutilement à des complications contestables.

65. Nous croyons que les dépôts à l'étranger, simples ou en comptes joints, sont loin de présenter tous les inconvénients qu'on a signalés. Ils en ont cependant : nous pensons .faire œuvre utile en les montrant tels qu'ils sont, sans exagération, mais sans dissimulation.

Laissons de côté, bien entendu, les pays qui ont conclu ou qui pourront conclure avec le nôtre des arrangements fiscaux. Considérons un pays qui ne s'est pas laissé induire en tentation jusqu'ici, et qui n'y tombera pas : la Suisse, par exemple. Il n'y a pas à craindre, semble-t-il, que ses banques se transforment en souricières pour nos capitaux, en agences de renseignements pour notre fisc. Ne parlons pas, à ce propos, des « lois sacrées de l'hospitalité » ; disons simplement que les intérêts suisses auraient trop à en souffrir. Est-ce à dire que les déposants français qui portent leurs fonds et leurs titres à Genève ou à Lausanne, à Zurich ou à Bâle,

_____

(1) Par ex. GUILMARD, *l'Evasion fiscale*, p. 113 et s.

(2) M. René RENOULT, *Ch. des députés, séance du 6 fév. 1908, Déb. parlem.*, p. 242.

ne courent aucun risque ? Nous devons ici dissiper quelques illusions.

Nous remarquerons d'abord que, dans de petits pays comme la Suisse, ou la Hollande, les banques de dépôts sont naturellement assez peu importantes : étant donné les ressources locales, leur capital est de quelques millions. Quelques-unes sont garanties par l'Etat ; mais les états suisses ne sont pas très riches. Ces garanties sont-elles suffisantes pour répondre des dépôts en titres au porteur et en numéraire qu'elles viennent solliciter chez nous ? Il ne faudrait pas leur confier un grand nombre de fortunes mobilières, nous ne disons pas considérables, mais seulement moyennes, pour arriver à un chiffre équivalent au montant de leurs garanties. Nous ne mettons pas en doute la parfaite honorabilité de leurs administrateurs ; mais ils peuvent se tromper, ou se laisser tromper, comme tant d'autres, par des employés infidèles ; ils ne répondent pas des cas fortuits, etc.

Pour payer à leurs déposants l'intérêt avantageux qu'elles leur promettent, ces banques sont obligées de sortir de leur champ normal d'activité et de demander à des opérations plus ou moins aléatoires les revenus dont elles ont besoin. Par exemple, voici le *Bankverein* Suisse qui a reçu, en 1906, 106 millions de dépôts : il a consenti pour plus de 81 millions d'avances, il a un portefeuille de 60 millions, des participations pour 13 millions et demi, 73 millions et demi d'effets à payer et d'acceptations... Nous demandons comment ces banques pourraient faire face à leurs obligations, si une crise survenait et que de nombreuses demandes de retrait se produisissent.

Ajoutons que les lois applicables en pays étrangers nous sont souvent assez mal connues ; qu'elles peuvent d'ailleurs subir des modifications qui nous échappent. Ce danger est plus grand ici que partout ailleurs. En effet, chacun des vingt-cinq cantons ou demi-cantons suisses a, d'après la Constitution fédérale de 1874, art. 3, toute liberté pour organiser à sa guise son régime fiscal, ses droits de timbre, d'enregistrement, ses impôts sur les successions, sur les capitaux, sur les revenus. Par conséquent les avantages que l'on fait miroiter sous nos yeux, les immunités fiscales que l'on nous signale pour nous y attirer, peuvent disparaître brusquement quelque jour, sans que nous le prévoyons, sans même que nous en soyons avertis ; et les combinaisons les plus ingénieuses s'effondreront. Il suffira pour cela du vote d'une Assemblée cantonale qui, parfois, pour le nombre, la valeur, les lumières des hommes qui la composent, rappelle le Conseil municipal d'une de nos villes, et dont la décision n'est pas susceptible d'être réformée par une autorité supérieure.

On nous vante les avantages du dépôt en compte joint sur le dépôt ordinaire. Dans le dépôt simple, lorsque le déposant mourra, le dépositaire exigera nécessairement, pour restituer à ses héritiers ce qu'il détient, la justification de leurs qualités : un acte de notoriété ou un intitulé d'inventaire, établis par un officier public français, d'autres pièces encore, s'il y a des mineurs ou un conjoint. Sans doute l'acte de notoriété ou l'intitulé d'inventaire, enregistrés en France, n'informent pas notre fisc de l'importance ni de la consistance de la succession. Mais on risque de le mettre sur la voie : une indiscrétion, une imprudence sont faciles à commettre. Et puis cela entraîne des lenteurs et des frais. Au contraire, dans le compte joint, le dépositaire a le droit de payer au codéposant survivant, sur sa seule signature et sans autre justification (v. n° 50). On appelle soigneusement notre attention sur ce grand avantage. Mais prenons garde : le banquier suisse qui se réserve « *le droit de payer* au codéposant survivant, sur sa seule signature, en cas de mort ou d'incapacité de l'autre, et quand même les héritiers de celui-ci seraient mineurs, » *s'oblige-t-il à le faire ?* Non. Et certaines banques suisses ont eu la bonne foi de le dire : « Du moment toutefois où la société se trouverait sommée par l'un des déposants ou héritiers de ne plus donner suite à une demande de reddition de dépôt soulevée par un autre codéposant, la remise du dépôt ne pourrait plus être effectuée qu'à l'ensemble des déposants ou à leurs héritiers. » Mais s'il est loisible au banquier de refuser la restitution au codéposant en compte joint, pour peu qu'une difficulté soit soulevée après la mort du déposant, le compte joint ne rend plus les services qu'on espérait.

Il paraît que ces refus de restitution sont fréquents de la part des banquiers suisses. Leurs concurrents, notamment les Belges, n'ont pas manqué d'en faire la remarque (1). On ne rend pas l'argent avec la même fa-

(1) *Rev. économ.*, 6 déc. 1903 (dans *Clunet*, 1904, p. 114) : « Il nous revient que récemment des familles françaises, qui avaient fait en Suisse des dépôts de valeurs, ont rencontré sans s'y attendre de très graves embarras... Il a fallu plaider... Il n'est pas de pays avec qui nos rapports juridiques soient plus

cilité qu'on avait mise à le recevoir. C'est l'antre de Cacus, a dit quelqu'un : *Vestigia nulla retrorsum*. Disons, pour ne pas parler de brigands et ne désobliger personne : c'est l'antre du lion :

> Je vois fort bien comme l'on entre
> Et ne vois pas comme on en sort.

Nous pourrions citer une grande banque du nord de la Suisse qui n'a consenti à restituer aux ayants droit un dépôt en compte joint sans leur demander des justifications qui les auraient exposés à de fortes amendes envers notre fisc, que moyennant une commission de 3 %.

Ces refus qui mettent les ayants droit à la discrétion du dépositaire (car ils ne veulent pas engager des procès qui éclaireraient notre fisc), ne sont pas seulement maladroits et de nature à dégoûter les clients. Ils sont de plus injustifiables. Le Code fédéral suisse des obligations (art. 170 et 403) ne contient pas, comme notre Code civil, des dispositions qui peuvent faire difficulté, en matière de mandat ou de dépôt (v. n° 55). Le mandat *post mortem* est assurément valable. Le dépôt de valeurs mobilières l'est également, même s'il contient la clause que chacun des déposants est autorisé, du vivant comme après la mort des autres, à réclamer le dé-

mauvais qu'avec la Suisse... », etc. L'auteur conclut que « la législation voisine la plus favorable, est celle de la Belgique incontestablement ». Cependant les banques belges feraient pour restituer les mêmes difficultés que les banques suisses, si l'on en croit M. KERGALL (*Revue écon.*, du 8 déc. 1908) et M. GUILMARD, *op. cit.*, p. 143.

pôt en entier, ainsi que l'actif inscrit au compte, et à en donner bonne et valable quittance (1). On ne voit donc pas ce que pourrait craindre un banquier suisse qui, en vertu des clauses de son contrat, restituerait hardiment, après la mort d'un déposant français, soit au mandataire de celui-ci, en cas de dépôt avec procuration, soit au codéposant en cas de dépôt en compte joint. C'est la loi suisse qu'il s'agit d'appliquer, et non la loi française (en supposant que celle-ci soit douteuse).

Nous sommes persuadé que ces procédés fâcheux ont pour origine les doutes qu'a su jeter dans les banques étrangères notre Administration, par des articles comme celui de la *Frankfürter Zeitung* que nous avons rapporté (n° 64). On sait combien sont timorés en général les chefs de contentieux des établissements financiers, et qu'ils ont pour principe d'exiger de leurs clients, pour se libérer envers eux, bien des pièces inutiles.

66. Un autre grief contre les banques suisses a été mis en avant. Les immunités fiscales qu'elles font valoir à leurs clients n'existeraient pas en réalité. Les déposants étrangers n'échapperaient ni à l'impôt sur les successions, ni à l'impôt sur le revenu, qui existent, on ne l'ignore pas, le premier dans presque tous les cantons suisses, le second dans un certain nombre de ces

---

(1) Les principes sont les mêmes dans le Code civil allemand (§§ 688, 695, 428, 241). Aussi la Banque de l'Empire autorise-t-elle les dépôts en comptes joints (*Gemeinschaftdepot*) par trois personnes au plus ; et elle inscrit sur l'acte de dépôt la mention suivante : « Les titres déposés et les sommes en provenant peuvent être réclamés par chacun de nous ou par les représentants de chacun de nous. »

cantons. Ce serait, par conséquent, un bien sot calcul que celui qui consisterait, pour échapper à ces impôts en France, par une fraude qui n'est pas sûre de réussir, à aller acquitter sûrement ces droits à l'étranger. On s'exposerait à payer deux fois.

Le fait est que, dans les pays où existe un impôt sur les successions (c'est-à-dire presque partout), les dépôts qui y sont effectués par des étrangers sont soumis, en règle générale, à cet impôt (1). De même, là où est

(1) M. WAHL écrit (*J. de droit intern. privé, Clunet,* 1905, p. 14 et 15) : « *Les dépôts effectués en pays étrangers... acquittent presque toujours le droit de mutation par décès en pays étranger*. Ce droit sera, après le décès du déposant, dû sur la totalité des sommes ou valeurs déposées, si le déposant a constitué un mandataire, ou s'il y a dépôt collectif, sur la part virile de chaque déposant après son décès.

Les intéressés pourront sans doute espérer qu'en revanche ils échapperont au droit de mutation par décès en France. Mais ils n'y échapperont pas toujours. Il suffira qu'ultérieurement un procès s'élève entre les héritiers au sujet des valeurs déposées, ou qu'une convention de partage ou de vente en soit passée entre eux ou avec des tiers, ou qu'ils soient poursuivis devant les tribunaux français par l'établissement étranger dépositaire, ou qu'ils le poursuivent de leur côté, pour que l'Administration de l'Enregistrement ait connaissance du dépôt et réclame les droits de mutation par décès, sans préjudice d'un droit en sus. Cette éventualité étant toujours possible, *l'intérêt des parties, au point de vue fiscal, n'est aucunement de faire des dépôts en comptes joints à l'étranger* ». — Il est certain qu'en Angleterre les dépôts effectués par des Français paient les droits de *succession duty, legacy duty,* etc., et qu'ils n'échappent pas aux droits de succession dus au fisc français. Les 4 millions de M. Grévy (n° 61) ont payé 4 % au fisc anglais et 1,25 % au fisc français (lettre de M. Wilson au *Figaro*, du 24 nov. 1894). Ce serait aujourd'hui, depuis l'augmentation des tarifs dans les deux pays, 6 1/2 et 4 %, autant que nous pouvons en juger sans connaître le montant total de la fortune dont il s'agit. Ces

établi un impôt sur le revenu, cet impôt « frappe non seulement le revenu intégral des personnes domiciliées dans le territoire, mais encore le revenu acquis sur ce territoire au profit de personnes domiciliées à l'étranger, notamment celui qui provient de titres ou de valeurs déposées dans un établissement du pays (1) ».

La Suisse ferait-elle exception ? On l'a nié et on le nie (2). La vérité est cependant que, comme le dé-

doubles impositions sont un des abus les plus incontestables de la fiscalité contemporaine. On ne voit pas cependant que M. Caillaux fasse figurer cette question au programme de la fameuse conférence internationale qu'il projette : c'est apparemment que le fisc n'a pas intérêt à ce qu'elle soit réglée autrement qu'elle ne l'est actuellement. V. sur cette question des *doubles impositions,* Leur, dans *Clunet,* 1901, p. 722 ; et *Tables générales de Clunet,* III, vº *Capitaux,* p. 279 ; vº *Impôt,* p. 1007 ; IV, vº *Succession,* p. 841. — Leroy-Beaulieu, *Econ. fr.,* du 28 mars 1908.

(1) Wahl, *op. cit.,* p. 5 et s. « Il n'est pas inutile d'ajouter que dans la plupart des pays étrangers, il existe un impôt sur le revenu, lequel frappe non seulement... (etc.)... C'est là encore un impôt auquel les déposants seront astreints pour leurs valeurs déposées à l'étranger, et auquel, jusqu'à présent du moins, ils échappent pour leurs titres déposés en France. » Il est naturel en effet que les capitaux paient l'impôt sur le revenu là où ils travaillent et produisent (si du moins on conçoit l'impôt sur le revenu comme un *impôt réel,* plutôt que comme un *impôt personnel,* n. 85).

(2) Guilmard, *l'évasion fiscale,* p. 131 et s. « A Genève le droit de transmission après décès est dû s'il s'agit de la succession d'un étranger, sur les immeubles et biens meubles, titres, valeurs, et créances de toute nature et de toute espèce. Dans le canton de Neuchâtel, l'impôt direct sur la fortune et sur les revenus est dû par les personnes domiciliées hors du canton et possédant une fortune placée et administrée dans le canton. Dans le canton du Valais le débiteur d'un créancier non domicilié dans le canton (cas du déposant français) est tenu de payer l'impôt pour ce dernier, et a, en conséquence, le droit de déduire

clarent formellement ses banques : *Les valeurs déposées par des étrangers résidant hors de Suisse, sont exemptes de tout impôt en Suisse* (1). A cette déclaration joignons un témoignage : « Les dépôts effectués dans des banques suisses par des étrangers non domiciliés en Suisse ne sont assujettis jusqu'ici, dans aucun canton, ni à l'impôt sur le revenu ni aux droits de succession. Bien que les cantons soient souverains en matière fiscale et possèdent chacun leur législation propre, un trait commun de ces lois cantonales, c'est le caractère personnel des taxes sur le revenu, qui ne sont levées que sur les contribuables domiciliés dans le canton. Sans doute un projet de loi bernois soumettait à l'impôt aussi les capitaux *administrés* dans le canton, mais il n'a pas été adopté. L'eût-il été, c'est le canton de Berne qui en aurait pâti, car on lui aurait retiré l'administration des fortunes étrangères pour la confier à d'autres cantons moins avides. » Tels sont les termes très formels d'une lettre qui nous est adressée, à la date du 17 juillet 1908, par un jurisconsulte réputé de Fribourg. Nous pouvons ajouter par surcroît que les re-

cette avance lors du paiement de l'intérêt... » — « Bon nombre de nos cantons ne réclament rien du tout lorsque les valeurs déposées chez eux appartenaient à des étrangers non domiciliés (*Gaz. de Lausanne*, du 6 fév. 1908 (art. de M. C. Scherer) » ; d'où *a contrario*, il semble qu'on doive conclure que dans certains cantons il en est autrement. — Cf. l'article de la *Revue économique*, cité à la note 60, d'après lequel le fisc suisse réclamerait des droits de succession aux déposants étrangers.

(1) C'est ce qu'on lit, par exemple, dans les prospectus de la Banque cantonale de Berne (*Econ. fr.* du 25 mai 1907, *Revue hebdomadaire*, fév., mars, avril 1908 ; etc).

cherches personnelles auxquelles nous nous sommes livré, dans la perplexité où nous avaient jeté des affirmations contradictoires, nous ont conduit à la même conclusion, en ce qui concerne un certain nombre de cantons dont nous avons pu étudier la législation (1).

Toutefois, comme cette législation est sujette à des variations, ceux que ces questions intéressent feront bien de prendre dans chaque hypothèse leurs renseignements particuliers.

En somme, étant donné ces immunités fiscales dont nous affirmons l'existence et l'absence de tout traité l'obligeant à pratiquer l'extradition des capitaux (2), on comprend la préférence que ces capitaux témoignent à la Suisse et on s'explique qu'ils y affluent (n° 60). On le comprendrait mieux encore s'il y était fondé (comme

---

(1) Ainsi, « dans le canton de Vaud, les valeurs mobilières d'un étranger habitant et décédant à l'étranger, qui sont déposées dans une banque vaudoise, n'ont rien à payer. La succession de cet étranger ne serait traitée à l'égal de celle d'un ressortissant vaudois que s'il avait élu expressément domicile dans le canton. » (*Gaz. de Lausanne*, art. cité à la note précédente). — Le canton de Genève n'est pas moins hospitalier : v. *Econ. fr.*, du 27 déc. 1902. Cf. loi du 25 mai 1904, art. 11 : Les droits de mutation par décès sur les valeurs mobilières ne s'appliquent qu'aux successions qui s'ouvrent dans le canton. — Dans le canton de Bâle, il en est de même. — A Neuchâtel, l'impôt sur les fortunes est dû par les personnes même domiciliées hors du canton, *sur la valeur de leurs immeubles dans le canton* (loi du 30 avril 1903), et non pas, comme le dit M. Guilmard (V. la p. 145, note 2) sur leurs biens quelconques. — V. l'*Annuaire de la société de législation étrangère*.

(2) Si la Belgique n'avait pas conclu avec la France le traité de 1843 (n° 61) qui l'oblige à communiquer à notre enregistrement les actes dont le sien a connaissance, la Suisse n'aurait pas, croyons-nous, d'avantage par rapport à elle.

on en a émis l'idée) une banque cosmopolite de grand
envergure, donnant toute sécurité à des dépôts si considérables qu'ils puissent être, et qui se déclarerait prêt
à profiter et à faire profiter largement ses clients d'une
législation libérale, en s'interdisant les procédés mes-
quins et les difficultés de procédure que pratiquent les
mauvais payeurs.

La location de coffres-forts en France ou à l'étranger.

67. Au lieu de déposer leur fortune dans un établissement financier en France ou à l'étranger, bon nombre
de nos compatriotes ont pris le parti de louer dans un
de ces établissements un coffre-fort, ou un compartiment de coffre-fort. Ce genre de contrat s'est beaucoup
généralisé depuis quelques années, et il a déjà donné
naissance à toute une littérature (1).

Cet usage existait déjà chez les Romains. Les *armaria* dans lesquels ils renfermaient leur argent et leurs
objets précieux, étaient souvent pris en location. Des
inscriptions nous montrent des particuliers offrant aux
amateurs des celliers, des coffrets, des armoires, des

---

(1) VALERY, *Traité de la location des coffres-forts*, Paris
(Fontemoing), 1905 ; — et notes dans Dalloz, 1902, 2, 26 ; 1906,
2, 65 ; 1907, 1, 409. — WAHL, note dans Sirey, 1905, 2, 59. — LEVEN,
« Les cases de coffre-fort devant la loi » (*Annales de dr. comm.,*
1903, p. 244 et s.) — SCHATZ, *De la location des coffre-forts.* —
Rivista di dirit. comm., 1905, p. 183, 466 (articles de MM. Ar-
cangeli et Bolaffio.) — WETTSTEIN, *Das Kassenschrankfach-Ges-
chäft*, Berne, 1903.

emplacements pour armoires (1). Ces meubles avaient peut-être des tiroirs ou compartiments séparés (*loculi ?*) (2). Ils étaient souvent très spacieux, blindés (3), fixés au sol par de forts clous, très massifs : les voleurs les fracturaient plutôt qu'ils ne les emportaient (4). Des empereurs firent construire des bâtiments où, moyennant une redevance périodique, les particuliers pouvaient assurer la conservation de leurs objets précieux (*pretiosissima pars fortunarum suarum, aurum, argentum, margaritæ*) (5). On a trouvé, à Rome, en 1885, en dehors de la *porta Salaria*, une plaque de marbre qui contient les conditions générales de la location d'un compartiment dans un de ces établissements : *lex horreorum*. Le propriétaire paraît avoir été l'empereur Nerva. Ce n'est pas seulement un entrepôt de denrées, mais un garde-meubles et un lieu de dépôt avec de véritables coffres-forts. Le préposé, *horrearius*, a sous ses ordres des agents, *custodes*, qui devaient être des esclaves (6).

---

(1) *Horrea, apothecæ, compendiaria, armaria, intercolumnia et loca armaris :* Inscription dont la copie a été retrouvée dans la bibliothèque Barberini (GIRARD, *Textes*, 1903, p. 813).

(2) *Armariis et loculis...* 52, § 9, D. *De legatis* 3º (32).

(3) *Arcæ ferratæ, æratæ ; crustæ.* — V. *Dictionn. des Antiquités*, de DAREMBERG, vº *Arca*.

(4) 21 pr. D. *De furtis*, 47, 2. — 3 § 2 D. *De offic. præf. vigil.*, 1, 15 : *Effracturæ fiunt plerumque in... horreis ubi homines pretiosissimam partem fortunarum suarum reponunt, cum vel cella effringitur vel armarium, vel arca...*

(5) 60 § 6, D. *Locati*, 19, 2. — Cf. la note précédente.

(6) V. cette *lex horreorum* dans GIRARD, *Textes*, 1902, p. 762, et la notice. — LAMPRIDE, *Vie d'Alexandre Sévère*, 38.

Les grands établissements financiers qui se sont fondés pendant la seconde moitié du xixe siècle, ont ressuscité cet usage. L'Angleterre a vu se créer, en 1885, à Londres, au centre des affaires, entre la Cité et les *Inns of Court*, une société au capital de 100.000 livres, qui se livre exclusivement à la location des coffres-forts et des chambres de sûreté (*safes, strongholds*). Chez nous, les principales banques de dépôts ont aménagé, à leur siège d'abord, puis successivement dans beaucoup de leurs succursales, à Paris et en province, des réduits, ordinairement en sous-sol, où toutes les précautions sont prises contre le vol et l'incendie. Des coffres-forts, divisés en compartiments de dimensions diverses, y sont disposés. Chaque compartiment est fermé au moyen d'un cadenas ou d'une serrure à combinaison. Une ou plusieurs clefs sont remises au locataire d'un compartiment. A des jours et heures déterminés par un règlement, chacun est libre d'accéder à la salle des coffres-forts, de se faire ouvrir celui où il a son compartiment, d'ouvrir lui-même celui-ci, d'y placer ce qu'il yeut (argent, titres, papiers, bijoux, etc.), d'en retirer ce qu'il veut. Il peut autoriser un tiers à ouvrir en son lieu et place le compartiment. Le loyer, variable suivant les dimensions du compartiment et la durée de la location, est généralement payable d'avance.

68. On a beaucoup discuté, depuis quelques années, sur la nature du contrat qui se forme ainsi, relativement à l'usage d'un coffre-fort public. Est-ce un louage de choses, un louage d'industrie, un dépôt, un prêt à usage, un contrat innomé? Toutes ces opinions ont été soutenues. On ne peut guère hésiter qu'entre le louage

de choses et le dépôt. Nos auteurs et notre jurisprudence, presque unanimement, admettent qu'il y a louage. C'est en ce sens que la question se trouvait tranchée, avant même qu'elle ne s'élevât, par le bon sens public et par l'usage : on qualifiait ce contrat de *location de coffre-fort (lease of safe)*. C'est aussi ce qu'admettaient sans discussion les jurisconsultes romains (*locatio conductio ; merces...*) Le fait est qu'on trouve là tous les éléments essentiels du louage de choses : une chose mise à la disposition d'un preneur, un loyer convenu. Il y manque, au contraire, les éléments essentiels d'un dépôt : il n'y a pas de dépôt sans la remise d'une chose confiée par l'une des parties à l'autre et que celle-ci s'engage à restituer. Ici, le contrat se forme par le seul consentement, avant même qu'il y ait eu rien de placé dans le coffre, il continue alors même qu'il n'y serait jamais rien placé ou que tout en aurait été retiré.

Des divers intérêts pratiques engagés dans ce débat, un seul doit appeler notre attention : c'est l'intérêt fiscal (1). S'il y avait dépôt, l'établissement financier qui

(1) Au point de vue du droit civil le principal intérêt qu'a révélé la pratique est en matière de saisie. Les créanciers du locataire d'un coffre-fort peuvent-ils pratiquer une saisie-arrêt sur le contenu ? Oui, s'il y a dépôt ; car alors l'établissement financier est détenteur et débiteur envers son client (C. civ. art. 1944). Non, s'il y a louage de choses ; car sur quoi porterait la saisie arrêt ? Le bailleur ne doit à son locataire que la jouissance de l'objet loué. Et puis comment se conformerait il à la prescription de l'art. 573, C. Pr., qui oblige le tiers-saisi à déclarer les causes et le montant de sa dette ? La seule saisie possible est la saisie-exécution.

Les créanciers ont maintes fois fait plaider qu'il y avait dépôt, a reçu dans un de ses coffres-forts des valeurs mobilières appartenant à un particulier, serait obligé d'en faire, à la mort de celui-ci, la déclaration à l'enregistrement (art. 15, loi du 25 février 1901). En outre, comme le droit de vérification des agents du fisc s'étend

et non louage, parce que la saisie-arrêt peut avoir lieu sans titre exécutoire, et même sans aucun titre, si le président du tribunal l'autorise (C. Pr. art. 557 et 558). Elle peut donc être faite sans délai, signifiée immédiatement au tiers-saisi ; et elle fait obstacle dès lors à ce qu'il remette au débiteur saisi quoi que ce soit des valeurs qu'il détient pour son compte (C. civ., art. 1242 et 1944). La saisie-exécution, au contraire, suppose l'existence d'un titre exécutoire, un commandement au saisi fait au moins un jour avant la saisie (C. Pr., art. 583). Par conséquent celui-ci s'empressera toujours de retirer du coffre-fort et de mettre en lieu sûr les valeurs qui y sont renfermées. Lorsque l'ouverture aura lieu, dans l'intérêt des créanciers, selon les formes légales, au besoin par effraction, on n'y trouvera rien.

Les auteurs se demandent si les créanciers n'auraient pas quelque moyen d'échapper aux inconvénients de la saisie-exécution. — Ne pourraient-ils pas faire mettre sous séquestre les valeurs dont il s'agit? (Pour l'affirmative, Paris, 12 février 1903; pour la négative, Montpellier, 19 mars 1901, et la note de M. Wahl (S. 1905, 2, 59). — Une saisie-arrêt, nulle en tant que mesure d'exécution, ne vaudrait elle pas au moins en tant qu'acte conservatoire, comme opposition, à l'effet d'obliger le tiers-saisi à refuser au saisi l'accès de son coffre-fort, en attendant la saisie-exécution qui suivra ? (Pour l'affirmative, Limoges, 4 déc. 1904, D. 1905, 2, 302. — Cf. VALERY, *op. cit.*, p. 80, et note dans D. 1905, 2, 27). — Autres questions : quelle doit être l'attitude du banquier en présence d'un créancier de son locataire, ou d'un huissier envoyé par ce créancier? Peut-il être contraint de faire connaître l'existence du contrat de location et le numéro du compartiment loué? S'il s'y refuse, par quels moyens triomphera-t-on de sa résistance ? Comment sera-t-il procédé à l'ouverture du coffre-fort ? Que fera t-on de son contenu ? Sur toutes ces questions, VALERY, dans D. 1902, 2, 31, et 1905, 2, 25-27.

La jurisprudence a jusqu'à présent presque toujours décidé

aujourd'hui à tous les documents que détiennent les sociétés financières (n° 74), on pourrait soutenir qu'il peut se faire représenter et vérifier les titres et valeurs déposés par des particuliers. S'il y a louage, le locataire continue à posséder le contenu du coffre ; l'établissement financier ne détient rien, et n'a, quant à ce contenu, aucune notification à transmettre au fisc, ni aucune vérification à subir, ni durant la vie, ni après la mort de son client (1).

Il est évident qu'au point de vue qui nous occupe, la thèse du dépôt n'est pas soutenable. Comment l'établissement financier pourrait-il avoir à adresser à l'enregistrement une liste des sommes, titres ou valeurs qui ont été placés dans ses coffres ? Il ignore absolument en quoi ces valeurs consistent, et même s'il y·en a. Comment pourrait-il être astreint à laisser vérifier le contenu d'un coffre, qu'il n'a pas le droit ni les moyens d'ouvrir?

Aussi le fisc n'a-t-il jamais élevé de pareilles prétentions. Pour ce qui concerne spécialement l'art. 15 de la loi de 1901, le ministre des finances a déclaré qu'il ne s'appliquerait pas au contenu des coffres-forts pris en location (2). Et l'instruction n° 3051, du 30 mars 1901,

qu'il y avait lieu ici à saisie-exécution, et non à saisie-arrêt (D. 1905, 2, 25).

(1) WAHL, *loc. cit.*

(2) Un député socialiste avait demandé que l'on complétât l'art. 15 par une disposition relative aux locations de coffres-forts. M. Caillaux lui a répondu qu'« il n'y avait aucune raison, si la Chambre acceptait cet amendement, pour ne pas demander demain qu'au décès de toute personne on ouvre leur coffre-fort en présence d'un agent de l'enregistrement ». *J. off.*, du 17 déc. 1900, *Doc. parlem., Ch. des députés*, p. 2105).

a informé les agents de l'Administration que « les établissements de crédit qui mettent en location des coffres-forts n'auront pas à aviser l'administration du décès des locataires, alors même que les héritiers de celui-ci auraient dû le leur notifier pour être autorisés à ouvrir eux-mêmes le coffre-fort. »

Peut-être l'Administration n'aurait-elle pas aussi facilement admis la thèse du louage, si elle avait su, en 1901, qu'on pouvait défendre celle du dépôt. Elle aurait fait valoir que le dépositaire doit veiller à la garde des choses qui lui sont confiées, et qu'on trouve ici cette obligation, tandis qu'on ne la rencontre pas dans le louage de choses ; que le dépositaire ne doit pas se servir des choses déposées, ni chercher à les connaître lorsqu'elles lui ont été confiées en un coffre fermé (art. 1931, C. civ.), ce qui est le cas ici ; que, dans la langue usuelle, pour désigner les parties dans le contrat qui nous occupe, on emploie aussi couramment les mots de déposant et de dépositaire que ceux de bailleur et de locataire ; etc. Mais en 1901 cela n'avait pas encore été plaidé.

Peut-être aussi l'Administration, si elle avait été plus avisée, aurait-elle demandé que l'art. 15 fût rédigé en des termes un peu plus larges, qui lui auraient permis d'étendre ses prétentions au contenu des coffres-forts. Mais on ne songeait pas en 1901 au développement qu'allait prendre ce contrat. On va voir que le fisc italien avait été plus prévoyant, dès 1896.

69. Il est constant que, dans l'état actuel des choses, le capitaliste qui dépose ses valeurs mobilières dans un coffre-fort pris en location, facilite la fraude de ses hé-

ritiers pour le plus grand dommage du fisc. Après sa mort ils effectueront, sans contrôle, à l'abri de toute indiscrétion, le retrait de la fortune ainsi mise à l'abri ; ils se la partageront à l'amiable, sans en rien déclarer, s'ils savent s'entendre. L'établissement financier n'aura pas à intervenir. Les obligations qui naissent du louage de choses ne prennent pas fin par la mort du locataire : il doit donc faire pour eux comme pour celui-ci, les laisser accéder au coffre-fort comme le faisait leur auteur.

Il paraît que certains de ces établissements ne veulent ouvrir le coffre-fort, en pareil cas, qu'en présence d'un notaire. Cette pratique, si elle ne s'appuie pas sur une clause formelle du contrat conclu, n'est pas fondée en droit. La justification de la qualité d'héritier est tout ce qu'ils devraient exiger (1).

Pour le cas où des difficultés entre les héritiers, ou quelque autre, serait à prévoir, le *de cujus* aura pu constituer un mandataire qui ira, avant le décès, vider le coffre-fort, pour procéder plus tard à la répartition entre les ayants droit conformément aux intentions du défunt. Il pourrait même vider le coffre après le décès, quoique son mandat soit révoqué, avant que l'avis n'en ait été donné à l'établissement financier. Et qui pourra ensuite prouver contre ce mandataire qu'il a retiré quoi que ce soit, alors qu'il n'avait plus le droit de le faire ?

(1) Nous constatons ici encore cette tendance des contentieux à imposer trop facilement aux clients des conditions ou des formalités superflues, qui deviennent facilement vexatoires (v. n° 65). Le vrai système consisterait, au contraire, à se contenter d'un minimum strictement indispensable.

Sait-on seulement s'il y avait quelque chose dans le coffre ?

Il semble donc que cette combinaison soit actuellement plus sûre que toutes les autres. On pourrait toutefois la perfectionner. Puisque tout le monde n'admet pas que le mandat *post mortem* soit valable suivant notre Code civil (n° 55), on pourrait imaginer une combinaison analogue à celle que nous avons étudiée en matière de dépôt : la location serait faite conjointement et solidairement à l'intéressé et à son mandataire (1). Après la mort du premier, quand même elle serait connue du locateur, il n'aurait aucune difficulté à soulever : il n'aurait pas à examiner si l'un de ses deux clients n'est pas, vis-à-vis de l'autre, un simple mandataire dont les pouvoirs ont pris fin. Vis-à-vis de lui tous les deux ont les mêmes droits de créanciers solidaires.

Rien n'empêcherait d'ailleurs (et ce serait un perfectionnement de plus) que, en vertu d'une convention entre les deux locataires, les deux clefs fussent remises à l'un d'eux et conservées par lui aussi longtemps qu'il le voudrait. En pratique il ne s'en dessaisirait qu'*in extremis*. Il serait donc, sa vie durant, prémuni contre toute indiscrétion.

On ne s'étonnera pas que les locations de coffres-forts, avec ou sans procuration, prennent une extension de plus en plus considérable. On peut craindre, il est vrai, que l'Administration ne trouve les moyens de mettre la main sur le contenu, par exemple en obligeant les éta-

____

(1) L'idée est de M. KERGALL, *Revue écon. et fin.* du 5 janvier 1907, p. 3.

blissements financiers à imposer aux héritiers des locataires certaines formalités, telles que la présence d'un notaire ou d'un agent du fisc lors de l'ouverture après décès. Nous n'en sommes pas là encore.

70. Des capitalistes se croient très avisés en allant faire ces locations à l'étranger. Ils n'y ont aucun intérêt ; et plusieurs s'en sont repentis. Citons seulement un exemple. Un sieur Moldenhauer (apparemment un Allemand ou un Autrichien ; mais la nationalité du client importe peu, on va le voir), avait pris en location un compartiment de coffre-fort, n° 877, à la Banque Lombarde de dépôts et comptes courants, de Milan. A sa mort sa veuve et son frère, justifiant de leur qualité d'héritiers, se virent refuser l'ouverture du coffre. La Banque n'y voulait procéder qu'en présence d'un notaire, moyennant l'inventaire du contenu, ou tout au moins l'établissement d'une liste des objets trouvés, destinée à être communiquée à l'Administration de l'enregistrement. Le tribunal de Milan lui donna gain de cause, attendu que la loi sur l'enregistrement du 20 mai 1896, art. 111, interdit aux *détenteurs à n'importe quel titre* de valeurs, deniers et objets dépendant de successions ouvertes, d'en faire la remise aux héritiers, légataires et ayants droit quelconques, sans en avoir préalablement informé le bureau de l'enregistrement, et que le règlement rendu en exécution de cette loi, dans son art. 26, enjoint à ces héritiers de n'ouvrir le compartiment de coffre-fort, les caisses fermées, les enveloppes cachetées, etc., qu'en présence du détenteur, afin de pouvoir le mettre à même de faire la déclaration voulue, avec toutefois la faculté pour eux, s'ils le préfèrent, de

procéder à cette ouverture hors de la présence du détenteur, mais en présence du receveur de l'enregistrement
ou d'un autre agent du fisc délégué à cet effet.

En vain les demandeurs avaient-ils fait plaider, bien
naïvement, que leur auteur ignorait la disposition de la
loi italienne sur l'enregistrement, et « n'avait pas eu
l'intention de s'y soumettre ». On leur répondit très
justement que les lois fiscales s'imposent aux particuliers et qu'elles ne leur demandent pas leur consentement (1).

On voit par là quelles surprises désagréables mena-
ceraient les héritiers d'un Français qui irait louer un
coffre-fort en Italie. D'une manière générale, il faudrait,
avant de franchir la frontière pour aller en pays étranger conclure ce contrat, se faire renseigner exactement
sur les lois et décrets qui régissent la matière dans le
pays où l'on va. Il faudrait, en outre, se tenir au courant
des changements que ces lois et décrets subiront : les
lois fiscales s'appliquent en effet à toutes les successions
qui s'ouvrent postérieurement à leur promulgation. Il
est déjà presque impossible, à nous autres, Français, de
nous retrouver dans le dédale de nos lois sur l'enregistrement ; que serait-ce s'il fallait étudier en outre ces
lois dans les pays voisins ?

On remarquera que, si les Chambres votaient le projet déposé le 12 mars 1908 tendant à instituer un envoi
en possession spécial pour les valeurs héréditaires existant à l'étranger (v. n° 62), il se trouverait applicable
au contenu des coffres-forts, comme aux valeurs dépo-

(1) Trib. de Milan, 22 juillet 1905 (D. 1906, 2, 65).

sées : il vise en effet les valeurs mobilières *déposées ou existant à l'étranger*. C'est évidemment avec intention qu'on a employé des mots plus compréhensifs que ceux de la loi de 1901, art. 15 (v. n° 68). Mais ici comme pour les dépôts proprement dits, nous nous demandons comment le fisc français pourra s'y prendre pour obliger des banques étrangères à ne laisser ouvrir le coffre-fort du défunt par ses héritiers que moyennant la justification d'un envoi en possession que la loi étrangère n'exige pas. Du reste, à supposer qu'il y arrivât, on pourrait déjouer ses calculs en recourant à la *location conjointe* (n° 69).

*
* *

71. Il semble donc difficile, quand on a tout bien examiné, de conseiller à nos concitoyens, même en se plaçant exclusivement au point de vue de leurs intérêts pécuniaires, l'expatriation de leurs capitaux. Nous avons abouti à cette conclusion à propos des dépôts en comptes joints. Nous y aboutissons encore dans la question des coffres-forts. Pour le but qu'ils se proposent le coffre-fort en France doit leur suffire, du moins pour le moment. L'examen réfléchi de la situation les convaincra qu'ils sont partis pour l'étranger un peu trop tôt « avec leur paquet de titres sous le bras ».

Les dons manuels.

72. Nous citerons en dernier lieu, parmi les moyens que peut employer le père de famille possesseur de va-

leurs mobilières au porteur, ou de meubles corporels, pour exonérer ses héritiers des droits de mutation après décès, les dons manuels que, de son vivant, il leur ferait de ces valeurs. C'est un moyen héroïque, mais très efficace et plus pratiqué qu'on ne pourrait le croire (1). On voit des hommes arrivés à l'âge du repos, se dépouiller dans une large mesure au profit de leurs enfants ou de leurs neveux, de leurs petits-enfants ou de leurs petits-neveux ; et ils y sont déterminés en partie par le désir de soustraire à une taxe exorbitante, qui est parfois une véritable confiscation, le patrimoine que le travail de leur vie entière a contribué à former. Le fisc n'a rien à dire : les dons manuels échappent aux droits de mutation (nº 6). D'ailleurs, ce que l'Etat y perd d'un côté, il le regagne de l'autre, en ce que les capitaux du vieillard, entre des mains plus actives, plus entreprenantes, contribueront davantage à l'accroissement du patrimoine national.

Si le père hésite à se dépouiller de son vivant, il a la ressource du don manuel avec réserve d'usufruit, que la jurisprudence actuelle déclare valable (2). Ou bien

(1) M. Asquith déclarait, le 2 juillet 1907, à la Chambre des communes, que le seul moyen efficace d'éviter les droits successoraux, celui qui consiste à se dessaisir de son vivant de la possession et de la disposition de ses biens, répugne à la nature humaine (*Econ. français*, du 6 juillet 1907.)

(2) Cassation, 22 déc. 1891 (D. 92, 1, 510). Seulement il faudra alors en faire la preuve par écrit, du moins au-dessus de 150 francs. Alors le fisc percevra un droit de mutation (page 19, note 1). Néanmoins, la combinaison présente encore un intérêt : les droits sur les donations ne sont pas en général aussi élevés que les droits sur les successions. Cf art. 2 et 18 de la loi du 22 février 1901 ; et *supra*, p. 101, note 1.

il se dépouillera seulement *in extremis*, et ce ne sera pas moins licite. Ou bien il recourra à l'intermédiaire d'un parent, d'un ami en qui il a pleine confiance : on a vu comment des mandataires peuvent intervenir dans les dépôts simples ou en comptes joints. Et si un don manuel fait directement échappe à la loi fiscale, comment pourrait-elle atteindre deux dons manuels, l'un fait par le *de cujus* de son vivant à une personne de son choix, l'autre fait par celle-ci aux héritiers après la mort de son mandant ? L'interposition de personnes, comme la convention de prête-nom, n'est illégale que lorsqu'elle a pour but de réaliser une opération qui ne pourrait être faite directement par l'intéressé, par exemple de faire parvenir des biens à des incapables ; or ce n'est pas le cas ici (1).

Par là s'explique le fait suivant, qui n'est pas rare. Une succession s'ouvre, que tout le monde croit extrêmement opulente. Tout compte fait le fisc ne touche qu'une somme bien inférieure aux prévisions. Une fortune que l'on disait équivaloir à celle d'un Carnegie ou d'un Rockefeller, est ramenée, par la déclaration des héritiers, à un peu plus de cent millions ; et les droits de mutation, considérables pour une succession collatérale, sont liquidés à environ 14 millions. Le public s'étonne, se récrie, parle de fraude, de complicité du fisc, alors qu'il n'y a eu sans doute que des dessaisissements anticipés, absolument licites et que le fisc ne peut pas taxer (2).

(1) Il y a toutefois ici une difficulté juridique : V. Planiol, *Droit civil*, III, n° 2541.
(2) Leroy-Beaulieu, I, p. 624.

Les dons manuels ne peuvent être employés, on le sait, que pour les meubles corporels (meubles meublants, somme d'argent, titres au porteur, lesquels sont assimilés à des choses corporelles).

Ils tombent sous le coup de la loi fiscale du moment qu'ils sont constatés par écrit.

II

73. Lorsqu'on a parcouru, comme nous venons de le faire, les différents moyens qui ont pu jusqu'ici être employés pour transmettre un patrimoine aussi intact que possible à ceux qui ont le droit de le recueillir, on est frappé de l'ingéniosité déployée par les particuliers dans leur lutte contre l'administration. A chaque invention de celle-ci ils ont trouvé immédiatement la réplique. Chaque fois qu'elle a voulu se servir d'une arme nouvelle, elle a constaté que ses adversaires étaient sur la défensive et prêts à la parade. Elle peut faire accroître son arsenal ; les moyens de résistance se multiplieront en même temps. Tantôt on profite d'une inattention du législateur, comme nous l'avons vu à propos des assurances contre l'incendie (n° 32) ; tantôt on crée de toutes pièces quelque chose à quoi le législateur n'a pas songé, comme le compte joint (n° 56) ou le contrat de coffre-fort (n° 67). De même les praticiens du Moyen Age trouvaient incessamment de nouveaux moyens d'échapper à la prohibition du prêt à intérêt : la rente constituée, le contrat pignoratif, le mort-gage, le *trinus contractus*, le *mohatra*.

On a beaucoup vanté le zèle professionnel, l'habileté

de l'enregistrement, la fertilité de son imagination (1).
Il nous semble qu'il a trouvé à qui parler. Il y a quelqu'un qui a plus d'esprit que ¡Voltaire ; c'est tout le
monde.

Le fisc lui-même en fait l'aveu, quand il a des accès
de sincérité. Il déclare bien haut, en général, qu'il a les
moyens de découvrir « sinon toutes les fraudes, du
moins le plus grand nombre des fraudes (2) ». Mais il
reconnaît parfois ,ordinairement à mi-voix et entre amis,
que ces moyens ne réussissent pas toujours. Il le reconnaît même publiquement, lorsqu'il a un certain intérêt à le faire. Par exemple, il est venu dire, vers 1901,
pour faire voter les taxes et les mesures nouvelles qu'il
sollicitait, qu'en matière de meubles il était *horriblement fraudé ;* que si, sous le régime de la loi de l'an VII,
on lui déclarait pour 200 francs un mobilier de
50.000 francs, ou pour 1.000 francs un fonds de commerce comme le Bon Marché, il n'avait qu'à accepter
ces déclarations, et ne pouvait que difficilement les convaincre de fraude (n° 35) ; que les dépôts d'argent ou de
titres chez les banquiers lui échappaient ; que la moitié
au moins des titres au porteur ne payaient pas les droits
de succession. Il n'a pas nié qu'il pouvait arriver que,
dans une succession comprenant des valeurs mobilières
pour plusieurs dizaines de mille francs, on lui déclarât
seulement un livret de caisse d'épargne. Il vient de
nous avouer, par la bouche de M. Caillaux, dans l'*Exposé des motifs* du projet déposé en mars 1908, que « la

(1) DE FOVILLE, dans l'*Economiste français*, 28 avril 1906.
(2) M. POINCARÉ, min. des finances (Ch. des députés, 12 juillet
1906. — *J. off., Déb. parlem.*, p. 2320.

plus grande partie des titres déposés à l'étranger peut échapper à l'impôt (n° 112) ». Il nous a dit encore tout récemment : « Il n'y a pas de fraude plus à redouter, plus difficile à saisir, en même temps plus facile à opérer, que celle qui consiste à dissimuler des valeurs étrangères (1). » Nous nous doutions bien de tout cela. Mais lorsqu'un des adversaires qui luttent, reconnaît qu'il a le dessous, on en est tout à fait sûr.

74. L'aveu doit être d'autant plus retenu qu'il est inattendu. Dans cette lutte engagée avec les intérêts particuliers tous les avantages semblent être en faveur du fisc. Il dispose d'un personnel nombreux, intelligent, instruit, zélé. Dirigés par des jurisconsultes de grande valeur, ses agents sont intéressés à découvrir la fraude (2) ; leur avancement est d'autant plus assuré qu'ils sont plus heureux dans leurs recherches. Il possède tout un outillage perfectionné : des registres, des répertoires, des fiches, des tables : il n'est pas de citoyen dont le nom n'y figure.

Les officiers publics ou ministériels sont à sa dévotion. Les officiers de l'état civil doivent, nous le savons (n° 30), le tenir au courant des décès qui se produisent, lui donner même par avance des indications sur l'*im-*

---

(1) Séance du 2 juin 1908, *Ch. des députés* (*J. off.*, *Déb. parlem.*, p. 1128).

(2) « Un employé n'obtient d'avancement, dit J.-B. SAY, *Traité d'éc. pol.*, II, p. 340 (4ᵉ éd.), qu'en sacrifiant constamment le public à l'intérêt du fisc. » Ailleurs il compare les agents du fisc à des « chasseurs qui traquent le gibier. » Du reste la rétribution des agents de perception est assurée par des *remises* sur les recettes faites par eux. Le produit des amendes leur profite en partie.

portance présumée de l'hérédité ! (quoique par leurs fonctions ils ne la connaissent pas) (1). Ils doivent lui communiquer, à toute réquisition, leurs registres et lui laisser prendre, dans ces registres, tous les renseignements, extraits et copies qu'ils jugent nécessaires (2). La même obligation incombe à tous les dépositaires d'archives ou de titres publics, aux dépositaires des rôles des contributions directes, aux secrétaires des administrations centrales et municipales (3). La loi a poussé le soin jusqu'à préciser que les employés de l'enregistrement ont droit à quatre heures par jour pour prendre sur place ces communications (4). Le nombre n'en est pas limité.

Les notaires eux-mêmes, ces dépositaires des secrets des familles, sont soumis à cette espèce de droit d'exercice, pour tous les actes reçus par eux. Ils n'est fait exception que pour ceux de ces actes qui ont un caractère absolument confidentiel, comme les testaments, les libéralités à cause de mort (donations entre époux susceptibles de révocation), durant la vie de leur auteur. Encore le fisc a-t-il émis au sujet des actes sous seing privé, qui sont souvent confiés aux notaires simplement pour qu'ils les gardent, comme des contrelettres, des prétentions bien extraordinaires : par exemple, celle d'en prendre connaissance comme de tous les papiers du

(1) Circ. de la Régie, n° 2045.

(2) Loi du 22 frim. an VII, art. 54. Ainsi la qualité des successibles, leur parenté, le degré de leur parenté avec le défunt, etc. sont vérifiés par le fisc, qui a le plus grand intérêt à les connaître, étant donné le mode d'établissement des droits.

(3) *Idem.*

(4) *Idem.*

notaire, en assistant à la levée des scellés, lorsque les scellés ont été apposés après la mort ou en cas de fuite de l'officier ministériel. Généralement d'ailleurs les tribunaux repoussent ces prétentions (1).

Pour faciliter ses recherches, la loi oblige les notaires, huissiers, greffiers, secrétaires des Administrations centrales et municipales, etc., à tenir des répertoires sur lesquels ils doivent faire mention de tous les actes auxquels ils prêtent leur ministère (actes notariés en minute ou en brevet, exploits, jugements, etc.), avec les noms des parties, leurs domiciles, la nature des actes, la nature des biens, leur situation, leur valeur... Ces répertoires sont soumis tous les trois mois au receveur de l'enregistrement, et visés par lui. Ils doivent lui être communiqués à toute réquisition (2).

Des obligations analogues ont été mises par des lois successives à la charge de personnes qui ne sont pas, comme les précédentes, dans un état de dépendance vis-à-vis de l'Administration. Il s'agit toujours de permettre à celle-ci la recherche des droits d'enregistrement et de timbre qui lui sont dus, et aussi le recouvrement des taxes nouvelles sur le revenu des valeurs mobilières, sur les opérations de bourse, etc. (3).

Le droit de communication existe, plus ou moins étendu, à l'égard des sociétés, compagnies et entreprises

(1) FUZIER-HERMAN, *Rép.*, V° *Acte notarié*, n°s 860 et s. — Cass., 5 nov. 1866 (S. 66, 1, 449). — Angers, 13 juillet 1880 (S, 81, 2, 18).

(2) Loi du 22 frim. an VII, art. 49 à 53.

(3) Lois du 21 juin 1875, art. 7 ; du 29 déc. 1884, art. 9 ; du 29 juin 1872, art. 5 ; du 26 juillet 1893, art. 21 ; du 28 avril 1893, art. 28 à 35.

ayant émis des titres soumis au timbre, au droit de transmission, à l'impôt sur le revenu (c'est-à-dire de toutes les sociétés par actions) ; des congrégations religieuses et autres associations soumises au droit d'accroissement et à l'impôt sur le revenu ; des assureurs ; des compagnies de chemins de fer et autres entrepreneurs de transport ; des concessionnaires de magasins généraux (1). Les succursales françaises des sociétés étrangères y sont soumises, aussi bien que les sociétés françaises (2). Sauf exceptions, ces divers assujettis doivent communiquer leurs livres, registres, pièces de recette, de dépense, de comptabilité (3). Peu importe que ces documents soient soumis ou non aux impôts ; qu'ils aient ou non un caractère confidentiel (4).

Les particuliers sont astreints à la production de leurs livres, si l'Administration la demande, lorsqu'ils réclament la déduction d'une dette commerciale grevant une succession dont ils font la déclaration : ils doivent, en pareil cas, les déposer pendant cinq jours au bureau de l'enregistrement, et, en outre, les tenir, pendant les

(1) Loi du 5 juin 1850, art. 16. — Décret du 17 juillet 1857, art. 9. — Lois de 1872 et 1893, citées *supra*. — Loi du 23 août 1871, art. 22. — L. du 28 mai 1858, art. 13.

(2) Cass., 10 fév. 1902 (D. 1902, 1, 169). — Melun, 26 fév. 1904 (D. 1904, 5, 280). — Cf. Wahl, dans *Clunet*, 1904, p. 86 et s.

(3) Loi du 23 août 1871, art. 22 ; du 21 juin 1875, art. 7.

(4) Ainsi le fisc a fait juger contre les sociétés financières qu'elles devaient communiquer les registres des délibérations, les rapports des directeurs techniques et des gérants ; les registres des dépôts de titres, les registres des comptes-courants, la correspondance, etc. V. Cass., 5 juin 1905 (D. 1907, 1, 205); 31 oct. 1905 (D. 1907, 1, 466); 21 mars 1906, (D. 1906, 1, 465).

deux ans qui suivent la déclaration, à la disposition du fisc. Ils doivent aussi déposer les titres d'où résultent les dettes commerciales ou civiles du défunt, dont ils demandent la déduction (1).

On connaît déjà l'obligation pour les sociétés, les agents de change, les banquiers, les officiers publics ou ministériels, etc., qui seraient dépositaires, détenteurs ou débiteurs de titres, sommes ou valeurs dépendant d'une succession qu'ils sauraient ouverte, d'adresser, dans certaines circonstances, à l'Administration une liste de ces valeurs (2).

L'obligation de tenir un répertoire pour faciliter les recherches du fisc, n'a pas été limitée aux notaires, greffiers, huissiers, etc. Elle a été étendue aux courtiers d'assurances maritimes ; aux assureurs ; aux entrepreneurs d'affichage ; à quiconque fait commerce habituel de recueillir des offres et des demandes de valeurs de bourse (3). C'est le cas pour tous les établissements

---

(1) Loi du 25 fév. 1901, art. 3.

(2) Loi du 25 fév. 1901, art. 15. — Le fisc avait déjà, grâce à son droit de communication exercé dans les conditions qu'on vient de voir, les moyens de connaître, s'il le voulait, les dépôts d'argent et les dépôts de titres effectués par les particuliers dans les établissements de crédit. Mais : 1º ces renseignements auraient-ils pu être légalement utilisés par lui pour établir la consistance réelle d'une succession ? On va voir que le droit de communication ne peut être exercé qu'en vue du but spécifié par les lois qui l'ont introduit ; 2º Il est bien plus commode pour le fisc de se faire remettre par les établissements de crédit les renseignements dont il a besoin, que d'en faire lui même la recherche ; 3º Le droit de communication n'existe qu'à l'encontre des sociétés de crédit par actions. La loi de 1901 oblige même les banquiers privés.

(3) Loi du 5 juin 1850, art. 47 ; art. 35. — Décret du 18 fév.

de crédit. Chaque opération est inscrite au répertoire jour par jour. Pour chacune le fisc y trouvera, entre autres mentions, le nom du donneur d'ordre, la nature de l'opération (achat ou vente au comptant, à terme, à prime, report, etc.), la nature et le nombre des titres ; la valeur totale sur laquelle a porté l'opération ; le nom de l'agent de change qui y a concouru, ou du mandataire substitué par l'intermédiaire duquel elle s'est faite (1). Ce répertoire est communiqué à toute réquisition aux agents de l'Administration. Des extraits en sont déposés, deux fois par mois, au bureau désigné par l'Administration.

Comme de juste, des amendes, de 10, 50, 500 francs, de 1 000, 3 000, 10 000 francs sanctionnent ces diverses obligations (2) outre que les officiers [publics et ministériels sont exposés encore à d'autres sanctions.

La communication consiste dans la représentation des documents. Le préposé de la régie n'a pas l'obligation, ni le droit, de rechercher lui-même dans les archives des assujettis les pièces qui l'intéressent : elles doivent

1891. — Loi du 28 avril 1893, art. 30. — Loi du 13 avril 1898, art. 14.

(1) Décret du 20 mai 1893, art. 2.

(2) Ainsi le refus de communication du répertoire des assujettis à la taxe des opérations de bourse est puni d'une amende de 100 à 1000 francs ; les inexactitudes et omissions commises dans le répertoire des opérations de bourse et dans les extraits périodiques, sont frappées d'une amende d'un vingtième des valeurs, avec minimum de 3000 francs (Loi de 1893, art. 32). — Les refus de communication dans les conditions fixées par les lois du 23 avril 1871 et du 21 juin 1875, sont punis d'une amende de 1.000 à 10.000 francs en principal (loi du 17 avril 1906, art. 5).

lui être soumises, sur sa demande et d'après ses indications (1). Le droit de communication implique le droit de prendre copie (2).

La communication a un but limité par les lois qui l'établissent : il s'agit pour le fisc de rechercher les droits d'enregistrement et de timbre qui lui sont dus, les taxes sur le revenu, etc. Il ne pourrait pas invoquer comme moyens de preuve les documents communiqués et dont il a pris copie, pour établir, par exemple, l'exigibilité d'une redevance domaniale, ou tout autre fait intéressant une autre administration. Cependant, lorsque des livres de commerce ou des titres lui sont produits à l'appui d'une demande de déduction de passif, il a « le droit de puiser dans les titres ou livres produits les renseignements permettant de contrôler la sincérité de la déclaration de l'actif dépendant de la succession (loi du 25 février 1901, art. 3). » En fait, comme ses préposés n'ont pas à indiquer la raison pour laquelle ils réclament la communication (3), ils prennent les notes et les copies qu'ils veulent. C'est ainsi que, d'après les instructions même de leur Administration, ils relèvent, à chaque visa trimestriel des répertoires notariés, la liste des testaments (et autres libéralités à cause de mort), du vivant même de leurs auteurs, et les font figurer dans leurs tables-répertoires, bien que ces documents n'aient pas à leur être communiqués et qu'il y ait souvent un certain intérêt pour les testateurs à ce qu'on

(1) Cass., 11 mai 1885 (D. 85, 1, 324).
(2) Cass., 27 mars 1901 (D, 1901, 1, 495).
(3) GARNIER, *Rép.*, nᵒˢ 81 et 124.

ignore qu'ils ont testé et que leur testament est déposé chez tel notaire (1).

75. On peut donc dire que l'enregistrement est renseigné sûrement sur tous les actes de notre vie, sur ceux qui concernent notre personne, aussi bien que sur ceux qui concernent notre patrimoine. Il sait, ou il a les moyens de savoir, au jour le jour, les changements qui surviennent, soit dans notre famille, soit dans notre fortune : les mariages, les naissances, les décès, les divorces, les reconnaissances d'enfants naturels ; les contrats que nous concluons (baux, achats, ventes, etc.), les libéralités que nous faisons ou qui nous sont faites, les hypothèques que nous constituons, les jugements qui nous condamnent, les placements mobiliers ou immobiliers que nous effectuons, les titres qui nous sont livrés, les paiements que nous recevons, etc. Les actes qu'il ignore sont des exceptions (2). Invisible et présent, il surveille notre existence d'un bout à l'autre. Il connaît la généalogie et la fortune de chacun de nous, souvent mieux que nous-mêmes. Il collectionne et emmagasine, dans un ordre parfait, d'innombrables notes, non pas par une vaine curiosité, mais avec le dessein de les utiliser un jour ou l'autre pour assurer l'application des lois ; très discret, du reste, très fidèle au devoir pro-

---

(1) *Instructions*, nᵒˢ 318, 2320. — CHAMPIONNIÈRE et RIGAUD, nᵒ 3945, critiquent cette pratique.

(2) Nous nous plaçons dans les hypothèses qui se présentent le plus ordinairement : actes notariés ; mouvements de fonds opérés par l'intermédiaire des grands établissements de crédit. Le fisc n'a pas encore acquis le droit d'investigation dans les banques privées ; et les actes sous seing privé peuvent lui échapper.

fessionnel, et gardant nos secrets comme s'il ne les connaissait pas. Mais n'y a-t-il pas quelque chose de troublant à savoir qu'il les possède, et que nous avons pour confidents obligés, de notre vivant, ces fonctionnaires qui, à notre décès, recevront les déclarations de nos héritiers ?

C'est dans ces conditions que de simples particuliers arrivent, au moment d'un décès, à *frauder horriblement le fisc !* de son propre aveu ! Ils y ont vraiment quelque mérite, si l'on peut employer cette expression à propos d'actes que la loi réprouve.

Cela étant, nous croyons pouvoir affirmer que, si le fisc trouve moyen de faire ajouter à ses ressources quelque nouveau mode d'investigation, les particuliers trouveront tout aussitôt quelque nouveau procédé d'évasion.

Supposons qu'il arrive à rendre obligatoire, à l'ouverture de toute succession, la formalité de l'inventaire, ou même l'apposition des scellés. On y a songé en Suisse, en 1905 (1). Il est clair que l'intervalle qui s'écoulera entre le décès et l'apparition de l'officier ministériel ou du juge de paix, suffira, si bref qu'il soit, pour que les héritiers dissimulent tout ce qui pourra être dissimulé. Si le fisc se fait autoriser à venir, avec les héritiers, vider les tiroirs du défunt, examiner ses papiers, retourner ses poches, sonder les murs de sa maison, on peut être assuré qu'il ne trouvera pas grand'chose. S'il fait passer dans la loi (comme en Italie) la règle que l'ouverture d'un coffre-fort, pris en location dans un établissement spécial, ne pourra avoir lieu qu'en présence d'un

____

(1) Leroy-Beaulieu, *op. cit.*, p. 650.

de ses agents, on peut parier que ce coffre-fort ainsi solennellement ouvert sera, neuf fois sur dix, aussi vide que certain coffre-fort fameux où l'on pensait trouver des millions.

On imaginera, d'ailleurs, d'autres expédients. Ainsi, on essaiera la location conjointe (n° 69). Ainsi encore, on utilisera les coffres-forts que de simples particuliers, amis obligeants, mettront à notre disposition, peut-être moyennant une honnête rémunération, à la façon des amis de M. Josse. Et la loi sera encore éludée. Voici que précisément les Italiens viennent d'inventer le *coffre-fort tirelire (salvadanaio)* (1) : un coffre-fort portatif que le banquier livre à domicile, mais dont il conserve la clef et dont il vient, de temps à autre, à la requête du client, retirer le contenu, pour porter les espèces au compte de celui-ci ; moyen admirable pour protéger le client contre les voleurs et contre lui-même, mais surtout contre le fisc, car on ne voit pas comment la loi italienne du 20 mai 1896 (n° 70) pourrait s'appliquer en cette hypothèse.

Et si le fisc obtient le droit de déférer le serment à ses débiteurs, nous craignons bien qu'il ne s'établisse une nouvelle espèce de serment, le serment fiscal, que l'on prêtera sans y attacher d'importance, avec une surprenante facilité, comme on prête, dès à présent, celui qu'impose, à la fin d'un inventaire, l'article 943, 8° du Code de procédure (2).

(1) « La tirelire (*salvadanaio*) et le dépôt en banque, » par le prof. SCIALOJA, dans *Rivista di dir. comm.*, 1906.
(2) V. notre article, déjà cité, dans *le Correspondant* du 10 juillet 1908, p. 126.

Le fisc pourra, supposons-le encore, obtenir la suppression des titres au porteur en France (c'est absurde, mais on l'a demandé (n° 49) et tout est possible). Il n'obtiendra pas que les pays étrangers renoncent, eux aussi, à cet incomparable moyen de circulation de la richesse. Il pourra accumuler contre les titres étrangers les impôts, les vexations ; on ira les acheter au dehors, et on conservera ses titres en lieu sûr ; pour les moyens, on n'aura que l'embarras du choix.

Bref, le fisc n'aura jamais le dernier mot. C'est cependant, dira quelqu'un, la lutte du pot de terre et du pot de fer. Mais ici le pot de terre n'est pas assez sot pour entrer en contact avec le pot de fer : il prend la fuite sans hésiter ; il *s'évade* bravement.

76. N'exagérons-nous pas ? Ne peut-on pas compter qu'on lassera à la longue, qu'on découragera l'esprit de fraude ?

Pour ce qui est des fraudes proprement dites, particulièrement des dissimulations de la part des héritiers, nous avons déjà montré qu'il est difficile de restreindre davantage le champ dans lequel elles s'exercent (n° 49).

Quant à l'évasion fiscale, on a dit qu'il ne fallait pas tant s'en préoccuper ; que la mobilité des capitaux est moins grande qu'on ne le croit ; que, comme les choristes des théâtres, ils crient très souvent et très haut qu'ils vont partir, et qu'ils ne partent pas, ou que, s'ils partent, ils restent à courte distance (1). Cette observation de M. Nitti est juste dans une certaine mesure. Il y a un peu de *bluff* aussi de la part des capitalistes. Au

____

(1) Nitti, *Principes...*, p. 364.

fond, ils ne demandent qu'à rester là où ils sont. Ils protestent bruyamment contre les impôts nouveaux ; mais ils sont *in petto* disposés à s'y soumettre. Tout ce qu'ils veulent, c'est qu'on ne leur fasse pas des conditions trop dures, c'est qu'on ne leur rende pas l'existence impossible. Mais il y a une limite à tout. M. Nitti reconnaît qu'un impôt excessif met en fuite la matière imposable (1). C'est un fait historique. Quand les propriétaires du Bas-Empire ont été écrasés par les charges publiques, ils ont abandonné leurs terres. Quand, à la fin du xviiie siècle, certaines catégories de personnes ont vu leur existence menacée, elles ont émigré. La question est donc de savoir si, en notre matière, la limite raisonnable se trouve dépassée. Or, c'est ce que proclament toutes les autorités compétentes autant que désintéressées (nos 13 et 17).

A l'appui de sa thèse, M. Nitti cite un exemple : « Voyez le cas de la Prusse : combien de fois le capital devait s'évanouir !... » Le régime protectionniste des douanes, les lois sur les fabriques et sur l'assurance obligatoire, sur les bourses, les charges créées par les institutions militaires, la progressivité des impôts directs : toutes ces causes ont été successivement citées comme devant faire évanouir le capital. « Et cependant

---

(1) Nitti, *ibid.* — C'est la vieille règle de Sismondi : « L'impôt ne doit jamais mettre en fuite la matière qu'il frappe. Il doit être d'autant plus modéré que cette richesse est d'une nature plus fugitive... » — Cf. Bastiat, *Sophismes économiques*, II, p. 408 : « L'impôt peut arriver à ce point que, ce qu'on ajoute à son chiffre, on le retranche à son produit... Imposer plus, c'est recevoir moins. »

la capitalisation annuelle de la Prusse augmente tous les jours ; elle est immense aujourd'hui. » Mais l'exemple de la Prusse est assez peu probant : on sait combien est grand chez les Allemands le respect de la loi, la déférence envers l'autorité. La contrebande, le braconnage y sont presque inconnus. En pays latins, nous avons mauvaise tête. Ce n'est pas à M. Nitti qu'il faut apprendre comment les Italiens se comportent vis-à-vis de l'impôt sur la richesse mobilière (n° 79)·

Mais qu'avons-nous besoin de discuter ? Est-ce qu'il est douteux qu'en France, à l'heure actuelle, l'évasion fiscale est considérable ? Nous allons voir qu'on prétend même la mesurer (n°s 119, 120) et qu'on a évalué à deux milliards environ les capitaux français qui se sont expatriés en Suisse depuis quelques années ; et le mouvement continue. Qu'on ne nous dise donc pas que les capitaux parlent de leur départ et ne partent pas : les capitaux français ont commencé à partir, c'est un fait constant. Ils sont tout près, soit ; tout disposés à rentrer, soit encore. Mais ils sont dehors, et ils ne rentreront que lorsque les vexations et les menaces auront cessé. Si ces vexations et ces menaces continuent, ils resteront dehors, et d'autres les suivront. On a déjà rappelé l'émigration de capitaux qui a précédé la Révolution ; on peut rappeler aussi celle qui a suivi la révocation de l'Edit de Nantes (1).

(1) P. LEROY-BEAULIEU, « L'exode des capitaux français (*Econ. fr.*, du 26 mai 1906). — Si la ville de Paris, par exemple, obtient un jour de prendre une part dans les droits de succession, comme elle en a déjà manifesté la prétention (n° 20), il sera facile aux Parisiens opulents d'échapper dans une large mesure

à cette taxe : ils n'auront qu'à élire domicile dans une commune
qui n'aura pas cette taxe ; la succession ne paiera la taxe mu-
nicipale que pour les immeubles et les meubles existant à Paris ;
les valeurs mobilières et les créances de toute nature y seront
soustraits (P. Leroy-Beaulieu, I, p. 869).

CHAPITRE III

L'IMPÔT SUR LE REVENU. — POURQUOI ET COMMENT ON LE FRAUDERA

I

77. Nous aurons l'impôt sur le revenu, le véritable impôt sur le revenu, *personnel*, *global* et *progressif* (1). Il est impossible de se faire plus longtemps illusion à cet égard, et de compter, pour nous en préserver, sur un hasard providentiel. La Chambre des députés ac-

(1) Les neuf dixièmes de ceux qui entendent parler de l'*impôt sur le revenu*, la moitié de ceux qui en parlent, ne savent guère ce qu'est au juste cet impôt, et en quoi il diffère essentiellement des *impôts sur les revenus* que nous possédons (aucun de nos impôts directs ne porte sur le capital). — Il faudrait donc leur expliquer, tout d'abord, que l'impôt sur le revenu sera *personnel* : sans doute il vise les biens, comme tout impôt quelconque, mais il considère la personne du contribuable, son degré d'aisance, ses charges de famille et autres, et n'applique pas à tous un tarif uniforme : il exonère complètement ceux qui n'ont, comme revenu, que le *minimum d'existence*, il dégrève en partie ceux dont le revenu n'est guère supérieur à ce minimum ; il ne rappe en plein que ceux qui ont largement plus que le nécessaire. *L'impôt réel*, au contraire, s'attaque à une matière im-

tuelle est en grande majorité favorable à cette innovation ; et celle qui lui succèdera ne répudiera pas cette partie de son héritage. Ceux qui espèrent encore que le Sénat résistera, sont les mêmes qui comptaient sur lui pour arrêter au passage deux autres lois, que nous considérons comme néfastes : la loi sur la séparation des Eglises et de l'Etat, et la loi du rachat de l'Ouest. Un changement même du régime constitutionnel n'aurait pas cette conséquence de faire rentrer dans le néant une réforme qui tient au cœur de la grande masse des électeurs : depuis le temps qu'il en est question, on a pu leur persuader que la plupart d'entre eux seraient large-

posable déterminée et la taxe uniformément sans s'inquiéter de la personne du détenteur. Une parcelle de terre déterminée est taxée de la même façon, qu'elle appartienne à un petit propriétaire qui l'exploite lui-même, ou à un riche capitaliste. Un appartement d'un loyer déterminé, paie le même impôt, que l'occupant soit gêné ou à son aise, chargé de famille ou célibataire. — L'impôt sur le revenu est *global*. Puisqu'il tient compte de la situation de fortune de chacun, il faut bien rechercher et totaliser pour chacun les diverses ressources annuelles qu'il peut avoir, quelle qu'en soit la provenance (fortune acquise, immobilière ou mobilière ; travail matériel ou intellectuel). On ne se préoccupe pas de savoir ce que lui rapportent telle maison, telle terre, telles valeurs mobilières, mais ce dont il peut disposer annuellement. On veut connaître non *ses revenus*, mais *son revenu*. — L'impôt sur le revenu est *progressif*, du moins ordinairement : son tarif s'élève à mesure que croissent les valeurs auxquelles il s'applique. Sur la distinction entre l'impôt *proportionnel* et l'impôt *progressif*, v. *supra*, n° 16.

Sur ces caractères fondamentaux de l'impôt sur le revenu, on consultera ALLIX, *Traité élém. de sc. fin.*, p. 313 et s. ; STOURM, *Syst. génér. d'impôts*, p. 113 et s. ; TAUDIÈRE, « L'impôt sur le revenu », *Rev. cath. des instit. et du droit*, 1905 et 1906 ; et, si l'on veut se contenter de notions élémentaires, les *Lectures pour tous*, avril 1901.

ment dégrevés. « Si vous ne nous donnez pas l'impôt sur le revenu, s'écriait quelqu'un à la Chambre, dans la dernière séance qu'elle a tenue en juillet 1908, c'est un d'Orléans ou c'est l'Empire qui nous le donnera. »

L'impôt sur le revenu se fera. Seulement, il est permis actuellement de croire qu'on n'arrivera pas à le mettre sur pied pour la présente législature (1). Ce sera pour la prochaine : un ajournement n'est pas toujours un enterrement.

Puisque nous avons encore plusieurs années devant nous avant que cet impôt ne nous soit appliqué, il peut sembler prématuré que nous nous en occupions dès à présent. On ne sait pas encore ce qu'il sera au juste : on ne peut pas pressentir les inconvénients qu'il présentera, et comment on s'y prendra pour s'y soustraire. Nous avons déjà répondu à cette objection (2). On voit dès aujourd'hui, par l'échec des projets divers qui se sont succédé depuis quelques années, quelles sont les conceptions qui n'ont pas chance d'aboutir ; on voit, par la faveur relative avec laquelle a été accueilli le projet de M. Caillaux, par l'accord qui paraît s'être fait à son

(1) M. Pelletan, président de la Commission de législation fiscale, déclarait le 3 février 1908, avec une belle assurance, que le vote sur le projet serait intervenu *dans deux mois*. Le 16 juin, M. Caillaux exprimait encore l'espoir d'aboutir *avant la fin de juillet*. Or, lorsque la Chambre s'est séparée, le 10 juillet, elle n'en était qu'à l'art. 37 ; il y en a plus de 80. Il lui faut encore plusieurs mois pour en finir. Le Sénat prendra son temps. Bref, comme le disait M. Ribot, « Vous irez aux élections sans avoir rien entre les mains qu'une feuille de papier. » On aura fait non une loi, mais une manifestation. — V. Fernand FAURE, « Après six mois de discussion », dans l'*Opinion* du 18 juillet 1908.

(2) P. 4.

sujet entre les divers partis de la Chambre, par les majorités compactes avec lesquelles elle en a voté le principe et la plupart des articles, quel est le système qui va prévaloir, ou, en supposant que le projet reste en route, sur quelles bases on en reconstruira un autre.

Il est donc possible d'apercevoir dès à présent les raisons que l'on aura, ou, si l'on aime mieux, les prétextes qu'on invoquera, pour essayer d'échapper au nouvel impôt. Quant aux moyens que l'on emploiera, il n'est pas difficile de les prévoir. On les voit fonctionner à l'étranger. D'ailleurs, l'administration nous les signale elle-même par les précautions qu'elle prend pour les combattre ; et ceux qu'elle redoute le plus, sont soulignés par l'énormité des amendes qu'ils entraîneront.

D'autre part, nous avons montré comment l'impôt sur le revenu et l'impôt sur les successions se relient l'un à l'autre dans les modernes systèmes fiscaux (1). C'est pourquoi, voulant donner au lecteur une idée à peu près complète de notre sujet, nous croyons devoir joindre une étude du projet d'impôt sur le revenu qui se discute actuellement, au point de vue des inconvénients qu'y trouveront les contribuables et des moyens d'évasion qu'ils mettront en œuvre, à l'étude que nous venons de faire, à ce même point de vue, de l'impôt sur

____

(1) P. 5. — Ajoutons un trait à ce que nous avons dit à ce sujet. Lorsque, en 1894, sir W. Harcourt augmenta l'impôt sur les successions (n° 21), il dégreva en même temps les propriétaires fonciers d'une partie de l'*income-tax* (43 millions environ de dégrèvement sur 238 millions du produit de la cédule A, en 1904). « C'est un cadeau que nous faisons au propriétaire vivant. L'impôt de la mort (*Death duty*) nous le rendra. »

les successions. Toutefois, nous ne donnerons pas à cette partie de notre travail les développements étendus qu'on a trouvés dans ce qui précède. C'est, qu'en effet, ici, au lieu d'être en présence d'une réalité, d'une institution qui fonctionne sous nos yeux, nous raisonnons sur une hypothèse et nous échafaudons des conjectures.

II

78. Nons devons tout d'abord donner une idée générale et sommaire du projet en question. On a reconnu, dans la discussion, que « sa complexité le rend difficilement compréhensible pour la masse des contribuables (1) ». La plupart des journaux quotidiens ne l'ont présenté à leurs lecteurs que d'une façon fragmentaire, à propos de tel ou tel détail.

Il y a, dans le projet du Gouvernement et de la Commission, deux parties distinctes, on pourrait même dire opposées : d'une part, sous la rubrique, assez inexacte, *de l'impôt général sur les revenus,* on trouve une série d'impôts portant chacun sur une catégorie déterminée de revenus, et qui n'ont entre eux de commun que l'idée qui a présidé à leur conception et quelques principes applicables à tous ; d'autre part, un *impôt complémentaire sur l'ensemble des revenus* de chaque chef de famille.

____

(1) J. Codet, 4 fév. 1908 (*J. off.*, du 5, p. 208). — Dans ce chapitre, où nous renverrons souvent à la discussion de la Chambre, nous citerons, pour simplifier, le *Journal officiel ;* cela voudra dire : *Journal off., Doc. parlem., Ch. des députés.*

*
* *

79. I. *Impôt général sur les revenus* — On dit aussi *impôt par catégories* ou *impôt cédulaire*.

Catégories. — On ramène à sept catégories les revenus imposables : 1° Revenus des propriétés (1) bâties ; 2° revenus des propriétés non bâties ; 3° revenus des capitaux mobiliers ; 4° bénéfices du commerce, de l'industrie et des charges et offices ; 5° bénéfices de l'exploitation agricole ; 6° traitements publics et privés, salaires, pensions et rentes viagères ; 7° bénéfices des professions libérales et de toutes occupations lucratives non dénommées dans les précédentes catégories (2).

80. *Taux.* — Aux revenus des trois premières catégories, on demandera une contribution de 4 $^0/_0$; à ceux des 4e et 5e, 3,50 ; à ceux des deux dernières, 3 $^0/_0$. La raison de cette distinction, ou, comme disent les spécialistes, de cette *discrimination* (ou *différenciation*) *des revenus*, est que l'on a cru devoir ménager davantage ceux qui proviennent exclusivement du travail de l'homme, et moins ceux qui proviennent des capitaux sans la collaboration du propriétaire (3). A ceux qui impliquent l'existence d'un capital et l'application de l'ac-

---

(1) *Propriétés* veut dire ici *immeubles*.

(2) Allusion aux occupations artistiques, littéraires et autres, susceptibles de donner des revenus (peintres, sculpteurs, chanteurs, écrivains, inventeurs, etc.).

(3) « Celui qui n'a que la peine de prendre ses ciseaux pour détacher ses coupons, ou de signer une quittance pour toucher l'intérêt de ses créances, ne saurait être épargné, » a dit Bismarck.

tivité humaine (revenus mixtes), on adapte un taux intermédiaire.

81. *Assiette.* — Pour déterminer les revenus dans chaque catégorie, on a eu recours à différents criteriums.

Pour les revenus de la propriété foncière, bâtie ou non bâtie, la valeur locative réelle peut être fixée assez exactement d'après les baux en cours ou d'après des termes de comparaison. Le contrôleur des contributions directes, tantôt seul, tantôt assisté d'une commission locale, est chargé de ce travail (1).

Pour les revenus des capitaux mobiliers (actions, obligations, parts de fondateurs, parts d'intérêt, commandites, rentes d'Etat, créances, etc.), l'impôt sera perçu sur le montant brut des dividendes, intérêts, arrérages, produits quelconques ayant le caractère de revenus.

Les revenus du commerce et de l'industrie étant particulièrement difficiles à évaluer, le projet se référait à ce qu'on a appelé, d'un mot allemand pédant et obscur, la *productivité*, le revenu normal, la capacité de bénéfice (2), « le chiffre qui, dans des conditions normales d'exploitation et sous déduction des frais généraux, peut être pris comme le revenu moyen de l'établissement. » Après une discussion qui a duré plusieurs séances, où a été démontrée l'obscurité de cette notion, l'impossibilité où serait le contrôleur d'apprécier le revenu normal, l'arbitraire dans lequel on tomberait, etc.,

(1) C'est le procédé suivi actuellement pour la propriété bâtie (loi du 13 juillet 1900, art. 7).
(2) *Ertragsfähigkeit.*

après un vote presque unanimement défavorable à l'article du projet, on a adopté la base d'une déclaration, faite par les intéressés et contrôlée par l'Administration, ayant pour objet le revenu moyen obtenu par eux pendant les trois années précédentes (1).

Pour les bénéfices de l'exploitation agricole il était encore plus difficile de connaître le revenu réel. Le projet posait une présomption : ce bénéfice était censé égal au revenu net imposable assigné à la propriété non bâtie. Ainsi si un domaine est loué 2.000 francs par son propriétaire, le revenu imposable étant ramené à 1.600 francs (à raison de la déduction d'un cinquième motivée par les périodes de jachère, frais d'entretien et risques divers), le fermier était considéré comme ayant aussi de son côté 1.600 francs de bénéfice. Sur ce point encore la lutte a été vive, et l'accord n'est pas fait. On a démontré, dans la discussion générale, que cette présomption n'était pas défendable, qu'elle était « une véritable hérésie », « une pure extravagance » ; que le bénéfice agricole est extrêmement variable, suivant les régions, suivant les moments, suivant qu'il s'agit de grande ou de petite culture, suivant l'importance et le degré de perfectionnement du matériel agricole, suivant l'importance du capital appliqué à la culture ; que, bien loin d'égaler la rente de la terre, il se tient entre le quart et la moitié de cette rente (2). »

(1). Toutefois la déclaration n'est obligatoire que pour les contribuables ayant plus de 5.000 francs de revenu total. Les autres peuvent attendre la taxation d'office.

(2) P. LEROY-BEAULIEU, *Econ. fr.*, 16 févr. 1007. — RIBOT, *J. off.*, du 14 févr., p. 315. — En Angleterre, pays de culture perfectionnée,

La présomption est restée posée. Mais la majorité infime qui a voté le principe de l'impôt sur les bénéfices agricoles (1) a amené à résipiscence la commission et le gouvernement. Quand on arrivera à la discussion de cette partie du projet (ce sera dès la rentrée), ils proposeront un nouveau texte, qui fera, paraît-il, varier le forfait suivant l'importance du bail. On peut prévoir que ce texte, encore inconnu, donnera lieu à des débats très vifs. Peut-être même votera-t-on la suppression pure et simple de l'impôt sur les bénéfices agricoles, ce qui compromettrait gravement le projet tout entier, puisque, contrairement à son principe essentiel, une catégorie entière de revenus échapperait à l'impôt.

Traitements publics et privés, salaires, etc. : la base est ici le montant net des traitements et salaires payés, en argent ou en nature, y compris les primes, émoluments, gratifications et avantages divers qui s'y ajoutent. Le revenu imposable est, pour chaque année, celui de l'année précédente. Le montant en est facilement connu par l'Administration, grâce aux renseignements que doivent fournir les employeurs et débi-rentiers.

Les bénéfices des professions libérales sont taxés d'après les bénéfices nets réalisés pendant l'année précédente par le contribuable, suivant une « déclaration détaillée accompagnée de toutes les justifications nécessaires pour en établir l'exactitude », remise au contrôleur.

82. *Recouvrement.* — Sur les sept impôts ci-dessus

le bénéfice du fermier est estimé, pour l'*income-tax*, à un tiers du fermage.

(1) 271 voix contre 240. Cette majorité a été encore réduite par de nombreuses réclamations. (*J. off.*, du 10 mars, p. 534.)

énumérés, six sont traités comme des contributions directes : ils donnent lieu à l'établissement de rôles nominatifs, et sont recouvrés comme ces contributions. L'Administration compétente est celle des contributions directes. Les réclamations auxquelles ils donnent lieu, sont présentées, instruites et jugées comme en matière de contributions directes. La juridiction compétente est la juridiction administrative (le Conseil de préfecture et le Conseil d'Etat)..

Au contraire l'impôt sur les revenus des capitaux mobiliers est considéré comme une contribution indirecte (pas de rôles nominatifs ; compétence de l'enregistrement ; tribunaux civils, etc.).

83. *Exemptions et réductions.* — Des exemptions à la base pour les contribuables qui n'ont que les revenus suffisant tout juste à assurer leur existence, et des réductions (ou *abatements*) pour ceux qui sont à peine un peu plus fortunés, ont été admises. La commission a beaucoup ajouté à cet égard au projet du gouvernement, non sans y introduire une certaine incohérence (1). Encore a-t-elle laissé son œuvre incomplète à cet égard : elle reconnaît que les charges de famille doivent motiver une atténuation de l'impôt ; mais elle n'en a pas encore trouvé la formule, elle compte que des amendements la lui fourniront.

La généralisation de ces dégrèvements fait craindre à quelques-uns que pour combler le déficit qu'ils produiront, il ne soit nécessaire soit de rehausser les taux convenus, soit de demander davantage à l'impôt complémentaire (n° 101).

(1) Ribot, *J. off.*, du 15 fév., p. 325 et 326.

*
* *

84. Sur cette première partie du projet nous ajoute-
rons quelques brèves observations.

A. Chacun des sept impôts qu'il établit devait être,
dans la conception primitive, un impôt réel, grevant
d'une façon uniforme des matières imposables iden-
tiques, quel qu'en soit le détenteur. Une certaine dose
de personnalité y a été introduite.

B. Ils sont *proportionnels*, et non pas progressifs.

C. Ils remplacent les impôts actuels : ils ne s'y superposent pas. Il n'est pas difficile de reconnaître l'impôt foncier des immeubles bâtis et non bâtis dans les
impôts de la première et de la deuxième catégories ;
l'impôt des patentes, dans l'impôt sur les bénéfices
commerciaux et industriels, la taxe de 4 $^{0}/_{0}$ sur le revenu des valeurs mobilières françaises, dans l'impôt sur
les revenus de la quatrième catégorie. La contribution
personnelle mobilière et celle des portes et fenêtres disparaissent sans être remplacées (1).

D. Les impôts anciens ne disparaissent que pour le
principal (part de l'Etat). Ils sont maintenus, du moins
provisoirement, en tant qu'il s'agit des centimes additionnels départementaux et communaux (466 millions
en 1907). Les contribuables continueront donc à payer
dans cette mesure l'impôt foncier, les portes et fenêtres,

---

(1) Les impôts supprimés rapportent 690 millions ; les impôts
nouveaux (y compris l'impôt complémentaire) donneraient
694 millions. Le remplacement serait donc absolument exact, si
les prévisions sont justes.

la personnelle mobilière, etc., soit environ la moitié de leurs impôts directs actuels.

E. Certaines lacunes de notre système fiscal actuel se trouvent comblées. Des revenus seront frappés, qui jusqu'à présent échappaient à peu près à l'impôt : les traitements et salaires ; les bénéfices des professions libérales ; les bénéfices de la culture des terres ; les revenus des créances hypothécaires et chirographaires ; les arrérages de la rente française ; les coupons des valeurs étrangères (1).

F. On a voulu aller « chercher les revenus à leur source même ». C'était facile dans certains cas (revenus des valeurs mobilières ; traitements et salaires) ; difficile dans d'autres. Beaucoup de revenus sont malaisés à connaître. Pour faire apparaître ceux-ci, on a renoncé résolument au *système indiciaire*, qui déduit les ressources d'un individu de certains signes extérieurs (montant de son loyer, nombre des ouvertures de sa maison, etc.) (2). On a préféré la *constatation directe*, soit qu'on en charge l'Administration qui prend ses renseignements et taxe d'après le revenu qu'elle présume (c'est le procédé que l'on a admis pour les impôts de la première et de la deuxième catégories, et pour l'impôt sur les bénéfices agricoles), soit qu'on s'en rapporte à la déclaration du contribuable lui-même (sauf à la contrô-

(1) Certains de ces revenus sont considérables. Ainsi on estime à 600 millions ceux des créances diverses ; à 500 millions, ceux des valeurs mobilières étrangères, à 667 millions, ceux de la rente française consolidée.

(2) Sur les avantages et les inconvénients du système indiciaire, v. Srourm, p. 201 et s. ; Allix, p. 310 et s.

ler) : c'est aussi que l'on taxe les bénéfices des professions libérales, les bénéfices commerciaux et industriels.

G. Pour le recouvrement de la taxe, tantôt on laisse arriver le revenu aux mains du contribuable, que l'on invite à venir ensuite en apporter une partie au fisc (c'est le mode normal) ; tantôt le fisc arrête au passage la partie du revenu à laquelle il a droit, il l'empêche d'aller au destinataire ; c'est le procédé du *stoppage* (ou *retenue*). C'est ainsi que l'on en use, en principe, pour les revenus des capitaux mobiliers : le débiteur de ces revenus, par exemple la société qui est comptable d'un dividende, verse lui-même à l'Etat le montant de l'impôt, et s'en rembourse en le déduisant du paiement qu'il fait à son créancier (1).

H. L'*Impôt général* sur les revenus est visiblement inspiré de l'*income tax*. Celui-ci n'est que la juxtaposition, sous une expression générique, de cinq taxes particulières. Les *catégories* de M. Caillaux ne sont pas autre chose que les cédules anglaises. C'est pourquoi, dans la discussion, cette première partie du projet a été fréquemment qualifiée *impôt cédulaire* (2).

(1) Ce procédé est suivi en Angleterre pour les cédules C et E (en principe) (v. la note suivante) ; en Italie, pour les cédules A (fonds d'Etat, valeurs mobilières quelconques) et D (traitements et salaires payés par l'Etat, les provinces et les communes). Le projet français a fait la part moins large à ce procédé si commode. Primitivement même il ne devait pas l'appliquer aux rentes françaises.

(2) Il y a cinq cédules : A (Propriétaires fonciers) ; B (Fermiers) ; C (Porteurs de rentes) ; D (Industriels, commerçants, artistes) ; E (Fonctionnaires et employés des Administrations publiques). — Pas de discrimination des revenus ; tarif déterminé

*
* *

85. II. *Impôt complémentaire sur l'ensemble des revenus*. — C'est, a dit le ministre, « comme le couronnement d'un régime où toutes les catégories de revenus sont déjà séparément évaluées et imposées ». Pour la commission, c'est « la partie maîtresse de la réforme, la première ébauche de l'instrument fiscal de l'avenir », celle qui détermine l'adhésion des socialistes à l'ensemble du projet. C'est, a dit M. Jaurès « le germe qui se transformera en un arbre gigantesque ».

L'impôt complémentaire est, en effet, le véritable *impôt sur le revenu*, rêvé par les réformateurs les plus avancés, présentant les trois caractères requis par les théoriciens.

86. Il est *global* : il portera sur le revenu totalisé du contribuable. Il n'atteindra que le possesseur de plus de 5.000 francs de revenu.

Pour déterminer si un chef de famille possède, ou non, ce revenu total, l'Administration n'a qu'à totaliser les chiffres que donnent, pour chacun, les impôts établis par catégories.

« Il subsiste cependant, dit l'Exposé des motifs, une importante fissure du chef des valeurs mobilières. »

chaque année, mais le même pour toutes les cédules. — Tarif proportionnel. — Caractère réel, non sans mélange de personnalité.

L'impôt italien sur la richesse mobilière est également établi par cédules, avec tarifs différentiels (discrimination). Mais il ne porte pas sur les revenus immobiliers.

Comme les revenus fournis par ces valeurs sont atteints sans rôles nominatifs, on ne peut savoir quelle est dans le patrimoine d'un particulier la part de cette catégorie de ressources, et par suite s'il a ou non plus de 5.000 francs de revenu, si ce n'est en lui demandant une déclaration. La sincérité de cette déclaration est assurée par diverses mesures : le contrôle d'une commission cantonale qui jouit du droit de réclamer des éclaircissements au contribuable, de lui déférer le serment, de rectifier ses dires si elle acquiert la preuve de leur inexactitude, de le taxer d'office ; des pénalités particulièrement lourdes atteignant les déclarations inexactes ou incomplètes ; l'exténsion du droit d'invesgation accordé aux fonctionnaires de l'enregistrement et de l'inspection des finances dans les banques et les sociétés de crédit.

L'impôt complémentaire est *personnel*. Outre l'exemption à la base que l'on vient de voir, il comportera des atténuations d'impôt à raison des charges de famille, des dettes hypothécaires ou chirographaires, de l'âge et des infirmités empêchant d'exercer une profession lucrative, etc.

Il est *progressif*, établi par classes, d'après un tarif déterminé (1). Selon le projet primitif, le taux commençait à 0,19 %, pour les contribuables de la première classe ; 0,26 %, pour ceux de la deuxième ; 0,35, etc. Il cessait de progresser pour ceux de la dernière classe, ayant 100.000 francs de revenus, et au-dessus. Il était

---

(1) 35 classes, d'après le projet du ministre. — 1re classe : revenus de 5.000 à 5.500 francs ; impôt, 10 francs ; 2e classe, de 5.501 à 6.000, 15 francs ; 3e classe, de 6.001 à 6.500, 22 francs, etc.

alors de 4 %/₀ et ne s'élevait pas au-dessus. La commission l'a légèrement abaissé pour les quinze premières classes, relevé pour les suivantes (à partir de 15.000 fr. de revenus) ; elle a fait continuer la progression au-dessus de 100.000 francs jusqu'aux chiffres les plus élevés des revenus connus en France ; elle l'arrête à 5 %/₀. Elle voulait aller jusqu'à 10 %/₀.

87. L'impôt complémentaire est imité de l'impôt prussien, l'*einkommensteuer* (1). Il a été question, tout récemment, en Angleterre, d'établir un impôt du même genre s'ajoutant à l'impôt cédulaire (*supertax*) ; mais ce projet a échoué (2).

88. L'impôt complémentaire est, dans la réforme que l'on prépare, la pièce essentielle. C'est le moyen qui doit, comme le déclare la Commission, permettre d' « orienter dans un sens démocratique le déplacement des charges », et de réaliser, aux dépens d'une partie restreinte de la nation, « les gros et très gros revenus », la fortune acquise et accumulée, toutes les améliorations que l'on voudra apporter à la condition du plus grand nombre. L'impôt cédu'aire ne donnait pas satisfaction à

---

(1) L'*einkommensteuer* grève les sujets prussiens ayant plus de 900 M. de revenu (1 125 fr.). — Répartition en classes. — Taux de 0,61 %/₀ à 4. — Nombreuses déductions sur le revenu brut. — Evaluation du revenu par une déclaration du contribuable, en principe (depuis 1891 ; avant il y avait taxation d'office) ; révision par une commission armée d'un large pouvoir d'investigation. — V. STOURM, p. 113 et s. ; p. 257 ct s. — ALLIX, p. 342 et s.

(2) Sur les travaux du *select comittee* de 1906, v. RIBOT, *J. off.*, du 15 février 1908, p. 330.

ce point de vue. L'impôt dit complémentaire est, en réalité, le principal (1).

89. L'idée de juxtaposer, ou plutôt de superposer, un impôt personnel à des impôts réels, n'est pas absolument neuve. L'Autriche a, depuis 1898 (loi du 25 octobre 1896), un *Personal einkommensteuer*, qui est venu s'ajouter aux anciens impôts sur les revenus qu'elle pratique depuis un demi-siècle. Les revenus, d'abord individuellement taxés par une série de contributions particulières, sont ensuite repris en bloc par une taxe générale, impôt de superposition et de rectification. Elle frappe les revenus supérieurs à 600 florins (1.260 francs), répartis en soixante-cinq classes. Le tarif est progressif, de 0,60 à 5 %. Elle ne produit qu'une cinquantaine de millions (2).

*
* *

90. Nous pouvons arrêter ici cette analyse du projet. Elle était indispensable pour que l'on pût se rendre compte, par avance, des inconvénients que l'usage fera

(1) Pour le ministre il serait plutôt l'accessoire. M. Caillaux déclarait, en 1900, que l'impôt sur les divers revenus est « le seul qui puisse être appliqué sur des bases solides, sur des données positives, le seul qui convienne au tempérament français. » Aussi dans son projet de 1907, n'admet-il l'impôt complémentaire qu'à contre-cœur, et ne lui demande-t-il que 120 millions.

(2) V. *Bulletin de stat. et de lég.*, 1897, I, p. 448. — SÉOURM, p. 167. — Il existe aussi en Prusse un impôt complémentaire, *Ergänzungssteuer*, sur la fortune mobilière et immobilière; mais cet impôt porte sur le capital, et non sur le revenu. Il en est de même dans plusieurs cantons suisses.

vraisemblablement apparaître, si ce projet, ou tout autre du même genre, est voté, comme aussi des moyens plus ou moins légaux qui seront certainement employés par les contribuables pour y échapper. Nous n'avons aucun besoin, étant donné notre sujet, de parcourir les *dispositions diverses*.

Nous pouvons également laisser de côté les critiques graves que des hommes d'Etat expérimentés et des spécialistes éminents de la science financière adressent au projet, par exemple, lorsqu'ils signalent l'imprudence qu'il y a à supprimer délibérément ces vieilles contributions qui ont fait leurs preuves, qui ont en tout temps, même aux heures de désastres, donné ce qu'on attendait d'elles, dont on a pu dire qu'elles ont sauvé le pays en 1814 et 1815, en 1831, en 1848, en 1871 ; qui rapportent chaque année un peu plus que l'année précédente (1) ; le saut dans l'inconnu que l'on va exécuter en établissant des impôts sur des revenus dont on avoue qu'il est actuellement impossible de connaître le montant (2), sur la foi de *sondages* partiels que les partisans et les adversaires de la réforme invoquent avec la même conviction ; l'impossibilité de « laisser en l'air les

(1) De 1893 à 1907, les contributions directes et taxes assimilées donnent 80 millions de plus value ; et il y a eu des dégrèvements (Rapport de M. Doumer sur les contributions directes pour 1909).

(2) Rapport de M. Renoult, p. 253 : « Le ministère des finances ne possède ni les éléments de calcul ni les données statistiques qui seraient si utiles pour l'étude d'un projet d'impôt sur le revenu. » Le chiffre de 22 milliards et demi que l'on donne comme celui du revenu total de notre pays (*Annexes* du projet) n'est que conjectural.

impôts départementaux et communaux ; » l'impossibilité de taxer la rente française sans manquer à des engagements formels pris par l'Etat à diverses reprises, etc.

Notre rôle est beaucoup plus terre à terre. Nous nous plaçons au point de vue du simple contribuable, et nous nous demandons, d'abord, ce qu'il trouvera à redire au nouveau système d'impôts lorsqu'on le lui appliquera ; et, en second lieu, ce qu'il fera, selon toute vraisemblance, pour en affaiblir le poids. Nous n'avons même pas besoin de rechercher s'il s'effraiera à tort ou à raison, s'il fera preuve d'irréflexion, d'égoïsme, d'injustice, d'étroitesse d'esprit, d'imprévoyance. Il nous suffit de savoir s'il aura des appréhensions, de la méfiance, et ce qu'il fera, en quelque sorte, instinctivement, sous l'empire de ces sentiments, ce qu'il fait même dès à présent sans savoir au juste ce qui le menace, par cela seul qu'il a entendu dire que l'on en veut à son argent.

III

91. La première surprise désagréable qu'éprouvera le contribuable français, en janvier 1911, lui sera causée par les multiples déclarations qui lui seront demandées, s'il veut être en règle avec la loi nouvelle, ne pas encourir certaines amendes, bénéficier de certains dégrèvements.

Le ministre avait assuré qu'on ne ferait appel que le moins possible à la déclaration du contribuable : « Les Français paient tous les impôts que l'on veut, pourvu qu'ils soient le moins possible en contact avec l'Admi-

nistration, pourvu qu'on les laisse tranquilles (1)... »
Or, voici qu'à propos de chaque cédule ont été intro-
duites une ou plusieurs de ces déclarations. Le 2 juin,
M. Ch. Dumont assurait en avoir déjà relevé quinze, et
il n'avait pas terminé son compte ; et nous ne savons
pas ce que la suite de la discussion nous réserve encore (2). Mentionnons seulement les plus importantes :
d'abord, et surtout, celle sur laquelle sera fondé l'impôt
complémentaire (n° 86) ; celle qui sera demandée au
commerçant et à l'industriel ; celle que devra faire le
médecin, l'avocat, l'écrivain, l'artiste, le professeur, etc.,
dans le courant de janvier, des bénéfices réalisés par lui
l'année précédente, « déclaration détaillée, dit le projet,
accompagnée de toutes les justifications nécessaires pour
en établir l'exactitude » ; la déclaration que devra faire
le propriétaire ou l'usufruitier de valeurs mobilières
étrangères, dans les trois premiers mois de l'année, des
revenus qui lui auront été payés à l'étranger dans le
cours de l'année précédente, etc.

Après les déclarations *pour payer*, n'oublions pas les
déclarations *pour ne pas payer*, comme celle qu'aura à
faire le petit propriétaire foncier exploitant pour son
compte et n'ayant pas d'autres ressources, s'il veut obtenir certaines exemptions ou réductions ; celle qui sera
exigée du petit rentier n'ayant que 625 francs de rentes
sur l'État au plus, pour être dégrevé, etc.

(1) *J. off.*, du 30 juin 1908, p. 1455.
(2) *J. off.*, du 3 juin, p. 1118. — Le 23 juin, une déclaration
nouvelle a fait son apparition : celle du bénéfice moyen des trois
dernières années (pour les revenus du commerce). La déclaration des charges de famille (n° 83) devra être ajoutée à la liste.

Voilà bien des déclarations imposées à des gens qu'on laissait jusqu'à présent tranquilles et que l'on taxait sans rien leur demander, d'après des signes extérieurs et d'office.

92. Mais ce n'est pas tant la déclaration en elle-même qui paraîtra vexatoire (on peut, après tout, changer ses habitudes), c'est ce qui pourra s'ensuivre. C'est la perspective d'avoir affaire à quelqu'un qui nous dira peut-être, après avoir entendu notre affirmation : « Je n'y crois pas. Prouvez-la ». M. Pelletan a pu railler agréablement ses adversaires : gravir l'escalier de la mairie ! est-ce donc une chose si terrible, une excursion si périlleuse ? nos mairies sont-elles si escarpées ? Y a-t-il sur leur route des précipices et des glaciers ? (1)... Ce sont là des plaisanteries. Ce qui nous rebute, c'est, quand nous aurons monté cet escalier, d'être reçu dans un bureau, après plus ou moins de temps perdu à attendre (ne mentionnons cet ennui que pour mémoire) (2), par un employé plus ou moins poli (encore un détail sur lequel nous n'insistons pas), qui nous écoutera comme un juge d'instruction entend un prévenu, qui nous posera des questions plus ou moins indiscrètes, qui nous fera peut-être revenir pour nous demander des éclaircissements, et qui, finalement, nous déclarera, à son tour, qu'il ne nous croit pas, que nous ne lui avons pas dit la vérité, que nous devons avoir plus de revenu que nous n'en avons avoué, ou que nous ne sommes pas

---

(1) *J. off.*, du 1er fév., p. 184.

(2) On l'épargne à certains contribuables que l'on autorise à faire leur déclaration par écrit : v. art. 53 et 62 du projet ministériel.

dans le cas de dégrèvement que nous avons invoqué, et qui nous taxera en conséquence.

Voilà le grief que nous avons en France contre la déclaration. La déclaration nous répugne parce qu'elle est l'inquisition. Rien ne nous exaspère comme d'entendre un douanier, après que nous lui avons affirmé que nous n'avons *rien à déclarer*, nous dire : « Ouvrez cette valise. » Après avoir fait notre déclaration au fisc, nous serons fouillés : nous n'aimons pas à être fouillés. Nous ne voulons pas que l'Administration entre chez nous : nous nous rappelons avec horreur le *gabelou* de l'ancien régime pénétrant chez le paysan pour vérifier s'il avait employé dans son saloir la quantité de sel prescrite par les ordonnances. Nous consentons que nos portes et fenêtres soient recensées, mais par le dehors. L'*exercice* nous est odieux. Lorsqu'en 1841, pour recueillir certains renseignements, des contrôleurs durent entrer chez les particuliers, il y eut des émeutes à Bordeaux, à Clermont-Ferrand, à Toulouse, des canons braqués en permanence sur des places publiques, du sang versé.

93. « Il faut bien, cependant, dit l'Administration, que la déclaration soit contrôlée : le contribuable ne peut être cru sur parole. Un commerçant qui gagne 500.000 francs pourrait ne déclarer que 50 centimes, et nous serions forcés d'accepter cette déclaration ! (1) » La déclaration non contrôlée, c'est la fraude. Nous n'en disconvenons pas.

Entre la déclaration contrôlée, qui est l'inquisition, et la déclaration non contrôlée, qui est la fraude, n'y a-t-il

______

(1) Caillaux, *J. off.*, du 24 juin, p. 1316.

pas place pour un autre procédé de constatation directe, la taxation d'office? Ce procédé nous ramène au système *indiciaire* (n° 84, F) : le fonctionnaire sera, naturellement, enclin à s'en rapporter aux signes extérieurs : le loyer, le genre de vie, « les carrosses, chevaux, livrées, armoiries », dont parlait La Bruyère, comme donnant aux gens la mesure du revenu de leurs voisins (1). Mais *les dépenses* ne sont pas *les revenus*. Et si, plus zélé, il ne s'en rapporte pas à ces apparences, c'est l'inquisition qui reparaît : il n'aura qu'à taxer abusivement le contribuable, il le forcera ainsi à réclamer, et à faire la preuve de sa situation réelle. Cela s'est vu : « Tout homme, écrit Saint-Simon en 1710, à propos de l'impôt du dixième, se vit en proie aux exacteurs, réduit à supputer et à discuter avec eux son propre patrimoine,... à montrer en public tous les secrets de sa famille. »

On est donc dans une impasse. La solution la meilleure serait apparemment la déclaration acceptée sans contrôle, si l'impôt était modéré. Mais quand il ne l'est pas, la fraude est inévitable.

94. On a objecté l'exemple des nations étrangères, où la déclaration contrôlée fonctionne à la satisfaction générale, l'Angleterre, la Suisse, l'Alsace-Lorraine. Ecartons d'abord l'Allemagne, où le contribuable éprouve le respect de la loi à un degré dont nous n'avons pas l'idée. Le Prussien se laisse fouiller, sans protestation, et même avec respect, si c'est un fonctionnaire qui le fouille. Il rejette loin de lui, avec horreur, la pensée de tromper un

---

(1) *Les caractères, Ch. de la ville.*

employé en uniforme (1). Les cantons suisses sont de tout petits pays (il y en a de 12.000, de 22.000 habitants ; la population moyenne est de 135.000), où tout le monde se connaît et où les déclarations ne peuvent guère être entachées de fraude. En Angleterre, les déclarations sont acceptées telles quelles ; elles ne sont, pour ainsi dire, jamais contrôlées (2).

Le cas de l'Alsace-Lorraine est particulièrement intéressant. Il s'agissait d'y substituer à la contribution française personnelle et mobilière, un impôt sur le revenu des capitaux : une loi du 23 juillet 1891, applicable en 1903, y a institué la déclaration obligatoire, contrôlée par des commissions de fonctionnaires. La population, habituée à l'impôt français, s'est très vite faite à l'impôt allemand : il donne des plus-values. Mais cet exemple n'est guère concluant. D'abord le taux de l'impôt est

---

(1) Sur cette particularité du caractère prussien, v. STOURM, p. 120 ; LEROY-BEAULIEU, *Econ. fr.*, 25 oct. 1886 ; RIBOT, *J. off.*, du 14 fév., p. 330. — M. Caillaux lui-même, en 1904, disait du système prussien : « Il convient à un pays de centralisation autoritaire et de despotisme administratif. » Tous les journaux ont dit à quelles questions minutieuses doit répondre le contribuable de Berlin, et *il y répond*. — La loi du grand duché de Bade, du 20 juin 1891, dit textuellement que « tout citoyen doit... présenter le bilan de ses recettes et de ses dépenses, y compris ses dettes, et en déduire sa situation de fortune. »

(2) Les moyens de contrôle sont inscrits dans la loi ; en fait ils ne fonctionnent pas. L'administration tolère la fraude dans une large mesure. Tout cela a été dit, dans la discussion, sans être contesté. « Pendant dix-neuf ans, moi, citoyen français, j'ai payé l'*income-tax*... Toujours on s'est rapporté à ma parole (AYNARD, *J. off.*, du 19 mars et du 16 juin, p. 671 et 1214). — Gladstone a dit : « Si l'*income-tax* devait donner lieu à l'inquisition, il cesserait promptement d'exister. »

extrêmement modéré : le maximum est de 3,50 %. Ensuite, il y a eu un *mot d'ordre :* les fonctionnaires ont été invités à accepter sans observations toutes les déclarations. « Quand les contribuables ont vu que leurs déclarations étaient tenues pour bonnes, leurs alarmes se sont dissipées (1) ». En France, le taux de l'impôt, surtout celui de l'impôt complémentaire tel que nous l'aurons à bref délai, ne sera pas modéré ; le mot d'ordre sera de contrôler les déclarations, du moins celles de certains contribuables ; et les fonctionnaires feront du zèle.

On s'est bien gardé de citer l'Italie, où la déclaration a lamentablement échoué (2). La faute en est sans doute au taux exorbitant de l'impôt : 7,50, 9, 10, 15, 20 % (3). C'est évidemment abusif. « Peut-être aussi,

----

(1) Rapport de M. Fernand Momméja, après une enquête officielle en Alsace-Lorraine : (V. *J. off.*, du 7 fév., p. 248). — « Certes, me disait un fonctionnaire de l'Administration des finances, on pourrait, si l'on voulait, même avec le taux modéré, « serrer la vis. » *Il suffirait d'un mot d'ordre* nous invitant à éplucher de plus près les déclarations et à être moins indulgents pour les évaluations. Mais à quoi bon ? puisque nous avons des plus values ? *Nous ne faisons point de zèle*, et c'est ce qui explique la rapidité avec laquelle le nouveau régime s'est implanté en Alsace-Lorraine. »

(2) Toutes les perceptions qui supposent une déclaration et des rôles (bénéfices commerciaux et industriels, revenus des professions libérales) sont inférieures aux prévisions d'une façon dérisoire. V. STOURM, p. 160 et s. Celles qui proviennent de *retenues* (arrérages de rentes d'État, traitements des fonctionnaires) sont seules véritablement productives.

(3) 7,50, 9 et 10 % sur les revenus du travail, 15 % sur les revenus des capitaux mobiliers, en général ; 20 % (depuis 1894) sur les arrérages des fonds d'Etat et valeurs analogues. — La rente italienne a été exemptée, en 1906, à l'occasion de sa conversion, de l'impôt sur la richesse mobilière.

dit M. Stourm, les tendances naturelles de l'esprit du contribuable italien le poussent-elles à lutter d'habileté avec le fisc, à déjouer adroitement la poursuite des taxateurs, à utiliser, en un mot, au mieux de ses intérêts, l'art extrême de souplesse et d'ingéniosité dans lequel il excelle. La plume de quelque psychologue international nous fixerait à cet égard (1) ». Or, chez nous aussi, l'impôt complémentaire ne tarderait pas à être exorbitant (n° 101) ; et quant au tempérament national, nous sommes un peuple latin. Le psychologue auquel M. Stourm-fait appel nous mettrait sans doute à côté des Italiens, plutôt que des Allemands ou des Anglais, au point de vue des dispositions envers le fisc.

95. Nous croyons donc que la déclaration obligatoire sera très mal accueillie chez nous par la grande majorité des contribuables. Le ministre lui-même l'a reconnu en d'autres temps : « Il sera difficile, disait-il en 1904, d'adapter à notre pays les mesures énergiques qui sont nécessaires pour réprimer la fraude sur les déclarations... Ce qu'on y apprécie par dessus tout, c'est la facilité de vivre (2) ». La Chambre paraît s'en être rendu compte. La question de savoir qui aurait la charge de la preuve, une fois la déclaration faite par le commerçant de son bénéfice moyen des trois dernières années, a donné lieu à une interminable discussion et a abouti à un vote défavorable au projet (3). Les com-

(1) STOURM, p. 163.
(2) Cité par M. J. ROCHE, *J. off.*, du 14 fév. 1908, p. 329.
(3) Amendement Puech (adopté par 311 voix contre 230, *J. off.*, du 30 juin, p. 1462). Le Gouvernement et la Commission ont ensuite repris l'avantage : c'est le contribuable qui aura à

merçants sont unanimes à préférer les patentes actuelles, fondées sur le système indiciaire, à l'obligation de faire connaître leurs bénéfices, et de les prouver en cas de contestation. On n'a pu citer aucun témoignage en sens contraire (1).

96. Une autre raison pour laquelle nous répugnons à la déclaration, c'est la crainte des indiscrétions de la part de ceux à qui nous le ferons. Pour un commerçant surtout la divulgation de l'état réel de ses affaires peut être une cause de ruine. Il veut garder ce secret pour lui seul (2).

97. Supposons que, malgré tout, la déclaration contrôlée nous soit imposée par la loi. Comment les choses se passeront-elles ? Il faut ici reprendre la distinction indiquée plus haut.

Quant aux déclarations *pour ne pas payer*, il est clair qu'on les fera plus volontiers que les autres, surtout à la campagne. Mais lorsqu'on verra qu'il ne s'agit que de quelques sous (3), et qu'on mettra en balance les

faire la preuve, en cas de contestation. Il ne sera pas obligé de montrer ses livres (c'est la concession faite aux opposants) ; mais s'il ne les montre pas, il sera suspect de fraude. La déclaration contrôlée aboutit toujours à l'inquisition.

(1). D'imposantes manifestations ont protesté immédiatement contre le vote de la Chambre.

(2) V. la discussion sur l'amendement Puech. — On aurait pu citer des exemples d'indiscrétions fâcheuses commises à l'étranger par les taxateurs, bien que l'on prenne pour les prévenir les précautions les plus minutieuses. On trouve que « l'Etat a la main trop lourde, et ses employés la langue trop longue. » STOURM, p. 182 et 183.

(3) Ainsi le dégrèvement dont bénéficierait le petit propriétaire exploitant lui-même, moyennant plusieurs conditions difficiles à remplir, serait de 2 à 6 fr. 50 au plus.

déplacements, les pertes de temps, les papiers à signer, les preuves à faire qu'elles impliqueront (parfois pour ne pas aboutir), on préférera rester chez soi ; le fisc ne s'en plaindra pas.

Mais pour celles qui seront obligatoires, comme celle des 5.000 francs de revenus, et celle des bénéfices commerciaux, il en ira tout autrement. Si nous les faisons, nous serons molestés, invités à donner des détails, à apporter des justifications, à rectifier nos dires, parfois à les confirmer par serment. Si nous ne les faisons pas, nous serons passibles d'amendes, ou taxés d'office. Taxés d'office, si nous voulons réclamer, nous devrons former une demande en justice, faire la preuve, apporter, si on nous les demande, nos registres domestiques, nos relevés de comptes, notre correspondance d'affaires. Des expertises, des enquêtes, des descentes sur lieux, des interrogatoires sur faits et articles, des vérifications d'écritures pourront être ordonnés par le conseil de préfecture... Il est probable que nous aimerons mieux ne pas réclamer contre la taxation. Mais alors ce sera l'arbitraire (1).

*
* *

98. Après l'inquisition ce sera l'arbitraire. C'est le second grief que nous aurons contre le nouveau système, lorsqu'il nous aura été appliqué pendant quelques

(1) Une autre inquisition qu'engendrera la déclaration, sera l'inquisition dans les banques (n° 111). Nous ne signalons ici que les inconvénients qu'éprouveront les contribuables en général, et non pas seulement telle catégorie de citoyens.

années. Ceux d'entre nous qui savent l'histoire, n'ont pas besoin d'attendre jusque-là pour être fixés : ils n'ignorent pas que, si la taille personnelle et les vingtièmes étaient devenus insupportables aux populations, c'est à cause des vexations et de l'arbitraire auxquels ils donnaient lieu : les procès-verbaux des assemblées provinciales, les cahiers des Etats-généraux sont pleins de doléances à ce sujet (1).

Ce n'est pas dans le domaine de l'impôt cédulaire que cet abus se fera beaucoup sentir. L'appréciation du contrôleur, assisté ou non d'une commission locale, ne s'écartera pas beaucoup de la vérité en ce qui concerne les revenus des propriétés bâties ou non bâties. Sur les traitements et les salaires il ne pourra y avoir que quelques chicanes, au sujet des avantages qu'il faudra, ou non, faire entrer en ligne de compte. Les revenus des capitaux mobiliers seront connus aussi exactement que possible. Ceux des professions libérales seront ce que le contribuable voudra bien déclarer (n° 114) : on ne voit pas comment l'Administration pourrait ici taxer d'office. Il y a seulement à craindre, du côté des bénéfices commerciaux et du côté des bénéfices agricoles, des contestations plus ou moins abusives qui aboutiront, comme on l'a vu plus haut, à une taxation exagérée.

99. Mais c'est à propos de l'impôt complémentaire que des excès se produiront. Voyons les choses telles que le projet nous les présente. Nous ne savons pas encore s'il ne sera pas amendé au cours de la discussion, lorsqu'elle portera sur cette partie ; il semble impossible qu'il ne le soit pas.

(1) Stourm, *Les finances de l'ancien régime*, ch. iv et viii.

Le contrôleur dressera, nous dit-on, pour chaque commune, la liste des personnes susceptibles d'être assujetties à l'impôt complémentaire, c'est-à-dire ayant 5.000 francs et plus de revenus ; et il leur adressera un avis spécial les invitant à souscrire une déclaration (art. 61 du projet primitif). Et voici déjà une question qui s'élève : comment le contrôleur saura-t-il quelles sont, dans chaque commune, les personnes qu'il doit porter sur sa liste et auxquelles il doit adresser son petit papier ? Comment se renseignera-t-il ? Le maire, ou cet autre personnage occulte, le délégué du préfet, qui a sûrement existé, qui n'a peut-être pas disparu, ne seront-ils pas consultés ? Et l'on verra dresser dans chaque commune, par on ne sait qui, une liste de proscrits, de gens taillables à merci. Les châtelains, les bourgeois, les curés, tous ceux en qui l'autorité voit des adversaires, tous les ennemis de M. le maire, sont sûrs d'y figurer. Celui-ci y sera pour telle affaire dans laquelle il a eu raison contre l'Administration ; celui-là comme député de l'opposition ; un troisième pour s'être porté candidat contre le candidat du préfet... l'un « pour sa maison d'Albe », l'autre « pour ses jardins de Tusculum ». Quant aux amis de l'autorité, quant à ceux que la consigne venue d'en haut sera de ménager, ils n'auront jamais 5.000 francs de rentes, fussent-ils notoirement millionnaires.

Qu'on ne dise pas que c'est de la fantaisie : cela se voit ailleurs. On n'a pas oublié les scandales de Tammany-Hall : une municipalité sans vergogne rançonnant les citoyens riches. En Suisse, dans les communes du canton de Saint-Gall, le plus imposé est le prêtre ;

dans les classes inférieures, on trouve, comme ne gagnant que moins de 1.000, ou même de 800 francs le maire, président de la commission de taxation, le secrétaire de la mairie, les membres de la commission, et aussi *les hôteliers*, gens à ménager entre tous (1).

On répond en parlant de la probité de notre Administration, de l'indépendance, de l'impartialité du fonctionnaire, de son incorruptibilité. Ces qualités sont belles et désirables. Est-on sûr de les rencontrer toujours chez un contrôleur, jeune, qui tient à faire son chemin, qui sera sollicité ou intimidé par les intéressés ? Remarquons que, s'il omet un citoyen sur sa liste, ce citoyen peut dormir tranquille : personne n'ira l'inquiéter. C'est un grand pouvoir que l'on attribue à ce modeste employé, qui ne gagne pas toujours 3.000 francs (2).

100. Mais poursuivons. Notre réponse à l'avis du contrôleur, signée et affirmée par nous « sur l'honneur » comme « faite conformément aux prescriptions de la loi et en toute sincérité (art. 64) », va être examinée par une commission cantonale. Quelles garanties cette commission présente-t-elle ? Elle est composée du juge de paix, d'un contrôleur des contributions directes, d'un receveur de l'enregistrement et d'un percepteur, tous nommés par le préfet, d'accord avec les chefs de service intéressés.

Cette commission contrôle les déclarations. Elle peut

(1) J. ROCHE, *J. off.*, du 8 fév., p. 258. — Cf. le discours de Thiers à l'Assemblée nationale, 26 déc. 1871, à propos d'une proposition d'impôt sur le revenu, cité par STOURM, p. 219, note 1.

(2) Séance du 13 fév. 1908, discours de MM. Ribot et Caillaux, *J. Off.*, p 317, 318.

inviter les contribuables à venir lui fournir des éclaircissements. Elle a le droit de leur déférer le serment.
Elle peut « rectifier leurs déclarations » (art. 65).

Ainsi cette déclaration que nous aurons signée et cer-
tifiée conforme à la vérité, que nous aurons affirmée sur
l'honneur, que nous aurons expliquée, que nous aurons
confirmée par serment, pourra être *rectifiée* par cette
commission de fonctionnaires que nomme le préfet ! Il
faudra, il est vrai, que la preuve de son inexactitude
soit « établie par les moyens dont l'Administration dispose selon les lois existantes ; » mais on sait combien
sont étendus et énergiques ces moyens dont l'Administration dispose (n⁰ˢ 74 et s.) ; et l'on verra qu'ils seront
encore renforcés (n° 111). Dès lors on peut affirmer que,
neuf fois sur dix, la déclaration du contribuable que le
préfet aura signalé comme suspect, sera *rectifiée* par la
commission ; celle du contribuable que l'Administration
regardera d'un œil indulgent, qui sera recommandé par
un personnage influent, ou de qui on pourra craindre ou
espérer quelque chose, ne sera pas épluchée de près. Et
voilà encore l'arbitraire (1).

Nous pourrons, il est vrai, si notre déclaration est
rectifiée, former un recours par la voie contentieuse ;
(de même, si nous avons été taxés d'office faute d'avoir
répondu à l'avis du contrôleur et à la convocation de la
commission). Nous pourrons obtenir la décharge ou la

---

(1) Selon le droit commun, une fois le serment prêté, aucune
preuve contraire, ne devrait être admise. Il y a là dans le projet une véritable monstruosité juridique. V. notre article « Le
serment fiscal », dans le *Correspondant* du 10 juillet 1908, p. 115
et s.

réduction de la cotisation qui nous aura été consignée, mais à la condition d'apporter au conseil de préfecture « toutes les justifications de nature à faire la preuve du chiffre exact de notre revenu (art. 67). » Il dépendra donc de ce tribunal d'obliger certains contribuables à étaler devant lui leurs misères secrètes, à lui apporter tous les documents qu'il jugera utiles pour établir le chiffre exact de leur revenu (qu'on pense à la portée que peut atteindre cette exigence !) le tout sans avoir la certitude que la taxation ne sera pas maintenue. N'oublions pas que le conseil de préfecture est un tribunal administratif, qui ne présente pas pour les particuliers toutes les garanties désirables d'indépendance et d'impartialité.

101. Un autre arbitraire nous menace, du côté du taux de l'impôt complémentaire.

Le ministre ne voulait pas dépasser le taux maximum de 4 $^0/_0$. Ce sera cependant 5 $^0/_0$. La commission voulait atteindre 8 et 10 $^0/_0$: elle s'est laissé convaincre, ou plutôt elle a compris que, pour ne pas effrayer les modérés dont elle a besoin, et le Sénat dont elle ne peut pas se passer, il fallait rabattre un peu de ses prétentions. Mais, une fois la réforme votée, combien de temps le taux restera-t-il ainsi fixé ? Deux ou trois ans peut-être, pas davantage. On atteindra 8 $^0/_0$, 10 $^0/_0$, 15 $^0/_0$, peut-être plus, comme en Italie. Dans quel délai ? Nous n'en savons rien. Cela dépendra de l'esprit qui animera les Chambres, des appétits qui s'éveilleront, des réformes sociales que l'on voudra accomplir, des dégrèvements qu'on jugera nécessaires, d'une guerre européenne ou d'une expédition lointaine à laquelle il faudra faire face, d'une déception causée par le rendement des autres impôts. Tout l'argent dont on aura besoin, on le demandera à l'impôt complémentaire (1).

Pour confirmer ces prévisions pessimistes nous avons des exemples nombreux. On a cité l'impôt sur le revenu établi à Florence au Moyen Age : il a commencé au taux bénin de $1/2$ % ; peu à peu, avec la *dîme échelonnée*, il s'éleva au quart, au tiers, à 100 et 150 % de certains revenus (2). Sous nos yeux, l'impôt italien a débuté au taux maximum de 8 % en 1866 ; ç'a été ensuite 8,80 (en 1868) ; 13,20 (en 1870) ; 20 (en 1894). En Suisse, « les expériences faites dans les différents cantons ont démontré d'une façon certaine qu'une fois le principe de la progression admis et inscrit dans la loi, à chaque revision de celle-ci, l'échelle est augmentée d'une ou plusieurs catégories et les taux élevés d'une ou plusieurs unités... Certaines villes prennent le 15, le 25 et même le 28 % du revenu (3). »

Mais qu'est-il besoin de chercher des exemples loin de nous ? Ne voyons-nous pas, en août 1908, la commission du budget, demander, pour combler un déficit, 50 millions de plus à l'impôt des successions (4) ? On

____

(1) M. AYNARD, *J. off.*, du 17 fév., p. 354.

(2) Ch. BENOIST, *J. off.*, du 7 mars, p. 518.

(3) DE CÉRENVILLE, *Des impôts en Suisse*, 1898. — Cf. LEROY-BEAULIEU, p. 218.

(4) Séance du 7 août 1908 : proposition de M. Doumer, rapporteur général, acceptée à l'unanimité par la commission. On n'augmentera les droits en ligne directe que pour les fortes successions ; on ne dépassera pas 6 %. Pour les successions en ligne collatérale, on accélérera la progression et on élèvera le

avait bien dit cependant en 1901 que les tarifs qu'on établissait ne seraient pas dépassés (n° 19) ; et tout récemment M. Caillaux, pour rassurer les modérés, leur rappelait que « depuis six ans nous avons dans notre législation un impôt à caractère progressif dont le taux n'a pas changé : ne venez pas nous dire que le système de la progressivité aura pour conséquence nécessaire, dans un délai rapproché, des augmentations de tarif (1) ». Et c'est le même ministre qui, trois mois plus tard, faisait entrevoir l'augmentation des droits de succession comme moyen de mettre sur pied la loi sur les retraites ouvrières (2).

Les socialistes, eux du moins, ne cachent pas leurs intentions. L'impôt complémentaire sera « la caisse de toutes les améliorations sociales ». On supprimera tout de suite tous les impôts directs, puis, un peu plus tard, une partie des impôts de consommation, sinon la totalité (3). On subviendra aux besoins des départements et des communes ; on supprimera les octrois. Si l'on ajourne la loi nécessaire sur les impôts locaux, n'est-ce pas parce que l'on voudrait en changer la base, surcharger les grosses et moyennes fortunes, exempter les petites, y introduire la progressivité (4) ? Ces manifes-

taux. Les héritiers à partir du 5e degré seront assimilés aux étrangers.

(1) *J. off.*, du 12 fév. 1908, p. 291.

(2) *Exposé des motifs* du budget de 1909, 19 mai 1908, *Annexes,* n° 1709. — Cf. n° 19.

(3) Rapport de M. Renoult, *passim.* — Fernand Brun, *J. off.*, p. 210 et 211. — Jaurès, *J. off.*, p. 331. — M. Vaillant est particulièrement intéressant.

(4) Ribot, *J. off.*, du 15 fév., p. 325. — Plus pressés que

tations maladroites désespèrent le ministre : « Vous n'exprimez pas du tout mon sentiment, » s'écrie-t-il. La Commission elle-même en est quelque peu gênée (1).

Nous pouvons donc tenir pour certain que, bientôt après le vote du projet, on demandera plus à l'impôt complémentaire. Deux procédés se concevraient. On pourrait restreindre l'exemption qui est à la base, et appliquer l'impôt progressif aux contribuables ayant 4.500 ou 4.000 francs de revenus. Pas un instant on ne songera à cette solution : elle aurait l'inconvénient d'assujettir à l'impôt bien des gens qui actuellement ne paient aucune contribution directe (2). On choisira sûrement la seconde : l'augmentation du taux maximum, avec accélération de la progression pour tous les gros et moyens revenus.

102. Le résultat sera de creuser un fossé de plus en plus profond entre deux classes de citoyens français : ceux qui paieront l'impôt global et progressif, et ceux qui ne le paieront pas. A ceux-ci on ne demandera, comme impôts directs, que les impôts cédulaires afférents aux catégories auxquelles ils se rattachent : au petit propriétaire foncier, les 4 % de la première ou de

d'autres, MM. Cornand, Zévaès, etc., ont demandé, le 19 mars 1908, que tout de suite l'Etat prît à sa charge, en la faisant payer par l'impôt complémentaire, une partie des impôts départementaux et communaux (*J. off.*, p. 664).

(1) *J. off.*, du 4 fév. 1908 (p. 210) ; du 19 mars (p. 665).

(2) On sait que les communes de 5.000 habitants, et au-dessus, peuvent prendre à leur charge, par des arrangements avec l'Etat, l'impôt personnel et mobilier des petits contribuables. C'est ce que font les grandes villes pour ceux de leurs habitants dont le loyer ne dépasse pas un certain chiffre.

la deuxième catégorie, au petit commerçant, les 3,50 %
de la troisième, etc. ; le tout diminué des exemptions
et déductions que nous avons vues. Ceux-là paieront
d'abord leur part dans l'impôt cédulaire ; mais, en outre,
ils se répartiront entre eux les 150 millions que réclame
dès ses débuts l'impôt complémentaire (1), les 200, 300,
500 millions que peut-être il réclamera demain.

Or, combien sont-ils, ceux qui ont 5.000 francs de
revenus ou davantage ? 481.200, sur environ 10 millions de contribuables ; un vingtième contre les dix-neuf
vingtièmes (2).

« Cette division, dit le Rapport, résulte de la nature
même des choses. Il y a des gens qui ont moins de
5.000 francs de revenus, et il y a des gens qui en ont
plus. » Voilà une phrase qui ne devrait pas figurer dans
un document sérieux : ce n'est pas la nature des choses
qui veut que ceux-là paient, et non les autres ; c'est une
conception arbitraire du législateur qui donne à cette
distinction de fait une telle importance.

La vérité est que cette répartition de la nation en
deux classes est voulue par les socialistes. « Quand une

(1) Le ministre, dans son projet, ne demandait que 120 millions
à l'impôt complémentaire.

(2) Les revenus de ces 481.200 personnes seraient de
6.826.000.000, sur les 22 milliards et demi qu'on attribue à la
nation entière, soit 30 %. Ils se répartissent ainsi :

Revenus de :

5.001 à 10.000 fr.	294.000 contribuables :	2.109.000.000 de revenus
10.001 à 20.000 fr.	123.000 »	1.798.000.000 »
20.001 à 50.000 fr.	51.000 »	1.673.000.000 »
50.001 à 100.000 fr.	9.800 »	674.000.000 »
100.001 et au-dessus	3.400 »	572.000.000 »

comptabilité exacte des revenus capitalistes et bourgeois aura été enfin dressée, » (elle n'est actuellement que conjecturale), « il sera possible de calculer plus sûrement quels sacrifices peuvent être demandés aux classes possédantes et privilégiées, pour alimenter dans l'intérêt des travailleurs les œuvres de solidarité sociale (1) ». On veut faire une sorte de *cadastre des fortunes*. Après quoi pourra s'appliquer le moyen préconisé par Kautsky : « On élèvera l'impôt progressif autant qu'il le faudra : cette élévation en cas de besoin ressemblera fort à une confiscation des grandes fortunes, » par lesquelles on veut commencer (2).

Il y a aussi un motif politique : il s'agit d'appauvrir les conservateurs, ceux que l'on considère comme les adversaires du régime actuel. On veut les mener avec *la trique de l'impôt, il bastone*, suivant le mot de Guichardin à propos de l'impôt des Médicis (3) ; on veut les écraser sous la *vis de compression* dont tout le monde a parlé (4).

103. Tout a été dit sur l'improbité d'une conception pareille. MM. Jules Roche et Ribot, entre autres, ont montré qu'il est déplorable de faire de l'impôt une affaire de classes, un instrument de guerre sociale ou de destruction économique ; de créer dans le pays une

(1) Déclaration de M. Jaurès à la commission de législation fiscale, dans *Le Matin*, du 16 fév. 1907.

(2) *Le lendemain de la Révolution sociale*, 1903 (cité par STOURM, p. 107).

(3) Cité par M. Ch. BENOIST, *J. off.*, du 3 février, p. 202.

(4) M. Caillaux lui-même a employé cette métaphore instructive : il a parlé du *volant* qui devait être ajouté à la *machine fiscale* (*J. off.*, du 11 fév., p. 303).

majorité qui ne ressentirait pas le contre coup des fautes que peut commettre la politique ; que l'impôt, dans un pays de suffrage universel, doit être assis sur un nombre de citoyens représentant au moins la moitié des électeurs, de telle façon qu'à aucun moment on ne soit tenté d'en abuser ; que, si, en Prusse, 23 millions de citoyens sont exemptés de l'*einkommensteuer*, qui n'est payé que par 11 millions (33,50 $^0/_0$ de la population), si en Angleterre l'*income-tax* ne grève que ceux qui ont 4.000 francs de revenu, c'est-à-dire une minorité, l'organisation du suffrage populaire et le régime politique dans ces deux pays ne donnent pas aux plus nombreux le moyen d'opprimer les autres.

On commettra donc un pur et simple abus de la force le jour où l'on établira un impôt contraire à cette égalité devant l'impôt qui est inscrite dans la déclaration des droits de l'homme et du citoyen. Il ne manque pas d'autorités pour soutenir qu'une pareille loi ne sera pas obligatoire (1). On a vu aux Etats-Unis la Cour suprême déclarer illégal l'*act* de 1894 par lequel était créé un impôt sur les revenus supérieurs à 20.000 francs, comme contraire à la Constitution, comme arbitraire, comme tendant à jeter la discorde entre les citoyens, comme rappelant cette loi anglaise de 1691 qui imposait les protestants à un certain taux, les catholiques à un taux deux fois plus élevé, et les juifs à un autre taux encore ; et la loi fut abandonnée. Nous n'avons pas en France de Cour suprême à laquelle nous puis-

---

(1) P. LEROY-BEAULIEU, *Econ. fr.*, du 23 fév. 1907. — KERGALL, *Réf. écon.*, 17 nov. 1906 (V. *infra*, nᵒˢ 132 et s.)

sions recourir en cas de violation de nos droits essentiels. N'est-il pas à craindre que bien des gens ne s'érigent en juges dans leur propre cause, puisqu'on leur en refuse, et qu'ils ne se soustraient par la fraude à ce qu'ils croient être l'injustice ?

****

104. Après l'inquisition et l'arbitraire on peut encore citer, comme troisième défaut capital que présentera l'impôt global et progressif pour ceux qui le subiront, l'inégalité avec laquelle il pèsera sur eux, suivant que leurs revenus proviendront de telle ou telle source. C'est ce que nous montrerons un peu plus loin : la fraude sera impossible à certains contribuables, très facile à d'autres (n° 109). Celui qui a, supposons-le, 20.000 francs de revenus en immeubles, ou en traitements, ou en valeurs mobilières françaises, paiera sûrement sa part dans les 150 millions que doit rendre annuellement l'impôt complémentaire ; il y a de grandes chances, au contraire, pour que celui qui a, en valeurs étrangères ou en bénéfices d'une profession libérale, un revenu exactement égal, ne paie qu'une somme infime, ou même rien du tout. Or, ce qu'il paiera en moins, retombera infailliblement à la charge de l'autre, car le déficit entraînera une augmentation de la taxe (1).

Lorsque le contribuable qui paiera exactement ce

______

(1) C'est ce qui s'est passé en Italie où le fisc s'est cru forcé de rehausser d'année en année les tarifs pour compenser les dissimulations. STOURM, p. 162.

qu'il doit (par honnêteté, ou parce qu'il ne peut pas faire autrement, peu importe), verra qu'il paie sa part d'abord, et puis celle de l'autre, quelle sera son impression ? Que le riche paie proportionnellement plus que l'indigent, il l'admet aujourd'hui, il se laisse du moins raisonner à cet égard (1). Mais qu'un riche paie plus qu'un autre riche, qui l'est autant ou peut-être plus que lui, c'est ce qu'il ne pourra concevoir. L'impôt lui apparaîtra comme une amende pour la déclaration sincère, comme une prime pour la dissimulation. S'il le peut, il fraudera.

*
* *

105. L'énormité de l'impôt, dans certains cas particuliers ne peut pas être passée sous silence. « Cet impôt sur le revenu, a dit M. Ribot, vous le taxez à 5 $^{0}/_{0}$ au maximum. Et si ce n'était que cet impôt ? Mais il se cumule avec tous les autres impôts : avec les 16 $^{0}/_{0}$ perçus sur les valeurs mobilières, avec tous les impôts locaux.

(1) On peut voir dans la discussion du projet que pas un de ses adversaires ne conteste les lacunes et les imperfections de notre système fiscal actuel. Tous reconnaissent qu'il y a des revenus qui échappent à l'impôt et qu'il est juste de taxer. Tous admettent qu'à raison de la part relativement plus forte qu'ils supportent dans les impôts indirects, le pauvre et celui qui jouit de faibles revenus doivent payer proportionnellement moins que le riche en fait d'impôts directs. Mais on peut arriver à ce résultat par de larges dégrèvements à la base ou par la *dégressivité* de l'impôt proportionnel. Certains modérés vont même jusqu'à l'impôt progressif. V. RIBOT, *J. off.*, p. 313. — Cf. STOURM, p. 209.

De sorte que certaines fortunes paieront demain 25 %, 30 % de leur revenu. »

16 % sur les valeurs mobilières ? En effet, à raison d'une disposition spéciale qui vise les grandes sociétés anonymes réalisant plus de 20 millions de bénéfices (les compagnies de chemins de fer, par exemple), et qui taxe leurs bénéfices non pas à 3 et demi, mais à 5 %, « les compagnies de chemins de fer auront désormais à payer 5 % sur leurs dividendes. Qu'est-ce à dire ? C'est que les porteurs d'actions vont payer 5 % de plus. Or, l'impôt est déjà de 11 % pour les titres au porteur. Si vous y ajoutez 5 %, cela fait 16 % » (1).

11 % sur les titres au porteur ? On verra, en effet, dans l'Exposé des motifs, comment le ministre arrive, « pour ce qui est des valeurs au porteur, à un taux unique, tous impôts compris, de 11 %. » Nous ne pouvons entrer dans les détails (2).

Ainsi le petit rentier, le petit commerçant retiré des ses affaires, l'employé de chemin de fer qui aura pu, avec économies, acheter une action de sa compagnie (ce qui est pour ces humbles le seul moyen de participer aux

____

(1) RIBOT, *J. off.*, p. 331, p. 325. — Cf. LEROY-BEAULIEU, *Econ. fr.* du 23 fév. 1907, p. 258. — M. AYNARD, *J. off.*, p. 1901, a démontré sur un autre exemple qu'un contribuable pouvait avoir à payer *six fois* l'impôt pour certains éléments mobiliers de son patrimoine.

(2) Les valeurs mobilières françaises supportent dès à présent plus que leur part d'impôt : STOURM, p. 361. — M. Stourm fixe à 10,82 % la part de revenu qu'absorbe l'impôt sur la propriété immobilière; et à 13 % le taux pour les valeurs mobilières (13,50 et 14 % pour les obligations de chemins de fer au porteur ; 31 %, dans certains cas, pour les actions des établissements de crédit propriétaires d'immeubles) : v. p. 353 et 357.

bénéfices élevés que donne l'industrie), qui l'aura gardée au porteur parce que, plus qu'un autre, il doit pouvoir réaliser facilement son avoir en cas de nécessité, « vous le frappez avec la dernière rigueur, vous l'imposez à raison de 16 %! sans compter, bien entendu, l'impôt complémentaire! » Encore un qui fraudera.

*
* *

106. A ces inconvénients de l'impôt progressif et global, nous pourrions en joindre d'autres encore, mais d'un caractère plutôt objectif et abstrait (1). Nous nous sommes promis de n'envisager la question qu'au point de vue d'un contribuable ordinaire, d'un esprit moyen, qui ne voit guère autre chose que son intérêt particulier et immédiat, qui ignore l'économie politique et la science sociale, et qui ne sait, en fait de science et de législation financières, que ce que lui en ont appris ses relations avec le percepteur.

IV

107. Dans l'état d'esprit que nous venons de reconnaître, le contribuable fraudera. Comment s'y prendra-t-il ? Nous avons vu, à propos de l'impôt successoral, les divers moyens, licites ou illicites, par lesquels on s'ef-

(1) Le resserrement de la vie économique, l'affaiblissement de l'esprit d'épargne, de l'esprit d'entreprise, la cherté de la vie, la répercussion sur les salaires des ouvriers, particulièrement des ouvriers agricoles (RIBOT, *J. off.*, p. 315).

torçait de s'y soustraire. De même ici, nous allons avoir à distinguer des procédés contraires à la loi, et d'autres qui seront irrépréhensibles. Il y a, en effet, des hypothèses visées par l'impôt, alors on ne pourra pas légalement ne pas le payer ; il y a d'autres hypothèses où l'on en sera plus ou moins indemne, il n'est pas défendu de s'y placer.

*
* *

108. Il y aura fraude à la loi, d'une façon générale, lorsqu'étant astreint à une déclaration on ne la fera pas, ou qu'on la fera inexacte.

L'omission pure et simple d'une déclaration obligatoire (déclaration des bénéfices commerciaux ; déclaration des bénéfices d'une profession libérale ; déclaration en vue de l'impôt complémentaire) ne sera pas fréquente. La perspective d'être passible d'amendes, taxé d'office, obligé de réclamer au contentieux contre une taxation excessive et de faire une preuve difficile, poussera chacun à faire sa déclaration, sauf à la faire plus ou moins sincère.

109. Il est cependant une déclaration que l'on omettra facilement : c'est celle que devront faire, dans les trois premiers mois de l'année, les propriétaires et usufruitiers de valeurs mobilières étrangères, qui auront, au cours de l'année précédente, touché à l'étranger, directement ou par des intermédiaires, des dividendes, intérêts, arrérages ou tous autres produits de ces valeurs. Ces coupons sont, on l'a vu (n°s 81 et 84, E), frappés de l'impôt cédulaire, troisième catégorie, tout comme les

coupons de **valeurs** françaises, et c'est justice ; mais comme on ne peut, à leur égard, procéder par *stoppage*, comme on ne peut pas exiger des débiteurs étrangers de ces redevances périodiques qu'ils versent eux-mêmes à notre Trésor la part qui doit lui en revenir, sauf à en retenir le montant à leurs créanciers, on n'a pas d'autre moyen que de demander à ceux-ci de vouloir bien faire connaître au fisc français ce qu'ils ont touché à l'étranger, et acquitter la taxe. Il est clair qu'ils n'y mettront aucun empressement.

Le fisc s'en doute bien, car il menace les réfractaires des sanctions les plus rigoureuses (1). Mais une pénalité trop forte ne fait que déceler l'embarras de celui qui l'établit, l'impossibilité où il est de recouvrer ce qui lui est dû (2) : il veut agir par intimidation.

En fait, le contribuable ne tiendra aucun compte de ces menaces. En effet, comment atteindre « ces coupons d'actions ou d'obligations (étrangères) qu'un coup de ciseau détache... que la poste transporte sous pli fermé de l'autre côté des frontières ? par quels indices jamais leur existence se trahira-t-elle à l'intérieur du pays aux yeux des contrôleurs des contributions ou du receveur de l'enregistrement » ? « Supposez, dit encore le même

____

(1) Amende égale à la moitié du revenu encaissé à l'étranger et non déclaré ; cotisation égale au triple des sommes dont le trésor aura été frustré pour chacune des années antérieures à celle de la découverte de la dissimulation, sans toutefois que ce droit de répétition puisse s'étendre à plus de dix années (art. 29 du projet, devenu 27). Cela représente de 65 à 200 % du revenu dissimulé.

(2) L'énormité des amendes est un mauvais système. WAHL, I, n° 37.

auteur, un riche capitaliste, à placements internationaux, possesseur de parts d'intérêts dans une entreprise étrangère. Si ces parts consistent en actions au
porteur, elles ont beaucoup de chances de vivre inco-
gnito dans le sein de son portefeuille... Prenons pour
exemple une valeur industrielle étrangère quelconque,
la mine de charbon allemande nommée Harpener, dont
le siège financier est à Berlin. *Jamais le fisc français,
quelle que soit la législation de l'avenir, ne pourra
mettre la main sur les dividendes de cette entreprise,*
payables exclusivement à l'étranger, représentés par des
coupons libellés en marks, qu'achète le premier changeur venu (1). Imaginez que le riche capitaliste en
question détienne 1.000 Harpener, ce qui lui constitue
70.000 à 75.000 francs de rente. Qui le saura s'il ne veut
pas le dire ? Lorsqu'au lieu d'actions ce sont de simples
parts d'associé ou de commandite constatées seulement
sur les registres de la société, sans émission de titres,
l'ignorance des employés devient plus absolue encore,
c'est la nuit complète pour eux ; d'autant plus qu'alors,
par surcroît, les intérêts et dividendes sont vraisemblablement versés au compte-courant du titulaire dans une
banque internationale, dont une simple lettre missive
fait virer le crédit sans bruit sur toutes les capitales de
l'Europe (2). »

Les valeurs mobilières étrangères, au porteur ou
même nominatives, constituent donc, au point de vue

---

(1) V. cependant (art. 26 et s.), le moyen imaginé par le législateur pour obliger le changeur à déceler la fraude.

(2) STOURM, p 210 ; p. 189.

de l'impôt sur le revenu, ce que les Américains appellent *la propriété intangible.*

110. Cette fraude par dissimulation de valeurs étrangères a été signalée partout où existent cet impôt ou des impôts analogues (impôts sur le capital ; impôts mixtes) : en Prusse, où le fisc, lorsqu'il la soupçonne, transforme arbitrairement l'impôt sur les recettes en impôt sur les dépenses et taxe d'autorité, à vue de pays ; en Angleterre, où les exposés officiels reconnaissent que l'entremise des banquiers ou changeurs pour le recouvrement de la taxe sur les coupons donne lieu à de grands abus (1) ; aux Etats-Unis où l'on assure que l'impôt charge beaucoup plus la conscience du contribuable que ses valeurs mobilières (2).

111. L'énormité des sanctions annoncées n'aura qu'un résultat : le contribuable emploiera les précautions les plus minutieuses, il multipliera les détours pour dépister le fisc.

Il n'achètera pas en France ses valeurs étrangères, de peur qu'il ne reste trace de l'opération chez l'intermédiaire ou dans les livres de l'établissement de crédit auquel il se sera adressé, et qu'il ne lui soit demandé compte un jour des titres achetés (3).

---

(1) L'administration anglaise en prend son parti. « Les fraudes, a dit Gladstone, sont inséparables de la forme de l'impôt, la nature humaine restant ce qu'elle est. »

(2) STOURM, p. 136, 146, 182, 210 et 211.

(3) V. sur le droit d'investigation chez les agents de change, coulissiers, établissements de crédit, n⁰ˢ 74 et 75. — Les Bourses de Londres, de Bruxelles, de Francfort, de Bâle pourraient dire les profits qu'elles retirent, depuis plusieurs années déjà, des placements faits par des Français extraordinairement prévoyants,

Ces titres étrangers resteront généralement en dépôt à l'étranger, chez le banquier qui aura servi d'intermédiaire pour l'acquisition. Les modalités spéciales que nous avons étudiées à propos de l'impôt successoral (dépôt avec procuration, dépôt en compte-joint, n°s 55 et s.) pourront être employées. On n'en voit cependant pas l'intérêt au point de vue de l'impôt sur le revenu : le dépôt simple paraît suffire. Même en Angleterre, où les banques sont astreintes, par le récent arrangement fiscal, à dénoncer les dépôts étrangers à l'enregistrement anglais qui informera le nôtre (n° 61), ces dénonciations n'auront lieu qu'à la mort du déposant : sa vie durant, son secret restera inviolable, les banques anglaises ne sont pas soumises à l'exercice (1). De même en Belgique, malgré le traité de 1843 (n° 61). A plus forte raison, en Suisse ou dans les autres pays qui n'ont pas conclu avec le nôtre de traité pour l'extradition des capitaux.

Le contribuable pourra encore, s'il le préfère, garder ses titres étrangers chez lui, dans le bas de laine traditionnel, ou les confier en France à un coffre-fort pris en

au grand détriment des Bourses de leur pays, de celle [de Paris surtout. Ce préjudice, bien entendu, s'accentuera lorsque s'appliquera l'impôt sur le revenu. — Les courtages sont en général plus modérés à l'étranger qu'en France : 1 °/₀₀. Le timbre n'existe pas, ou est minime. L'impôt sur les opérations de bourse n'existe guère, croyons-nous, qu'en France et en Allemagne.

(1) AYNARD, *J. off.*, du 17 juin, p. 1213 : « En Angleterre personne n'a le droit d'entrer dans un établissement de banque, qu'il s'agisse d'une banque privée ou d'une société par actions, et la convention n'y changera rien. Lorsqu'un Français enverra ses titres à l'étranger, il est absolument sûr que personne ne les connaîtra, excepté au moment de l'ouverture de sa succession. »

location (n°ˢ 67 et s.). On ne voit pas que l'inquisition fiscale puisse les y poursuivre. Si les choses venaient à changer, on aviserait en temps utile.

En tout cas, ces titres ne seront pas déposés en France, pas plus chez un banquier privé que dans un établissement de crédit. En effet, les grandes sociétés de crédit sont dès à présent soumises à une surveillance telle que l'enregistrement aurait sûrement connaissance des titres étrangers déposés chez elles au compte d'un particulier (1). Quant aux banquiers privés, ils vont être soumis au même droit d'investigation, au moins dans une certaine mesure : la banque Rothschild sera *exercée* désormais, comme le Crédit Lyonnais, ou peu s'en faut (2).

On ne fera ces dépôts en France, ni dans une banque française, ni dans la succursale d'une banque étrangère établie en France : ces succursales seront sou-

---

(1) Parmi les livres soumis à la communication figurent les registres des dépôts et des comptes-courants (n° 75).

(2) **V.** art. 25, 28 et 82 du projet primitif. Obligation pour les banquiers, comme pour toutes personnes faisant profession de recevoir et de payer des coupons étrangers, de tenir des répertoires et d'établir des bordereaux relatant toutes opérations faites sur ces coupons; obligation pour tous banquiers de tenir un répertoire mentionnant tous envois de titres ou de coupons à l'étranger pour y être encaissés ou déposés; etc., avec les noms, domiciles des propriétaires de ces valeurs; la désignation du banquier destinataire, etc. — Les banques privées seront cependant *exercées* moins rigoureusement que les grands établissements de crédit : le droit de communication ne portera que sur certains documents (Cf. ce qui a été dit, n° 74, pour les notaires). — M. Aynard, *J. off.*, du 17 juin, p. 1213, s'est élevé éloquemment contre ce nouvel empiètement de la fiscalité.

mises à la même inquisition que les banques françaises (art. 82) (1).

On évitera même de déposer ses titres étrangers à l'étranger dans une banque étrangère qui aurait un ou plusieurs établissements en France. L'art. 81, en effet, la soumet alors à l'obligation de tenir en France, à son siège principal, à la disposition de l'enregistrement, un répertoire relatant semestriellement les opérations faites dans ses établissements à l'étranger pour le compte de clients français (dépôts de titres, dépôts de fonds, comptes-courants de toute nature) avec les noms et domiciles des clients, etc., et à l'obligation de fournir, à toute réquisition, dans le mois, des copies certifiées conformes de ces comptes. Le tout sous peine d'amende (de 100 francs, 500 francs, 10.000 francs). A plus forte raison ces obligations sont-elles imposées aux succursales établies à l'étranger par des banques françaises (2).

Les coupons de ces titres étrangers seront touchés exclusivement à l'étranger. En effet, ils ne seraient payés en France par personne sans subir la retenue de l'impôt : le projet multiplie les prescriptions et les sanctions à cet effet (3).

112. Si le capitaliste français prend ces précautions, on ne voit pas comment le fisc pourra faire pour déjouer la fraude. Il paraît disposé à n'être pas scrupu-

____

(1) Cet article est formel. La question qu'avait fait naître à propos des droits de succession la loi de 1901 (n° 46) ne pourra même pas se poser ici.

(2) Il est probable qu'on verra disparaître beaucoup de succursales de banques étrangères en France et de banques françaises à l'étranger.

(3) V. les art. 24, 25, 26, 27, 28 et 30 du projet primitif.

leux sur le choix des procédés. Il ne craignait pas d'annoncer, dans le projet primitif, son intention de recourir à des *moyens quelconques*, et d'intéresser même les *agents des postes* à la découverte des fraudes internationales (art. 29 et 30) (1). La portée de ce texte n'était pas douteuse : il s'agissait de violer la correspondance entre les banquiers étrangers et leurs clients français... Devant le *tolle* universel qui s'est élevé, le texte a été modifié : il n'est plus question de moyens quelconques, et les agents des postes ne seront pas mêlés à ces affaires, qui ne les regardent pas (2).

Le contribuable ne s'en tiendra pas moins sur ses gardes. S'il ne peut pas aller toucher ses coupons en personne, il les enverra toucher par un intermédiaire sûr. Les banques étrangères organiseront probablement un service discret de commissionnaires chargés d'épargner le voyage à leurs clients. Elles nous ont déjà fait savoir que leur correspondance serait à l'abri de toute indiscrétion... Le plus simple sera sans doute de laisser ses titres déposés à l'étranger.

Un autre moyen non moins malhonnête, dont l'Administration usera (on dit qu'elle en use déjà) (3), ce sera d'entretenir dans les banques étrangères des *indicateurs :* elle se procurera ainsi les noms des déposants français à surveiller et des copies de leurs comptes. Il est probable que ces preuves, obtenues par des moyens illicites, ne seraient pas admises par les tribunaux de

(1) Les agents qui dresseront des procès-verbaux toucheront une part des amendes (art. 30, 3e alin.).
(2) *J. off.*, du 3 juin, p. 1127 et 1128.
(3) *Econ. fr.*, du 23 mars 1907, p. 407.

notre pays, même statuant en police correctionnelle (1). En tout cas, ce sera aux banquiers étrangers à se pourvoir d'un personnel incorruptible ; ils nous assurent déjà qu'ils en répondent absolument. On trouvera du reste aisément le moyen de faire toucher ses coupons d'une façon anonyme.

Il est probable que le contribuable qui voudra mettre toutes les chances de son côté, déclarera quelques titres étrangers pour se donner l'apparence de se conformer à la loi. Une affectation de sincérité couvrira la fraude ; moyennant une petite prime, on se garantira contre les recherches du fisc (2).

Au fond, le fisc compte beaucoup moins sur l'inquisition et le contrôle qu'il institue, que sur l'intimidation et sur le hasard. Il attend aussi ce qu'un Américain a appelé *l'heure honnête de la mort.* A ce moment, la dissimulation ne peut plus être soutenue, la fraude apparaît. Il y a souvent des incapables intéressés dans les partages, les hommes de loi et la justice interviennent. L'enregistrement regagnera, et au delà, tout ce qu'il aura perdu pendant dix ans (p. 222, note 1). Peut-être. Mais est-il moralement possible d'infliger des amendes

(1) Les tribunaux civils, qui sont compétents, en principe, en matière d'enregistrement, ont plus d'une fois refusé de tenir compte de preuves écrites apportées par l'administration, lorsque la source leur en paraissait suspecte. Mais l'art. 30 institue, contre les contraventions qui nous occupent, des poursuites correctionnelles.

(2) M. Caillaux a reconnu (*J. off*. du 1er juillet, p. 1458 et 1459) que le particulier non commerçant n'étant pas obligé de tenir des registres et de les montrer, il est impossible de le contraindre à prouver que sa déclaration est exacte et complète.

à des héritiers pour des contraventions commises par le défunt ? Dès lors on peut bien croire que nos praticiens ne seront pas longtemps à trouver des moyens pour épargner au patrimoine qui leur passe par les mains l'injuste spoliation dont il sera menacé.

113. Nous nous sommes expliqué longuement sur les valeurs étrangères, parce que c'est sur ces valeurs que la fraude s'exercera le plus. « Il n'y a pas de fraude plus à redouter, plus difficile à saisir, en même temps plus facile à opérer, que celle qui consiste à dissimuler des valeurs étrangères... Ce sont les personnes nanties de valeurs étrangères au porteur qui ont le plus de facilités pour frauder. » Qui parle ainsi ? Le ministre lui-même (1).

Cette fraude ne fera qu'augmenter. Il y avait, vers 1900, en France, 30 à 35 milliards de valeurs étrangères ; il y en a davantage aujourd'hui ; il y en aura plus encore dans quelques années.

En effet, les revenus des valeurs françaises ne peuvent pas échapper au nouvel impôt, puisqu'il sera retenu à chaque échéance. Les titres au porteur, qui peuvent se soustraire à l'impôt successoral, ne sont pas, au point de vue de l'impôt sur le revenu, préférables aux titres nominatifs. On arbitrera donc de plus en plus ses valeurs françaises contre des valeurs étrangères ; on le fera d'autant plus que le taux de l'impôt progressif

______

(1) *J. off.*, du 3 juin, p. 1126 et 1128. — M. Poincaré, son prédécesseur, avait fait le même aveu en 1906 : « Il sera toujours possible à des contribuables peu scrupuleux de faire toucher une partie de leurs coupons à l'étranger. » (*J. off., Déb. parlem., Ch. des dép.*, p. 2320).

augmentera davantage. On le fait déjà depuis quelques années : la baisse qu'ont subie les valeurs de placement nationales et la hausse corrélative des autres en fournissent la preuve. Il paraît que nos grands établissements de crédit font, ou laissent faire par leurs agents, désireux de donner de l'importance aux succursales qu'ils dirigent, une campagne en faveur des titres étrangers (1) : (ils prônaient, il y a quelques mois, les obligations des chemins de fer américains ; aujourd'hui, nul doute qu'ils n'offrent autre chose). On va leur fournir un argument puissant.

Les valeurs mobilières françaises ont joui jusqu'à présent d'une préférence marquée auprès de tous ceux qui épargnent (et l'on sait qu'ils sont nombreux en France plus qu'ailleurs). Le législateur avait pris ses mesures pour que, à tous les points de vue, les valeurs étrangères supportassent au moins les mêmes charges que les valeurs françaises (2). Or, en fait, par suite de la facilité que l'on aura de dissimuler les revenus qu'elles procurent, on va les doter d'un privilège, elles seront encore plus recherchées (3). Sans doute, dit M. Stourm, le public accorde généralement sa préférence aux valeurs nationales, mentionnées quotidien-

(1) Ch. Dumont, *J. off.*, du 3 juin, p. 1118.

(2) V. l'étude très complète de M. Wahl, « Comparaison des charges fiscales qui pèsent sur les placements en valeurs françaises ou en valeurs étrangères », dans *Clunet*, 1902, p. 442 ; 1903, p. 70 ; 1904, p. 80.

(3) Ce n'est pas l'augmentation du droit de timbre sur ces valeurs, ni le taux plus élevé de l'impôt sur le revenu (5 au lieu de 4 $^0/_0$) qui en détournera les amateurs : le timbre est supporté par l'émetteur ; et un impôt qui ne sera pas payé, ne compte pas.

nement dans les journaux qu'il lit, négociables auprès de ses intermédiaires habituels, payables à des prix exprimés dans sa propre monnaie, libellées dans sa langue. Pour ces divers avantages, il est prêt à subir des sacrifices pécuniaires, mais à condition que ces sacrifices ne dépassent pas toute mesure (1). » Or, l'impôt cédulaire sur les valeurs françaises, augmenté de l'impôt complémentaire, dépassera toute mesure (n° 105).

Il est vraiment fâcheux d'offrir à la fraude une pareille prime. C'est en même temps une cause d'inégalité entre les contribuables : il n'y a vraiment que les gros capitalistes qui puissent par ce moyen se soustraire à leur part d'impôt (2). Qu'on ajoute à ces inconvénients le tort que l'on va causer aux Bourses françaises ; à nos établissements de crédit, en transportant ailleurs le marché des coupons qui est actuellement chez nous, en dirigeant ailleurs les dépôts de fonds et de titres et les opérations de placement ; à nos banques privées dont on va détourner la clientèle en les soumettant à une inquisition qu'elles ne connaissaient pas jusqu'ici (la seule raison d'être de ces petits magasins du crédit, à côté des grands établissements était le secret qu'on y trouvait (3) ; à notre épargne, que l'on rejettera vers des placements lointains et aléatoires ; à notre industrie, qui sera frustrée des capitaux dont elle a besoin (car les revenus des valeurs expatriées s'emploieront là où ils seront) ; et l'on verra que, pour gagner quelques

(1) STOURM, p. 358.
(2) LEROY-BEAULIEU, p. 650.
(3) AYNARD, *J. off.*, du 17 juin, p. 1212.

millions par an sur les valeurs étrangères, le nouveau régime fiscal va en faire perdre au pays des centaines.

*
* *

114. Après les déclarations que l'on ne fera pas, il y a les déclarations que l'on fera, mais avec des dissimulations non moins considérables et presque aussi faciles. Nous voulons parler d'abord de la déclaration des bénéfices réalisées dans les professions libérales, et de la déclaration des bénéfices commerciaux.

« Voici, dit M. Stourm, tel médecin en vogue, tel avocat prince du barreau, tel artiste à succès, tel inventeur heureux, tel peintre dont on s'arrache les toiles, tel auteur de romans à gros tirage, tel chanteur, chanteuse ou danseuse que les scènes se disputent, etc., lesquels gagnent, supposons-nous, 50.000 francs ou davantage par an. Laissent-ils apparaître au dehors, dans des conditions vérifiables, le fait de leurs recettes ? Ces 50.000 francs ou plus seront-ils, sauf par accident, pour quelques parties isolées, susceptibles d'être portés à la connaissance des tiers ? Les clients, les ordres, les demandes, les commandes, les engagements affluent sans que rien révèle au plus indiscret, à moins que la gloriole ne s'en mêle, le véritable chiffre des bénéfices qui en résultent. L'argent tombe silencieusement, pièce à pièce, dans la caisse des bénéficiaires et se totalise chaque soir dans leur comptabilité intime, dont jamais la plus draconienne des législations ne parviendra à violer le secret. »

« Les industriels et les commerçants se trouveraient

dans le même cas d'immunité si leurs livres n'étaient, à la rigueur, vérifiables par les employés des contribu- tions. Bien que la plupart des pays reculent devant cette inquisition, particulièrement odieuse à nos com- patriotes, on peut néanmoins imaginer son introduc- tion, en imaginant, en outre, hypothèse invraisem- blable, que les livres compulsés par les employés au- ront été scrupuleusement servis, et que le compte de profits et pertes n'aura pas subi d'altérations dans le sens de la réduction des bénéfices. »

« Mais que dire encore des brasseurs d'affaires, remi- siers, émetteurs de valeurs, écumeurs de bourse, aux- quels l'impôt sur le revenu, d'après les promesses de ses projets, a pour mission de faire rendre gorge, tandis que, par ses seules forces, il ne saurait les toucher ? Les gains de ces spéculateurs proviennent de différences de cours, de commissions de banque, de parts de syndi- cats, de ventes, achats et reventes, d'opérations inces- santes, multiples, contradictoires souvent, dont la trace fugitive défie toute investigation. Impossible ici, plus que jamais, de saisir le revenu sur le fait, toujours sous la réserve d'événements accidentels, ne fournissant d'ailleurs, généralement, que des révélations partielles. »

« Dans ces cas divers, le fisc soupçonne l'existence des revenus, les devine, les flaire, les palpe presque ; mais il lui faudrait des rayons X pour qu'il les constatât de ses yeux, pour qu'il les précisât au point de les chif- frer et de pouvoir, par conséquent, les taxer. L'impôt sur le revenu à la recherche de la *recette* se trouve donc aisément dépisté (1). »

(1) STOURM, p. 189 et 190. — L'auteur poursuit en montrant

115. Ici encore l'expérience des nations étrangères est concluante. On a souvent cité l'exemple de ces quatre-vingts maisons de commerce anglaises qui payaient l'*income-tax* sur le pied de 1.841.075 francs de gains, et qui, pour obtenir une indemnité d'expropriation, justifièrent de 4.284.200 francs de bénéfices réels. D'après une enquête officielle, les contribuables qui fraudent dans la cédule D seraient au nombre de 40 % (1). En Italie, « l'invraisemblable modicité des revenus moyens de certaines classes de professions » déjà signalée en 1877, par Depretis, dont le rapport a été partout reproduit, « continue à donner lieu à de décourageantes réflexions (2) ». La fraude plane aussi sur l'*Einkommensteuer :* le nombre des commerçants, fabricants, médecins, avocats, professeurs, journalistes, artistes, etc., qui jouissent, au vu et au su de tout le monde, d'émoluments annuels dépassant 3.750 francs, est, disent les documents officiels, manifestement supérieur au nombre de ceux qui se déclarent (3).

116. Le contribuable français ne sera pas plus scrupuleux. Lorsque l'on totalisera les gains annuels déclarés par les artistes de Paris, par les journalistes, par les

qu'alors le fisc se rejette sur les *dépenses*, c'est-à-dire sur les signes extérieurs, dont nos réformateurs ne veulent pas entendre parler.

(1) Leroy-Beaulieu, p. 566.

(2) Stourm, p. 163 et 164. — Les statistiques pour 1901-02, moins connues que les précédentes, assignent aux médecins un revenu net moyen par tête de 901 l. ; aux professeurs, 651 l. ; aux ecclésiastiques, 392 l. Le revenu *imposable* se trouve ramené à 369, 233, 141 l. pour ces diverses catégories de contribuables.

(3) Stourm, p. 130.

boursiers, on n'arrivera pas, nous le parierions, à une moyenne de 500 francs par tête. Se moquer du fisc, dans certains milieux ce sera comme un nouveau sport. Même les gens les plus graves par profession ne se l'interdiront pas. Et si le fisc se fâche, comment fera-t-il pour prouver que la déclaration est inexacte et pour infliger la quintuple taxe de l'art. 54 ? Car ce sera à lui de faire la preuve, cela n'est pas douteux.

On a déjà vu (nos 81 et 95) que pour les commerçants la situation sera plus délicate, parce qu'ils tiennent des livres, et grâce au vote de surprise qui a suivi le vote de l'amendement Puech. Mais le Sénat n'a pas encore dit son mot.

117. Quant à la déclaration qui sera la base de l'impôt complémentaire, nous avons dit aussi comment les dissimulations qu'il faut prévoir nombreuses, seront combattues par le fisc : à la fraude il opposera l'inquisition et l'arbitraire (n° 97). C'est qu'ici il n'a affaire qu'à un petit nombre de contribuables, qu'il croit pouvoir tailler à merci. La fraude sera réprimée, c'est possible ; mais en même temps la bonne foi découragée : quand on verra que les déclarations sincères ne vaudront pas plus, pour le fisc, que les déclarations mensongères, on fraudera plus encore. Au bout de tout cela il y a peut-être l'expatriation des personnes : après l'exode des capitaux on peut entrevoir l'émigration des capitalistes. Les rentiers suisses de Constance ont fondé pour des motifs d'ordre fiscal, une colonie florissante sur la rive allemande de leur lac (1).

(1) De Cérenville, *Les impôts en Suisse*, p. 135 et 136.

*
* *

118. En dehors des déclarations obligatoires que l'on ne fera pas, ou que l'on fera inexactes, nous ne voyons pas que l'on puisse parler de fraude à l'impôt sur le revenu.

Nous resterons libres de placer notre argent en immeubles à l'étranger. Les revenus de ces immeubles échapperont aux impôts cédulaires qui atteindront ceux des immeubles situés en France.

Nous pourrons faire à l'étranger des placements mobiliers : y prêter notre argent à intérêts, nous y engager dans des participations industrielles et commerciales, y spéculer. Les revenus de ces opérations ne tomberont pas sous le coup des impôts des troisième et quatrième catégories. Les seuls revenus recueillis à l'étranger, qui seront passibles de l'impôt cédulaire, seront ceux provenant des valeurs mobilières (1). Bien mieux : « si quelqu'un, au lieu d'avoir des titres, confie ses fonds à une maison de banque étrangère qui lui donne des titres en nantissement, au lieu de les lui donner en propriété, il ne paiera pas un sou d'impôt, puisque, aux termes du projet, seuls le propriétaire et l'usufruitier sont imposés (2). » On échappera ainsi légalement à l'obligation de déclarer des valeurs étrangères.

(1) Remarque faite par M. Ribot, sans contradiction, *J. off.*, du 15 fév., p. 324.
(2) RIBOT, p. 324.

Les dépôts, soit de titres, soit de fonds, faits à l'étranger, avec ou sans modalités, restent absolument licites : ils ne sont pas frauduleux par eux-mêmes Les intérêts produits par ces dépôts, à vue ou à échéances fixes, ne paieront pas l'impôt sur les revenus des capitaux mobiliers.

Notons toutefois que tous ces revenus perçus à l'étranger, s'ils échappent à l'impôt cédulaire, n'échapperont pas, en droit, à l'impôt complémentaire : nous disons *en droit*, parce qu'il est assez douteux qu'ils soient déclarés au fisc et que celui ci puisse en avoir connaissance d'une autre manière.

Les dons manuels aux héritiers futurs, dont nous avons parlé à propos des droits de succession (n° 72), pourront servir ici aussi. Pour échapper à l'impôt complémentaire, ou pour descendre d'une classe supérieure à une classe inférieure, un père de famille donnera de son vivant à ses enfants une part de sa fortune (1). Il semble que le législateur ait prévu et rendu impossible cette fraude, ou plutôt ce procédé d'évasion fiscale, en déclarant que le chef de famille serait imposé tant à raison de ses revenus personnels que de ceux de sa femme et des autres membres de la famille *qui habitent avec lui* (art. 57). Mais il ajoute (et il ne pouvait pas faire autrement) que l'imposition sera établie séparément pour les enfants et autres membres de la famille *possédant personnellement un revenu indépendant de celui du chef de famille.* Or, par cela seul qu'ils auront reçu des libéralités de leur père, ou de leur mère, les

____

(1) LEROY-BEAULIEU, *Econ. fr.* du 23 fév. 1097, p. 925.

enfants auront des revenus indépendants. Il ne sera donc pas nécessaire qu'ils aient un domicile séparé, pour que les revenus du père soient diminués d'autant, au point de vue de l'impôt complémentaire.

Nous ne croyons pas devoir insister davantage sur ces moyens d'évasion fiscale, qui sont, nous le répétons, absolument légaux. On en trouvera d'autres assurément : l'ingéniosité des particuliers n'est pas moindre que celle du fisc (n° 73). Mais nous ne chercherons pas à les imaginer. Qui aurait pu, il y a quelques années, prévoir les comptes joints, et le contrat de coffre-fort, et le *salvadanaio* du professeur Scialoja ?

CHAPITRE IV

119. Nous avons répondu aux deux questions que nous nous étions posées : pourquoi et comment fraude-t-on l'impôt sur les successions ? pourquoi et comment fraudera-t-on l'impôt sur le revenu ? Nous pourrions nous en tenir là. Il nous semble cependant indispensable, pour traiter notre sujet d'une façon à peu près complète, d'examiner encore deux difficultés qui ne peuvent pas nous être proposées par quiconque aura bien voulu nous suivre dans cette étude.

*
* *

120. On nous demandera d'abord s'il ne serait pas possible, au lieu de parler d'une façon vague de « fraudes considérables », d'en fixer approximativement l'importance. Il va de soi que cette première question ne se conçoit, pour le moment, qu'à propos des droits de mutation par décès que nous voyons fonctionner sous nos yeux, et non à propos de l'impôt sur le revenu qui ne peut actuellement donner lieu qu'à de très incertaines prévisions.

Combien de millions, bon an mal an, le fisc perd-il sur les successions ? Nous répondons sans hésiter que personne n'en sait rien. Les fraudes que l'on découvre font soupçonner les fraudes ignorées, elles permettent même d'en affirmer l'existence, mais elles ne donnent pas le moyen de les mesurer. On n'évalue pas la contrebande.

Les uns parlent de quelques millions seulement (1). D'autres vont jusqu'à 60 et 100 millions (2). La personne la mieux renseignée devrait être l'administration de l'enregistrement. Or, dans le document le plus récent qu'elle ait publié à ce sujet, elle se contredit ; ici elle donne le chiffre de 40 millions, là celui de 32, sans qu'on puisse trouver l'explication de cette divergence (3).

(1) M. Fernand Faure, dont on connaît la compétence particulière pour donner son avis sur cette question, estime que « la grande dissimulation des valeurs mobilières dans les déclarations de succession, n'est qu'une grande illusion... Nous avons acquis la conviction que ces déclarations sont, dans l'ensemble, faites de bonne foi. Elles sont d'une exactitude largement suffisante. Il y a relativement peu de fraudeurs en France parmi les redevables de droits de succession, et les fraudes commises portent sur des valeurs relativement infimes. » (*L'Opinion* du 1er août 1908, *Les valeurs mobilières et les fraudes*). — Cf. l'*Econ. fr.*, du 6 octobre et du 20 octobre 1900 (p. 537) : « L'impôt actuel des successions est lourd, mais s'acquitte généralement bien... » *(Communication faite par un ancien officier ministériel).*

(2) Ch. DUMONT, *J. off.*, du 23 juin 1908, p. 1302. — MOUGEOT, *Doc. parlem., Ch. des dép.*, de nov. 1895, p. 2375. Il est probable qu'à l'heure actuelle M. Mougeote élèverait ncore son chiffre.

(3) *Exposé des motifs* du projet de budget pour 1909 (*Doc. parlem , Ch. des dép.*, ann., n° 1709 (17 mai 1908), p. 363,

Pour nous, nous croyons que les fraudes sont considérables parce que les procédés sont faciles et à la portée de tout le monde, parce qu'ils sont, à ce que l'on assure, couramment employés. Mais nous n'essaierons pas de préciser davantage.

121. Nous nous bornerons à signaler un certain nombre de faits significatifs : la diminution qu'a subie chez nous depuis quelques années l'annuité successorale (1), les moins-values sur les recouvrements par rapport aux

col. 2 : « L'Administration de l'enregistrement pense qu'elles (les omissions dans les déclarations de succession) causent au Trésor un préjudice de près de 40 millions par an. » P. 368, col. 1 : « L'omission de ces valeurs (les valeurs mobilières) dans les déclarations de succession cause chaque année au Trésor un préjudice d'environ 32 millions. » Cf. sur cette contradiction, M. F. Faure, *loc. cit.*

Signalons en passant la fantaisie des statistiques officielles sur les divers points que nous avons parcourus. Ainsi, avant 1901, l'enregistrement avait prétendu (était-ce simplement pour obtenir l'augmentation du tarif ?) que la déduction du passif lui ferait perdre une quarantaine de millions ; or, elle ne lui en a jamais coûté plus d'une douzaine (8 $^0/_0$ en 1901 ; 8,4 $^0/_0$ en 1902. Cf. De Foville, *Econ. fr.*, du 11 juin 1904). — Les comptes joints, disait-il encore, en 1903, lui enlevaient 4 millions de recettes. Comment pouvait-il connaître le montant des valeurs déposées en comptes joints en France et *à l'étranger ?*

(1) L'annuité successorale, qui devrait être d'environ 6 milliards (elle a atteint 6.459 millions en 1896), ne dépasse guère 5 milliards (5.320 millions en 1903 ; 5.244 en 1904 ; 6.186 en 1905 ; 5.645 en 1906). — M. de Foville, *Econ. fr.*, du 28 avril 1906, reconnaît une diminution d'environ 5 $^0/_0$. « Il faudrait admettre qu'une dizaine de milliards ont déjà su se mettre à l'abri de toute inquisition ; et cela nous paraît bien difficile à croire. » Il y voit plutôt l'indice d'un arrêt dans le développement de la richesse française. — Cf. Société de statistique de Paris, séance du 21 mars 1906.

prévisions (1), la diminution des dépôts de fonds dans les banques françaises (2), l'accroissement de ces dépôts dans les banques étrangères, notamment en Suisse (3) ;

(1) Les recouvrements des droits de mutation par décès ont été inférieurs aux prévisions, de 4.251.500 francs en 1906 ; de 15.113.500 en 1907 : de 8.883.500, dans les quatre premiers mois de 1908.

(2) « L'année dernière les dépôts ont fléchi de plusieurs centaines de millions... Où sont allés ces dépôts ? » AYNARD, *J. off.*, du 2 juin 1908, p. 1095. — Du 30 juin 1906 au 30 juin 1907, les comptes-courants des dépôts particuliers tombent de 1824 millions à 1625, au Crédit lyonnais ; de 1031 à 968 au Comptoir d'escompte ; de 228 à 199 au Crédit industriel, etc. Les optimistes pensent que c'est un indice de la reprise des affaires.

(3) Les bilans des six banques suisses les plus importantes sont, sous le rapport des dépôts de fonds, en augmentation constante. V. CLOSSET, dans la *France écon. et fin.*, du 3 août 1907. — Comme ce sont principalement des coupons de titres déposés dans ces banques qui produisent cette augmentation, même en admettant que les dépôts faits par des Français n'y contribuent que pour une moitié, un tiers, un quart, si l'on veut, cela représente encore, en capital, un total énorme de valeurs mobilières qui échappent à nos taxes successorales.

Il faudrait tenir compte aussi des fonds employés en rentes fédérales, emprunts cantonaux, valeurs de chemins de fer, immeubles, etc. On a estimé qu'à la fin de 1906 l'argent français expatrié en Suisse représentait 1.800 millions.

Il ne s'agit là que de la Suisse. Pour certaines parties de la France, et les plus riches, la Belgique, la Hollande, l'Angleterre, l'Alsace-Lorraine, l'Allemagne offrent aux capitaux des asiles plus voisins.

On disait, lors des élections de 1906, que « les riches avaient fait sortir de France *plus de dix wagons chargés d'or.* » M. du Maroussem qui rapporte ce propos tenu par un socialiste unifié à des ruraux fort retardaires, fait remarquer que, si, comme l'affirment des statisticiens, un milliard s'expatrie annuellement, cela représenterait non pas 10, mais 30 wagons (le wagon égalant 10 tonnes). Mais il est impossible d'établir des tourniquets

la place de plus en plus grande que tiennent dans nos patrimoines les valeurs étrangères (1); l'expérience faite par l'Angleterre, où les fraudes ont beaucoup augmenté depuis l'*act* de 1894 (2). Toutes ces constatations permettent d'affirmer avec la plus grande vraisemblance que les fraudes successorales sont beaucoup plus considérables qu'on ne le croit communément ; mais elles ne

pour contrôler l'émigration de l'épargne (*L'épargne émigrée*, dans la *France écon. et fin.*, du 26 mai 1906).

Tout compte fait on retrouverait la dizaine de milliards indiquée par M. DE FOVILLE (*supra*, p. 242, note 1).

(1) Les valeurs étrangères déclarées en 1898, atteignaient 441 millions ; en 1904, 564 ; en 1906, 553. La taxe sur le revenu des valeurs mobilières étrangères donnait, en 1895, 131 millions et demi ; en 1903, 193 millions. Il ne s'agit ici que des valeurs étrangères existant en France et dont le fisc a connaissance. Quant à celles qui existent à l'étranger, ou qui sont, en France, dissimulées aux regards du fisc, on ne nous en dit pas le total, et pour cause. Nous notons seulement l'augmentation très accusée de cet élément de la fortune nationale. M. STOURM (p. 349, n. 2) l'évalue à un capital de vingt milliards pour 1903. D'autres vont jusqu'à 30 et 35 milliards (*J. off.*, du 26 fév. 1908, p. 434.)

(2) Dès 1896-97, les successions mobilières (*free personalty*) déclarées tombaient à un chiffre sensiblement inférieur à celui de 7 sur 9 des années précédentes. Le *Statist*, partisan de l'augmentation des droits réalisée par sir W. Harcourt, avoue un mécompte d'au moins 40 millions de livres (un milliard de francs) sur le montant total des successions; il estime que sur ce milliard, 625 millions ont dû être frauduleusement dissimulés (n° du 18 sept. 1897, p. 443). L'annuité mobilière a remonté ensuite. Mais l'ensemble reste au-dessous des prévisions. Les annuités sont, depuis 1900, 292 millions de liv.; 264 ; 288, 270, 264. — Les produits pour l'Echiquier (part de l'Etat) sont de 14 millions de livres, 12 et demi, 14, 13 et demi, 12, 14, c'est-à-dire stationnaires. Cf. F. LEPELLETIER, dans *Revue de sc. et de législ. fin.*, 1905, p. 253 et s. — M. LEROY-BEAULIEU, *Econ. fr.*, du 2 oct. 1897 et du 12 fév. 1898, croit pouvoir évaluer la fraude à 25 ou 30 %.

permettent pas d'en déterminer le chiffre même approximativement.

122. Ce qui est malheureusement trop certain, c'est que les fraudes déjà considérables ne sont qu'à leurs débuts. Elles augmenteront pour plusieurs raisons.

D'abord l'aggravation qui résulte des tarifs de 1901 et 1902 est, à l'heure actuelle, peu connue du public. La plupart des gens en sont encore au tarif de 1,25 % en ligne directe, comme nos arrière-grands pères en étaient au *centième denier*. Ils ne savent pas (mais cela viendra) que si le tarif nouveau commence à 1 %, pour les toutes petites successions, il s'élève à 5 % pour les très fortes parts. Ils ignorent qu'entre époux on part de 3,75 (pour les parts de 1 à 2.000 francs) pour aboutir à 9 %, au lieu de 3,75 qu'on payait uniformément il y a quelques années. Les neveux n'apprendront pas sans ennui qu'ils perdront de 10 à 15,50 % sur les successions de leurs oncles, qu'ils obtenaient jusqu'à présent moyennant 8,125. On savait vaguement depuis longtemps qu'entre parents éloignés, ou entre étrangers, on payait très cher ; mais il y a une différence entre les 11 % d'autrefois, et les 15, 18, 20 et demi % que l'on paie aujourd'hui.

Beaucoup aussi s'imaginent qu'il n'y a aucune déclaration à faire pour les titres au porteur : la retenue périodique opérée sur les coupons, est réputée en dispenser. Ils croient que leurs valeurs mobilières au porteur sont à l'abri des convoitises fiscales, lorsqu'elles sont déposées chez un notaire, chez un banquier, dans un établissement de crédit. Ils n'ont pas encore appris qu'un mobilier luxueux, ou des collections de grand prix ne peuvent plus impunément être déclarées, comme autrefois, pour une valeur infime.

123. Une autre cause de fraude, un coup de fouet, sera la nouvelle augmentation, certaine aujourd'hui, des tarifs. On va demander 50 millions de plus à l'impôt sur les successions (un cinquième en plus) ; mais les obtiendra-t-on ? On a comparé l'*income-tax* à un distributeur automatique : vous avez besoin de 64 millions de francs, mettez 1 *penny* dans l'appareil, portez le tarif de 1 shilling 2 pence à 1 shilling 3 pence (comme en 1903), et au lieu de 900 millions de francs il vous en vient 966 (1). On croit qu'il va en être de même chez nous. Mais on oublie que nous ne sommes pas en Angleterre, où le contribuable ne supporte, pour ainsi dire, pas d'autre impôt direct que l'*income-tax* (n° 21) ; on oublie qu'en Angleterre les impôts indirects, plus considérables que dans beaucoup d'autres pays, ne représentaient, vers la fin du siècle dernier, que 40,20 par tête d'habitant, tandis qu'en France nous en payions 56,99 (2). On oublie l'observation de sir Robert Peel, qu'il arrive un moment où *imposer plus, c'est recevoir moins* (3), et le précepte des économistes, que l'impôt doit être d'autant plus modéré que la richesse qu'il frappe est d'une nature plus fugitive (4).

(1) La productivité d'un *penny* d'*income-tax* a triplé depuis 1843 ; de 19.304.000 fr., elle a passé à 64.500.000. V. Stourm, p. 150.

(2) Impôts indirects en Allemagne, 17,87 (l'impôt direct est de 7.20) ; en Autriche-Hongrie, 18,57 ; en Italie, 29,72. V. Stourm, p. 317.

(3) Bastiat, *Sophismes économiques*, II, p. 408.

(4) Sismondi, *Nouveaux principes*, II, liv. VI, ch. viii. — L'*ancien officier ministériel* dont nous avons rapporté le témoi-

124. Ce sera pire encore lorsque nous aurons l'impôt sur le revenu. Actuellement qui place son argent à l'étranger ? Un nombre, relativement restreint, de pères de famille qui veulent que le patrimoine qu'ils transmettront un jour à leurs enfants, arrive à ceux-ci aussi peu entamé que possible par les prélèvements du fisc. Beaucoup reculent devant la peine qu'il faudrait prendre, le changement d'habitudes, les déplacements, les préoccupations. Il est bien plus commode de conserver ses capitaux sous ses yeux, de les surveiller de près, de les faire fructifier soi-même. Convertir ses valeurs en titres au porteur, facilement dissimulables (n°s 53, 54), est déjà une cause de dépense et de diminution de revenus que l'on aime mieux éviter : après nous le déluge ! Si les héritiers futurs sont des collatéraux, cette indifférence est la règle.

Mais dès qu'il s'agira de se soustraire soi-même à l'impôt sur le revenu, on verra ces apathiques se mettre en mouvement, arbitrer leurs valeurs françaises contre des titres étrangers, les retirer des banques françaises, les mettre à l'abri hors de la frontière, toucher leurs coupons à l'étranger, faire tout ce qu'il faut pour dépister le fisc (1). Les amendes dont on les menace ne les effraieront pas, puisque, comme l'a dit le ministre

gnage, p. 241, note 1, disait, en 1900 : « Si on se détermine à adopter les tarifs exagérés de l'impôt progressif dont nous sommes menacés, les conséquences en seront très graves : on emploiera tous les moyens pour y échapper, et les officiers ministériels seront impuissants, bien que leurs intérêts doivent souffrir gravement de ces dissimulations. » Depuis les tarifs ont été augmentés, et ils vont l'être encore. Que dirait aujourd'hui ce praticien ?

(1) WAHL, dans *Clunet*, 1904, p. 90.

lui-même : « rien est plus facile que de dissimuler des valeurs étrangères, » et que « aucune fraude n'est plus difficile à saisir » (n° 113).

Ce lit, qu'ils n'auraient pas pris la peine de faire pour leurs héritiers, mais qu'ils feront pour eux-mêmes, l'héritier en profitera. Il faudrait à celui-ci beaucoup de vertu pour déclarer au fisc des biens qui auront été heureusement dissimulés pendant des années. Il aura une excuse toute trouvée, et on peut dire légitime : il ne voudra pas s'exposer à cette amende, aussi énorme qu'injuste, qui lui serait infligée à raison des contraventions commises par le défunt (n° 109).

Ainsi les fraudes en matière d'impôt sur le revenu engendreront des fraudes après décès, et celles-ci viendront s'ajouter à celles que l'on commet déjà : nouvelle preuve de ce rapport étroit qui existe entre les deux impôts que nous avons réunis dans cette étude. L'actif héréditaire, pour une bonne part, est-il autre chose que des revenus économisés ? et l'impôt successoral ne peut-il pas être considéré comme un impôt sur les revenus dont la perception aurait été différée ?

125. Ceux qui actuellement placent leur argent à l'étranger sont, disons-nous, quelques pères de famille. Ce sont aussi, et surtout, de gros capitalistes, des banquiers, de riches rentiers, des personnes qui ont l'habitude des voyages et des relations internationales. Les moyennes fortunes suivront ces exemples, lorsqu'elles y auront un intérêt sérieux. Elles se renseigneront sur les moyens juridiques et les facilités légales.

On ira de plus en plus consulter les hommes d'affaires. On avait jusqu'ici quelque pudeur à mettre des tiers au courant du désir que l'on pouvait avoir de frauder le fisc ; peu de gens allaient demander à M. de Bonnefoi comment ils pourraient faire pour dispenser leurs héritiers, ou pour se dispenser eux-mêmes de payer les droits. Dans l'avenir on aura sans doute moins de scrupules : le fisc abuse vraiment par trop. On ne voudra pas se laisser spolier. Il se fondera (si ce n'est chose faite) des officines où l'on trouvera tous les renseignements souhaitables. Elles seront probablement dirigées par d'anciens fonctionnaires de l'enregistrement : les gardes-chasse retraités font d'excellents braconniers.

126. On a beaucoup incriminé les notaires (1). Le fait est qu'ils sont les auxiliaires de leurs clients dans leurs luttes contre l'enregistrement. Mais est-ce que les prétentions de l'enregistrement sont toujours justes ? On sait bien que non (n° 22). Les notaires ne font que leur devoir. Quant à conseiller la fraude ou l'évasion, ils s'en abstiennent le plus souvent. Ils ont au contraire tout intérêt à ce que les successions qui passent par leurs mains, soient aussi considérables que possible. Ne perçoivent-ils pas leurs honoraires sur le montant des déclarations qu'ils font pour leurs clients ? Les actes qu'ils dresseront ensuite, les partages, les transactions, les ventes mobilières et immobilières ne seront-ils pas d'autant plus lucratifs que les sommes sur lesquelles ils porteront seront plus élevées ? Ils savent d'ailleurs qu'ils jouent gros jeu à faciliter la fraude.

En réalité les notaires empêchent beaucoup plus de

(1) V. l'interpellation Ch. Dumont, 12 juillet 1906, *J. off.*, du 13, p. 2294.

fraudes qu'ils n'en font commettre. Les clients, hypno-
tisés par le droit de mutation, ne voient ni assez large
ni assez loin. A côté du fisc qu'ils vont frustrer, d'autres
intérêts peuvent être compromis. S'il y a des incapables,
ils ne seront pas protégés comme le veulent la loi et la
raison : des inventaires incomplets, des liquidations
pour la forme, des partages faits de la main à la main
les laissent à la merci de cohéritiers plus habiles et peu
consciencieux. Des femmes mariées verront tomber dans
la communauté des biens qui auraient dû leur rester
propres. Des créanciers se trouveront fraudés de ce qui
devrait entrer dans leur gage. Une famille s'enrichira
aux dépens d'une autre ; des enfants d'un autre lit pro-
fiteront d'une fortune à laquelle ils n'ont aucun droit.
Sans doute il y a des moyens de rétablir après coup les
choses dans l'état conforme aux intentions des intéressés et à la justice ; mais encore faut-il y penser, en
avoir le temps, n'être pas surpris par la mort. Des actes
réguliers, notariés ou sous seing privé, sont en quelque
sorte des certificats d'origine qui empêchent ces dévia-
tions de capitaux. Ils impliquent, il est vrai, le paiement des droits de mutation ; mais c'est un petit mal
pour un grand bien. Mieux vaut faire un sacrifice immédiat que de se lancer dans des aventures qui peuvent
mal finir. Les notaires ouvrent les yeux de leurs clients
sur ces à côté et ces au delà qui échappent aux profanes.
Le plus souvent ils réussissent à les retenir dans la légalité. Mais il ne faudrait pas que le sacrifice immédiat
fût trop lourd (1).

(1) V. Stourm, « Les tentations fiscales à l'égard des succes-

*
* *

127. La seconde question que l'on nous posera sûrement (et celle-ci est commune à l'impôt sur les successions et à l'impôt sur le revenu), est la suivante : que faut-il penser, au point de vue moral, des pratiques que nous avons fait connaître ? Nous avons dit pourquoi on y recourt ou on y recourra : nous ne les avons ni justifiées ni blâmées , nous les avons décrites, sans les recommander ni les déconseiller. En conscience est-il permis de les employer ?

Nous pourrions répondre (ce serait assurément plus prudent) que la question est trop délicate, qu'elle n'est pas de notre domaine ; que nous n'avons pas à résoudre des cas de conscience, des problèmes qui se posent dans le for intérieur ; que c'est affaire à chacun de savoir ce qu'il doit penser et ce qu'il doit faire. Nous dirons cependant notre sentiment sur ces points difficiles ; mais ce sont, bien entendu, des remarques et des réflexions que nous soumettons au lecteur, plutôt que des solutions ou des conseils.

sions » (*Econ. fr.*, du 11 juillet 1903). — Pour que la fraude à l'égard du fisc ne pût avoir aucune répercussion sur d'autres intérêts, il faudrait supposer une succession dévolue à un héritier unique, majeur et non marié. — Cf. WAHL, I, n⁰ˢ 9 et 35. Cf. F. FAURE, *loc. cit.* : « Dans toutes les régions riches de la France, à Paris notamment, dans les départements du Nord, du Sud-Est et, en général, dans toutes les grandes villes, les notaires sont à la fois assez honorables et assez intelligents pour conseiller à leurs clients la plus scrupuleuse exactitude dans les déclarations de succession. »

128. Il y a, tout d'abord, une distinction à faire, que nous avons déjà indiquée à plusieurs reprises (n°ˢ 107, 118). Certains actes, pour lesquels nous avons réservé l'expression d'*évasion fiscale*, actes ayant pour but de nous mettre en dehors des hypothèses dans lesquelles la loi s'applique (et non pas de nous soustraire à la loi lorsque nous sommes dans une hypothèse où la loi nous est applicable) sont en eux-mêmes absolument licites, non seulement au point de vue légal, mais même dans le for intérieur. Le fisc a beau vouloir les confondre avec les fraudes proprement dites, les envelopper dans une commune réprobation : il ne nous fera pas prendre le change, nous ne lui ferons pas cette concession.

La meilleure preuve que ces procédés sont irrépréhensibles, c'est que, malgré le grand intérêt public engagé dans cette affaire, le législateur ne les a pas frappés. En l'état des choses, est-il permis d'acheter des immeubles à l'étranger ? est-il permis de rechercher les placements mobiliers ? de préférer les titres au porteur aux titres nominatifs ? les titres étrangers aux titres français ? de ne pas faire assurer son mobilier ? de se dessaisir de son vivant au profit de ses héritiers et de les mettre, par des dons manuels, en possession anticipée ? Est-il permis de se faire ouvrir un compte joint ? de prendre un coffre-fort en location ? de déposer son argent et ses titres dans une banque étrangère ? Nous demandons où sont les textes, quels sont les principes qui condamnent ces manières d'agir, et nous ne les trouvons pas. L'Administration se rend compte elle-même qu'elle ne peut supprimer notre liberté à cet égard : lorsqu'elle présente les projets de loi les plus draconiens, les plus impossibles à justifier, elle proteste qu'elle ne veut « restreindre aucune liberté » ; que « pour fortifier au bénéfice de la nation ce qu'un homme d'Etat appelait *le droit de l'impôt* », elle s'abstient scrupuleusement de porter atteinte aux droits des particuliers. « Demain comme aujourd'hui, assure-t-elle notamment, dans l'*Exposé des motifs* du projet déposé le 12 mars 1908 (n° 62), chacun aura la faculté de déposer où il lui conviendra ses valeurs et ses titres. »

Nous savons bien qu'une certaine doctrine veut asservir complètement les individus à l'Etat. Mais où en arriverait-on si cette doctrine prévalait ? Bientôt le contribuable français ne serait plus libre de franchir la frontière : il ne pourrait plus aller dépenser son argent, (l'argent qu'on lui laisserait), dans les hôtels de Suisse ou dans les casinos italiens, sur les chemins de fer d'Allemagne ou sur les paquebots anglais ; il devrait légalement préférer Boulogne à Ostende, Aix-les-Bains à Carlsbad, le Mont Blanc au Mont Cervin. En France on lui ferait une obligation d'aller passer ses soirées dans les théâtres subventionnés plutôt que dans les autres, de se rendre à Bordeaux par le réseau de l'Etat plutôt que par celui de la Compagnie d'Orléans. Pour parler de choses sérieuses, le père de famille devrait, sous peine d'amende, confier l'éducation et l'instruction de ses enfants aux seuls établissements qui portent l'estampille officielle, comme il est dès à présent tenu de n'employer que les cigarettes et les allumettes de la Régie.

Nous avons le droit de faire tout ce que la loi ne nous interdit pas : or aucune loi ne nous interdit, jusqu'à présent du moins, les actes que nous avons rappelés, et par lesquels nous administrons ¡nos biens ou nous en disposons à notre gré.

129. Mais, dira-t-on, ces actes sont inquiétants pour le fisc : le contribuable qui se comporte ainsi, a la fraude pour but ; il veut frauder lui-même ou faciliter la fraude de ses héritiers. Nous répondons : que savez-vous de ses intentions? Une interposition de personnes, la constitution d'un mandataire *post mortem* sont souvent déterminées par les motifs les plus honorables, et non par le désir de faire perdre au fisc ses droits de mutation. Un père de famille dote ses filles ; pourquoi ne pourrait-il pas, sans encourir le blâme, répartir ses biens de son vivant entre ses enfants ? Ne puis-je pas acheter une ferme en Suisse, ou des consolidés anglais, sans avoir l'intention de frauder le fisc, simplement parce que j'estime ces placements plus sûrs que ceux que je trouverais en France (1), de la rente russe ou de l'Extérieure espagnole parce que je veux faire produire à mon argent plus de 3 $^0/_0$ d'intérêt ? Il suffit que, dans un cas donné, l'acte dont il s'agit soit moralement justifiable, pour que l'on n'ait pas le droit de le condamner *a priori* au nom de la morale.

(1) On ne peut évidemment pas admettre, dit M. Leroy-Beaulieu à propos des placements faits à l'étranger par de hautes personnalités politiques de notre pays (v. n° 61) que la pensée de frauder le fisc de ses droits successoraux soit entrée pour quelque chose dans les motifs qui les faisaient agir. « Il est probable qu'elles s'étaient laissé déterminer par la pensée que les valeurs britanniques offraient plus de stabilité que les valeurs françaises, que l'Angleterre était plus à l'abri de brusques et profonds changements, de guerres et d'invasions. » (*Econ. fr.*, du 31 déc. 1907.)

Ces actes impliquent si peu la fraude, au point de vue de l'impôt successoral, que les héritiers restent libres d'agir à leur guise, et de déclarer, si elles sont légalement comprises dans la succession, les valeurs qu'ils pourraient dissimuler. Il suffit même de la déclaration d'un seul, plus timoré que les autres, pour les lier tous envers le fisc (1). Par conséquent, s'il y a fraude, ce n'est pas le défunt qui la commettra. Il s'agit, après tout, d'une dette qui n'aura jamais été la sienne, mais la leur : elle naîtra à leur charge et elle grévera des biens qui sans doute lui appartiennent, mais à une époque où ils auront cessé de lui appartenir (2).

On peut, au point de vue de l'impôt sur le revenu, faire une démonstration analogue (3).

130. Ne nous laissons donc pas troubler par les grands mots et les phrases sonores des ministres des Finances, présidents ou rapporteurs des commissions du budget, et autres porte-paroles et pourvoyeurs du fisc. Que d'actes ils ont flétris comme immoraux, dont la parfaite honnêteté n'est pas douteuse ! A les en croire, c'est frustrer le fisc, par exemple, que de disposer par testament

(1) FUZIER-HERMAN, v° *Succession*, n° 1923.
(2) WAHL, *Droit fiscal*, I, n° 89.
(3) AYNARD, *J. off.*, du 17 juin 1908, p. 1213 : « Un Français possède par exemple des actions de P.-L.-M. Au lieu de les laisser en dépôt chez le banquier français X que vous annoncez l'intention d'exercer, il dit : « Je ne veux pas qu'on sache que je possède ces titres ; on le saura après ma mort... », et il les envoie à l'étranger. Il touchera son coupon en France, il vous paiera l'impôt ; il ne sera pas du tout un fraudeur, mais il laissera ses titres à l'étranger, et il prendra ainsi l'habitude d'y laisser ensuite son argent. »

lorsqu'on ne laisse pas d'héritiers au degré successible :
on prive l'Etat de son droit de déshérence. C'est frustrer
le fisc, que de transmettre ses biens, soit *ab intestat*,
soit par testament, en dehors de la ligne directe : nous
n'avons pas, moralement, le droit de préférer à la collec-
tivité d'autres parents que nos enfants (n° 22). Les petits-enfants qui viennent à la succession de leur grand-
père, par suite du prédécès de leur père, devraient, disent quelques-uns, payer un droit double : le prédécès
du père a frustré le fisc d'un droit simple (1). Placer
des capitaux en rentes viagères, c'est frustrer le fisc de
ses droits de mutation par décès : MM. Caillaux et
Pelletan l'ont déclaré hier encore (2). Acheter à l'étranger des biens mobiliers ou immobiliers, c'est presque
un crime : « Nous rejetons sur d'autres la part d'impôts
que nous ne payons pas » ; « nous dérobons à la patrie
française et nous livrons à l'étranger une part du trésor de notre épargne nationale » ; « nous portons à des
rivaux un argent qui leur sert à concurrencer les œuvres
françaises et à disputer les grands marchés du monde
au commerce et à l'industrie de notre pays » ; « nous
enrichissons nos ennemis, nous contribuons à la déca-

---

(1) Rapport Doumer, dans les travaux préparatoires de la loi
de 1901 : *Doc. parlem.*, nov. 1895, p. 893.

(2) *J. off.*, du 3 juin, p. 1122 et 1123. M. Caillaux : « Celui
qui mange sa fortune au détriment de ses héritiers... — M. le
Président de la Commission : Et du fisc ! — M. le ministre :
Et accessoirement du fisc, ne mérite pas les ménagements que
veut lui réserver M. Colin. » Et plus loin le ministre parle encore de ces placements en viager « qui se font au détriment des
héritiers et au détriment du fisc qui est frustré des droits de
succession... »

dence des institutions françaises » (de la Bourse de Paris, entre autres) (1). Léser le fisc, c'est léser la patrie (2).

On tonne à la Chambre contre l'égoïsme des bourgeois, contre l'aristocratie du coffre-fort, contre la haute banque, les Chambres de commerce, toutes les grandes concentrations de capitaux, contre la conspiration des intérêts matériels, qui voudraient écarter l'impôt sur le revenu. « Leur résistance obstinée sera forcément brisée un jour ou l'autre, mais elle le sera trop tard, après avoir irrité des colères, poussé l'esprit des masses aux outrances, et donné peut-être à des solutions excessives la puissance exaspérée du droit trop longtemps méconnu (3). » Pourquoi ces grands éclats ? A propos de « la vile, basse, hypocrite et cupide émigration des capitaux », que tout à l'heure on reconnaissait licite, et que l'on se défendait de vouloir empêcher.

Nous nous laisserons moins encore émouvoir par certains articles de la presse quotidienne, qui dénonce comme « une nouvelle espèce de vol », les dépôts faits

---

(1) MM. PELLETAN et RENOULT, *J. off.*, du 4 et du 7 fév. 1908, p 199 et 242.

(2) Nous pourrions continuer cette énumération. Ainsi c'est encore frustrer le fisc que d'aller faire certains actes dans un pays étranger doté d'une législation fiscale moins rigoureuse que la nôtre (tous les pays voisins sont dans ce cas), par exemple de fonder à Londres ou en Belgique une société qui doit fonctionner en France, mais qui n'est pas absolument obligée d'y avoir son siège ni d'y faire circuler ses capitaux. Sur cette pratique très répandue aujourd'hui, v. rapport de M. Rousseau au *Congrès des sociétés par actions*, 1900, p. 423 et s. — M. Ch. Dumont la dénonce comme frauduleuse (*J. off.*, du 12 juillet 1906, p. 2294).

(3) *J. off.*, du 4 fév., p. 203.

à l'étranger et qui appelle sur eux la vindicte des lois. En attendant ces lois, nous sommes libres ; et nous ne lésons le droit de personne en usant du nôtre. Nous inspirons seulement au fisc une inquiétude salutaire : si elle pouvait l'amener à modérer ses appétits, où serait le mal ?

∴

131. Nous restons en présence des fraudes proprement dites. Les déclarations inexactes et insuffisantes, certainement contraires à la loi civile, sont-elles contraires à la loi morale ? Puisqu'il faut absolument prendre parti dans cette question, nous dirons que, pour nous, elle doit être résolue affirmativement : nous réprouvons ces fraudes. Mais l'opinion contraire a pour elle de hautes autorités ; et nous craignons fort que, en présence de ces divergences, les intéressés ne prennent la maxime *In dubio contra fiscum* pour règle de leur conduite.

On nous permettra de ne pas tenir compte ici du sentiment public, qui n'est pas assez impartial en cette affaire. Les chicanes que l'on peut élever sur la légitimité de la taxe successorale ou de l'impôt complémentaire, les abus que l'on redoute, les torts du fisc envers ses débiteurs, peuvent fournir à ceux-ci des circonstances extrêmement atténuantes ; elles ne peuvent, à notre avis, les décharger de toute culpabilité morale.

Mais nous ne pouvons pas traiter aussi légèrement les réponses que donnent, en sens opposé de la nôtre, des savants éminents et des moralistes pleins de prudence.

132. M. Paul Leroy-Beaulieu, dont le monde entier

reconnaît la compétence exceptionnelle dans toutes les questions concernant les impôts, dont on peut dire qu'il a été, avec M. Stourm, le fondateur de la science financière en France, déclare, sans ambages et à maintes reprises, que vis-à-vis de l'impôt progressif, notamment vis-à-vis de l'impôt successoral actuel, la fraude est absolument licite. « Le contribuable lésé a, en stricte morale, le droit de chercher à échapper par la dissimulation, quand il en trouve le moyen, à ces spoliations. Il peut, en toute sécurité de conscience, dérober son actif à la vue et à la poursuite du fisc (1). » « Un impôt hautement progressif, même entouré de toutes les formes légales, n'est pas une loi qui oblige la conscience individuelle : le citoyen est placé, par des taxes de ce genre, dans une situation de légitime défense, et il a le droit moral de recourir à tous les moyens pour détourner de lui la confiscation détournée et dissimulée dont on le menace (2). » Voilà des affirmations générales bien catégoriques.

Ailleurs, à propos de la non-déclaration des valeurs étrangères que l'on peut avoir à l'étranger, le même auteur professe que le contribuable « ne commet aucune fraude, aucune faute... Il agit dans la plénitude et la certitude de son droit ; il se soustrait à une tentative d'extorsion et de vol, et voilà tout. Sa conscience reste absolument pure, à l'abri de tout reproche. Le plus scrupuleux moraliste ne peut concevoir aucun doute à ce sujet (3). »

(1) *Sc. des fin.*, I, p. 623 (7ᵉ éd., 1906).
(2) *Id.*, p. 246.
(3) *Econ. fr.*, du 3 août 1907 : *L'exode et l'extradition des capitaux.*

133. Il nous semble que c'est beaucoup s'avancer : nous allons voir que les moralistes, même les plus tolérants, ne sont pas si affirmatifs. Mais l'auteur montre, lui-même, dans ce dernier endroit, le défaut de sa cuirasse. Il donne, en effet, sa solution pour le cas où il s'agirait de *valeurs étrangères non cotées aux Bourses françaises*. Elle serait donc différente pour les valeurs étrangères cotées en France. Pourquoi cette différence ? Parce que l'Etat français ne rend aucun service aux valeurs non cotées et aux entreprises dont elles sont la représentation (1).

Cette distinction est nouvelle : rien ne la faisait pressentir dans le livre magistral de M. Leroy-Beaulieu. Elle n'est guère à la portée du public ; on peut être sûr qu'il ne la comprendra pas et qu'il ne la fera pas, dans la pratique. Elle ne nous paraît pas justifiable, en bonne théorie. La question n'est pas de savoir si en cotant une valeur, ou en lui prêtant l'hospitalité de son territoire, l'Etat rend un service à son propriétaire ; la question est de savoir si, en nous abritant sous ses lois, et, plus spécialement, en nous facilitant l'acquisition d'une succession, l'Etat nous rend un service. Or, c'est ce qui n'est pas douteux, et M. Leroy-Beaulieu est le premier à l'admettre (n° 6). C'est l'Etat français dont nous invoquerons la protection, et dont nous mettrons

(1) Dans un autre article, « La Fiscalité nouvelle sur les dépôts de titres à l'étranger » (*Econ. fr.*, du 28 mars 1908', M. Leroy-Beaulieu paraît prendre en considération le fait du *dépôt* à l'étranger, au même titre que celui de la *non-cotation en France*. L'Etat français rend effectivement un certain service aux dépôts faits en France, comme il rend un service à des valeurs en les admettant à la cote.

en mouvement la justice, pour revendiquer, partout où elles se trouveront, à l'étranger comme en France, les valeurs héréditaires, cotées ou non cotées, quelles qu'elles soient. C'est notre personne qui doit l'impôt : aucune distinction n'est possible entre les divers éléments de notre patrimoine, suivant qu'il se trouvent ici ou là (1).

134. Au fond l'opinion de M. Leroy-Beaulieu nous paraît être que les droits successoraux et l'impôt sur le revenu sont légitimes, en principe, mais qu'ils cessent de l'être lorsqu'ils sont excessifs. Aussi longtemps qu'ils restent modérés, nous n'avons qu'à les payer : c'est la juste rémunération d'un service, c'est une prime d'assurance, etc. (v. n° 5) ; mais lorsque l'impôt devient « hautement progressif », dès qu'il y a « piraterie, spoliation, confiscation, vol », nous pouvons résister ; nous sommes en état de légitime défense.

Voilà encore une distinction qui nous paraît bien délicate. Qui fixera le point où les droits successoraux cessent d'être raisonnables, où ils deviennent exorbitants ? On a vu le désaccord des auteurs à cet égard (n° 13). Chacun tranchera la question dans son propre intérêt

______

(1) On nous opposera sans doute ce qui est admis, en droit fiscal français, pour les immeubles situés à l'étranger : ils ne sont pas soumis à l'impôt successoral, ils ne paieront pas l'impôt cédulaire (n°ˢ 52, 118). Mais ces solutions, conservées chez nous par tradition, sont difficiles à justifier en théorie ; et elles ne sont pas admises partout. En tout cas il s'agit, au texte, de valeurs mobilières, lesquelles, de tout temps et partout, sont considérées comme situées au domicile du propriétaire : *Mobilia ossibus inhærent*. L'endroit où elles se trouvent réellement est indifférent.

lorsqu'elle se posera, contre le fisc puisqu'elle est douteuse. Les descendants trouveront excessifs des droits quelconques sur la succession de leurs parents ; ils s'autoriseront des précédents, de l'exemple des nations étrangères (n°s 14, 17, 21). Les collatéraux, les non-parents ne consentiront pas à estimer modérée une taxe qui entamera, dans une mesure quelconque, le capital qu'ils recueillent (n° 12). De même pour l'impôt progressif sur le revenu : quand sera-t-il raisonnable ? Quand deviendra-t-il excessif ? M. Caillaux pense qu'on ne peut pas, sans abus, dépasser le taux de 4 % ; la Commission juge qu'on devrait prendre 8 et même 10 %. Evidemment le contribuable sera de l'avis de M. Caillaux. Il aura donc le droit de frauder ?

135. On nous oppose « Xénophon et Socrate ». « Et si la multitude, dans les Etats démocratiques, prend vis-à-vis des riches des mesures oppressives, diras-tu que c'est là une loi ?... Ce mot de la sagesse antique tranche la question (1). » Mais c'est Alcibiade, et non Socrate, qui parlait ainsi à Périclès. Et nous nous refusons à prendre Alcibiade, ou même Périclès, pour juge d'une question de moralité. Quant à Socrate et à la sagesse antique, nous savons ce qu'ils auraient répondu : nous n'avons point oublié la prosopopée des Lois. « Si les lois de la République venaient se présenter devant nous et nous disaient : « Socrate, que vas-tu faire ? Exécuter l'entreprise que tu prépares, est-ce autre chose que de ruiner, autant qu'il en est en toi, les lois et la République ?...

---

(1) LEROY-BEAULIEU, *op. cit.*, préface de la 3e éd. ; cf. p. 246 (7e éd.).

Puisque tu es né, puisque tu as été nourri et élevé grâce à nous, oserais-tu soutenir que tu n'es pas notre enfant et notre serviteur ?... » Socrate professait qu' « il ne faut commettre d'injustice en aucune manière », et que « ni en justice ni à la guerre un honnête homme ne doit sauver sa vie par toutes sortes de moyens (1) ». Et s'il ne s'agit que de sauver ses biens ?

136. M. Kergall, comme M. Leroy-Beaulieu, estime que le contribuable, en face de l'impôt sur le revenu qui le menace, agit dans la plénitude de son droit lorsqu'il cherche à mettre son bien hors de l'atteinte du fisc. Cet impôt, qui sera mis à la charge d'une minorité payante par une majorité non payante, qui, par conséquent, ne sera pas consenti par ceux qui le supportent, sera illégitime et oppressif au premier chef. Or, un des droits et un des devoirs primordiaux de l'homme est de résister à l'oppression. La situation est la même, dit le même auteur, vis-à-vis de l'impôt successoral : le contribuable n'a pas moins le droit de s'y soustraire, depuis que cet impôt est devenu progressif, et étant donné qu'on nous menace d'un second tour de vis (2).

On ne voit pas, malheureusement, quel moyen légal nous avons, dans un pays de suffrage universel, pour résister à une loi, même quand elle viole nos droits essentiels. Il manque à notre régime constitutionnel ce rouage qui fonctionne aux Etats-Unis, la Cour suprême de justice, pour réfréner les fantaisies du législateur.

---

(1) PLATON, *Criton* (trad. Saisset, p. 116 et s.) ; *Apologie de Socrate*, p. 95. — Cf. PLUTARQUE, *Alcibiade*. n° 26 ; il le compare à un caméléon.

(2) *Revue écon. et fin.*, 17 nov. 1906 : *Au voleur.*

137. Les théologiens moralistes déclarent que la question de savoir s'il y a faute à frauder en matière d'impôts, directs ou non directs (*tributa, seu vectigalia*), établis par une autorité à laquelle on doit obéissance, et si le fraudeur est obligé à la restitution, est une *question quotidienne et d'une solution extrêmement difficile* (*quæstio quotidiana et solutu admodum difficilis*).

Les impôts injustes sont des vols commis avec violence (*rapinæ*) ; c'est le mot de saint Thomas. Il est licite de ne pas les payer.

Les impôts justes doivent être acquittés : il y a obligation morale, suivant le sentiment le plus général (*sententia communissima*). Saint Augustin qualifiait d'erreur grave l'opinion, déjà très répandue de son temps, *fraudem non fieri quia fit fisco* (1). Cependant on discute sur le cas où le législateur, en établissant ces impôts, y a attaché une sanction rigoureuse. Plusieurs pensent qu'alors il n'y a pas faute (*sententia minus communis*). Ils argumentent de ce que, en portant cette sanction, le législateur semble avoir renoncé à obliger les gens en conscience. *Versamur in lege pure pœnali :* la peine temporelle exclut toute autre peine (2). Ils font valoir surtout que le législateur, n'ignorant pas les

______

(1) *Epist.*, 96, n. 2. — Cf. *Rom.*, XIII, 5 et s. : *Reddite omnibus debita ; cui tributum, tributum; cui vectigal, vectigal.* — Cf. Matth., XXII, 17 et s.

(2) Pruner, *Théol. mor.*, I, p. 154 : « Quand la peine attachée par la loi est en proportion avec l'acte en vue duquel elle est imposée, elle se présente comme la sanction d'une loi directement obligatoire ; quand elle est incomparablement plus grande, elle serait injuste comme sanction, et on ne doit la considérer que comme objet partiel de la loi... »

fraudes nombreuses qui se pratiquent, établit toujours un impôt plus considérable qu'il n'est juste ; en sorte qu'il s'indemnise, tant par cet excédent que par les amendes, du tort qui lui est fait. On invoque aussi cette considération qu'en matière d'impôts il faut tenir grand compte de la coutume (1). Or, la coutume invétérée est de ne payer les impôts que lorsqu'on ne peut pas faire autrement.

Mais que décider lorsqu'il y a doute si un impôt est juste ou injuste ? Il faudrait distinguer entre les *impôts anciens* et les *impôts nouveaux*. Pour les impôts anciens, c'est-à-dire ceux qui existent depuis un temps immémorial (*quorum initii memoria non exstat*), il y a présomption qu'ils sont justes ; tous les auteurs sont d'accord (2). Pour les impôts nouveaux, il n'y a pas obligation morale : *nova (tributa) et veterum incrementa non obligant*. C'est, en effet, à celui qui réclame, à prouver la légitimité de sa prétention ; dans le doute, on doit préférer le particulier qui est en possession de son bien. Néanmoins, il est bon, avant que la fraude ne soit commise, d'avertir les intéressés qu'il n'est pas facile de juger de l'injustice d'un impôt, et de

(1) Paul, 4 § 2. D. *De publicanis*, XXXIX, 4 : *In omnibus vectigalibus fere consuetudo spectari solet...*

(2) Gury, *Compend. th. mor.* : « *Damnandi sunt... 2º qui solvere nolunt tributa jam a longo tempore imposita quæque ab omnibus soluta fuere quin unquam orta fuerit reclamatio de eorum injustitia.* » — Les économistes aussi disent qu' « un impôt gagne à être ancien ». V. Stourm, p. 33. — « Les vieux impôts, a dit Thiers, sont, comme les vieux souliers, ceux qui gênent le moins. »

les engager à le payer. Mais, après la fraude, il n'y a pas lieu d'imposer la restitution.

138. Nous avons traduit, presque littéralement, l'auteur le plus net en ses conclusions (1). D'autres sont moins affirmatifs. « Est-il permis de dissimuler un bien ou un revenu imposable ? Nous nous bornerons à répondre que le mensonge direct et formel est, en toute circonstance, opposé à la loi divine. Quand la loi de l'Etat exige que chaque citoyen fasse connaître au gouvernement toute propriété suffisamment certaine et tout revenu sur lequel on peut sûrement compter, on ne saurait répondre à cette sommation par un mensonge. *Mais nous n'examinerons pas la question s'il y a au monde une autorité quelconque qui puisse obliger en conscience de lui faire connaître toute la fortune que l'on possède et dont l'existence ne peut être légalement établie* (2). »

Une distinction semble admise entre les impôts directs et les impôts indirects. C'est « une conviction, partagée par la majeure partie des citoyens les plus consciencieux et les plus hommes de bien, que les impôts, au moins indirects, ne sont pas l'objet d'une loi qui lie directement les consciences. Si l'on interroge les meilleurs théologiens modernes, on doit considérer comme probable le sentiment qui attribue de nos jours un caractère purement pénal, du moins aux lois qui

---

(1) Card. d'Annibale, *Summula theol. mor.*, éd. III (1891), *pars* II, nn. 580 et 581. — Cf. *De oblig. legis tributor. in conscientia*, Romæ, 1867.

(2) Pruner, *Théol. mor.*, I, p. 622.

concernent les impôts indirects (1). » D'autres résisten^t et maintiennent qu'il y a obligation morale, mais atténuée (2).

139. N'y a-t-il pas, dans tous ces doutes, quelque réminiscence des temps où les particuliers se trouvaient en présence des fiscs seigneuriaux, obligés de se défendre, par les moyens qui étaient à leur disposition, contre de véritables actes de brigandage ? Les abus étaient tels alors que les rois eux-mêmes, en créant quelque impôt nouveau, déclaraient parfois ne pas avoir la prétention d'engager la conscience de ceux de leurs sujets qui parviendraient à s'y soustraire (3). Aujourd'hui où l'impôt est librement voté par les représentants du pays, et où il est censé répondre à des besoins constatés, peut-on encore attribuer aux lois fiscales, à toutes ou à certaines d'entre elles, un caractère purement pénal ?

140. Si nous nous séparons, sur la question qui nous occupe, des auteurs considérables que nous venons de citer, nous reconnaissons que, dans beaucoup de cas,

(1) PRUNER, p. 621. Il cite SCAVINI, II, n. 156 ; GURY, I, n. 738 et s.

(2) Le cardinal Gousset écrit (*Théol. mor.*, I, n° 999) : « Généralement en France on ne se croit obligé de payer les droits concernant la régie, la douane et l'octroi qu'autant qu'on ne peut se soustraire à la vigilance de ceux qui sont chargés de les faire acquitter. Ce préjugé, ou, si l'on veut, cette erreur populaire... qui est si fortement enracinée qu'on tenterait en vain de la détruire, doit entrer pour beaucoup dans l'appréciation morale des fraudes qu'on commet envers le gouvernement. »

(3) CHAMPIONNIÈRE et RIGAUD, *Enregistrement*, I, *Introd.*, n° 26, citent en ce sens une ordonnance du 13 fév. 1349, qu'il nous a été impossible de retrouver.

notre perplexité serait très grande. Par exemple, qu'avons-nous le droit de faire lorsque, dans une succession que nous recueillons, se trouvent des dettes dont le fisc n'admet pas la déduction ? Nous avons vu que beaucoup de dettes sont dans ce cas (n° 16). La déduction d'un passif réellement existant est absolument juste ; le fisc lui-même a été obligé d'en convenir. Manquons-nous à la loi morale en nous indemnisant d'un autre côté, par des dissimulations d'actif ? Et si pour certaines valeurs nous sommes taxés deux fois, en France et à l'étranger ? Et si des amendes doivent nous être infligées pour des actes commis par le défunt, pouvons-nous, en conscience, ne pas faire les déclarations qui nous y exposent ? Il faut avouer que, bien souvent, l'homme le plus timoré n'éprouvera guère de scrupules. Socrate lui-même serait embarrassé (1).

141. Une hypothèse pourra se présenter prochainement, dans laquelle la question que nous posons, s'élèvera avec une acuité toute particulière. C'est celle du serment déféré par le fisc.

On sait que jusqu'à présent le fisc n'a pu obtenir le droit de déférer le serment à ses débiteurs présumés (v. n° 32). S'il l'obtient, comme il le demande aujourd'hui avec insistance, quels conseils nous donneront

______

(1) Bien des gens parfaitement honorables considèrent comme permise la dissimulation des valeurs au porteur. La forte retenue opérée au profit du fisc sur chaque coupon a été calculée en raison du défaut habituel de déclaration de ces valeurs lors d'une mutation par décès. Le fisc s'est ainsi indemnisé par avance, et ce serait acquitter l'impôt une seconde fois que de le payer au décès du propriétaire.

nos docteurs? Nous autoriseront-ils à nous parjurer? Si nous pouvons, sans violer la loi morale, souscrire une déclaration fausse, pourquoi ne ferions-nous pas un faux serment, soit devant le tribunal où le fisc nous déférera le serment décisoire à propos de nos déclarations de succession, soit devant la commission cantonale qui nous demandera de confirmer solennellement les déclarations que nous aurons faites au sujet de l'impôt complémentaire?) (1). Pour nous, il n'y a pas de doute : nous ne prêterons pas un faux serment, pas plus que nous ne ferons une fausse déclaration. Evidemment, nous en souffrirons dans nos intérêts pécuniaires ; mais il y a longtemps que les chrétiens en ont pris leur parti : « Etant sages comme vous êtes, leur disait saint Paul, vous souffrez qu'on vous asservisse, qu'on vous dévore, qu'on vous prenne votre bien (2)... » Tertullien les louait d'être plus exacts que les autres à payer leurs impôts et de se montrer, en cela, comme pour le reste, excellents citoyens (3).

Mais que décideront, à l'égard du serment fiscal, M. Leroy-Beaulieu et nos moralistes ?

142. Notre dernier mot sera pour déplorer que l'on ait pu en venir peu à peu, grâce à une fiscalité qui, loin

______

(1) La Commission du budget de 1909 refuse (août 1908) d'admettre dans notre législation le serment décisoire à propos des déclarations de succession. La question reste pendante à l'égard du serment que pourrait déférer la commission cantonale en matière d'impôt complémentaire (n° 100).

(2) Cor., II, 11. Il est vrai que l'apôtre ajoute : « Nous passons pour avoir été trop faibles en ce point. »

(3) Tertullien, *Apol.*, 42 : *Vectigalia gratias agere christianis...* »

de reconnaître ses abus, les aggrave sans cesse, à un point [où des savants impartiaux, qui connaissent l'immense étendue des besoins de l'Etat et s'ingénient à y pourvoir, peuvent, à propos d'impôts nouveaux, parler de « vol », de « pillage », de « piraterie », de « confiscation », de « brigandage rappelant les pratiques des seigneurs du Moyen Age », sans que de tels mots paraissent déplacés, et se demander si de telles lois nous obligent, s'il est moralement permis de s'y soustraire ; à un point où les plus honnêtes citoyens peuvent rechercher, sans que leur patriotisme les arrête, quels moyens licites leur restent de mettre leurs biens hors des atteintes du fisc, et même se poser, sans que leur conscience proteste, la question de savoir quelles fraudes ils pourront employer pour sauver de la spoliation le patrimoine qui assure leur existence et qu'ils voudraient transmettre à leurs enfants.

TABLE DES MATIÈRES

—

INTRODUCTION

CHAPITRE PREMIER

L'IMPOT SUR LES SUCCESSIONS — POURQUOI ON LE FRAUDE

I

II

CHAPITRE II

L'IMPOT SUR LES SUCCESSIONS. — COMMENT ON LE FRAUDE

I

II

CHAPITRE III

L'IMPOT SUR LE REVENU — POURQUOI ET COMMENT ON LE FRAUDERA

I

IV

CHAPITRE IV

CONCLUSION

OUVRAGES A CONSULTER

QUESTIONS DE DROIT

Volumes in-16 Prix : 0 fr. 60

BASTIEN (P.). — **Des Censures qui atteignent la liquidation des biens ecclésiastiques et des congrégations religieuses** (328) . . . . 1 vol.

Charles BOUCAUD, docteur en droit, professeur à la Faculté libre de Lyon. — **Qu'est-ce que le droit naturel ?** (398)   1 vol.

— **L'idée de droit et son évolution historique** (402) . 1 vol.

— **L'Epanouissement social des Droits de l'Homme** (443) . . . . 1 vol.

— **L'Epanouissement historique des Droits de l'Homme** (478) . . . . 1 vol.

— **Les Droits de l'État et les Garanties civiques du droit naturel** (496) . . . . 1 vol.

BOUDINHON (A.). — **Les Procès de béatification et de canonisation** (351) . . . . 1 vol.

CROUZIL (L.), Docteur en droit. — **Les Traitements ecclésiastiques** (207) . . . . 1 vol.

— **De la location des sièges d'église** (247), 2ᵉ édit.   1 vol.

— **La Publicité du culte catholique** (284) . . . 1 vol.

LEMAIRE (René), Docteur en droit, lauréat de la Faculté de Paris. — **Mariage civil et Divorce**, *deux éléments de ruine sociale* (233) . . . . 1 vol.

PASCAL (G. de) — **L'Eglise et le droit des gens** (134)   1 vol.

DEMANDER LE CATALOGUE

QUESTIONS DE SOCIOLOGIE

Volumes in-16. Prix : **0** *fr.* **60**

9 782019 287030